Bärbel Wardetzki

Weiblicher Narzissmus

Bärbel Wardetzki

Weiblicher Narzissmus

Der Hunger nach Anerkennung

Kösel

Weitere Bücher der Autorin im Kösel-Verlag:

Ohrfeige für die Seele. Wie wir mit Kränkung und Zurückweisung besser umgehen können
Eitle Liebe. Wie narzisstische Beziehungen scheitern oder gelingen können
Nimm's bitte nicht persönlich. Der gelassene Umgang mit Kränkungen
Souverän und selbstbewusst. Der gelassene Umgang mit Selbstzweifeln
Loslassen und dranbleiben. Wie wir Veränderungen mutig begegnen

FSC www.fsc.org MIX Papier aus verantwortungsvollen Quellen FSC® C083411

Klimaneutral
ClimatePartner.com/14044-1912-1001
Druckprodukt

Penguin Random House Verlagsgruppe FSC® N001967

3. Auflage 2022

Umschlag: Weiss Werkstatt München
Umschlagmotiv: © Kniel Synnatzschke / DEEPOL by plainpicture
Satz: dtp im Verlag
Druck und Bindung: CPI Books GmbH, Leck
Printed in Germany
ISBN 978-3-466-34763-6
www.koesel.de

Inhalt

Vorwort

Seelische Krankheiten sind nicht nur individuelles Schicksal, sondern auch Ausdruck eines kollektiven Leidens. Mit Recht hat man unsere Zeit eine Zeit der Egozentrik, der Selbstbezogenheit, kurz des Narzissmus genannt. Aber Narzissmus ist nicht nur das egozentrische Kreisen um sich selbst, sondern tiefer gefasst, die verzweifelte Suche nach sich selber und nach Grenzen. Die Sehnsucht nach Normalität und sicherer Begrenzung ist der andere Pol zur Entgrenzung, Maßlosigkeit und Uferlosigkeit, die unser postmodernes Lebensgefühl kennzeichnen. Nicht nur die Begrenztheit unserer ökologischen Reserven zwingt uns zum Maßhalten, auch die Begrenztheit unserer seelischen, körperlichen und spirituellen Quellen.

Kennzeichnend für den narzisstischen Charakter ist das Maßlose und die ausbeuterische Haltung sich selbst, seiner sozialen und ökologischen Umwelt gegenüber. Wie viele moderne »Menschenopfer« in Form von emotionaler Zerstörung bringen wir auf dem Altar der Anerkennung, Leistung und Karriere dar? Zwanghafter Perfektionismus, fassadenhafte körperliche Vollkommenheit und luxuriöse Lebensgewohnheiten sind die neuen »goldenen Kälber«, um die wir bis zur Erschöpfung tanzen.

Durch unsere Überheblichkeit »über-heben« wir uns buchstäblich bis zum krisenhaften Zusammenbruch, der uns zwingt, innezuhalten und in der Genesung unsere Grenzen zu finden und uns mit unserer Begrenztheit auszusöhnen. Der Slogan: »First class or no class« ist die Metapher für das Leben in Extremen. Je mehr wir uns selbst verloren haben, umso mehr müssen wir in Extremen leben, um uns überhaupt noch zu spüren. Es scheint so zu sein: Je reicher und großartiger wir außen sind, umso emotional verarmter sind wir innen. Der Preis der Innenweltzerstörung ist katastrophal. Unsere Patienten*innen berichten, dass sie das Gefühl haben, nur eine Lebens- und Existenzberechtigung zu besitzen, wenn sie perfekt sind. Der zwanghafte Perfektionismus ist die Kompensation dieser ontologischen Unsicherheit. Kurz gesagt: Wir sind an den Wurzeln unseres Seins erkrankt.

Das Buch von Bärbel Wardetzki ist aus einer annähernd zehnjährigen klinischen Erfahrung in der Behandlung von narzisstischen Persönlichkeitsstörungen entstanden. Als die Anzahl unserer an Bulimie erkrankten Patientinnen sprunghaft gestiegen war, merkten wir bald, dass eine Behandlung, die nur das Symptom (also die Essstörung) im Blick hat, zu kurz greift. Wir bemühten uns, die Welt, in der diese Patientinnen lebten, zu verstehen. Aus diesem Bemühen um Verständnis ist das Konzept des Weiblichen Narzissmus entstanden.

Viele Patientinnen fanden sich in diesem Konzept wieder und konnten sich in ihrer Krankheit besser verstehen und annehmen. Sie fassten den Entschluss, sich auf die Suche nach ihrem »inneren verlorenen Kind« zu begeben. In der Regel verbirgt sich hinter der prächtigen äußeren Fassade ein emotional verwahrlostes, verzweifeltes Kind, das nach Anerkennung und Spiegelung seiner wahren Identität hungert. Der Heißhunger der Bulimikerinnen ist der symbolische Ausdruck dieses Hungers, der nie durch Essen gestillt werden kann. Dieses Kind, oder auch »wahres« Selbst genannt, leidet an der »unerträglichen Seichtigkeit des Scheins« und will sowohl von der Betroffenen als auch von der Umwelt entdeckt, wahrgenommen und angenommen werden. Diese Entdeckung des »wahren« Selbst ist der Ausgangspunkt der Genesung und erfordert eine geduldige, behutsame und langwierige Pflege des »inneren Kindes«.

Dieses Buch ist geschrieben von einer Frau für Frauen. Mein Wunsch ist, dass das, was uns die leidenden Frauen in der Klinik offenbart haben und von Bärbel Wardetzki als *Weiblicher Narzissmus* konzeptualisiert wurde, anderen Frauen hilft.

Klinik für Psychosomatische Medizin Bad Grönenbach
Dr. Konrad Stauss †

Dieses Vorwort zur ersten Ausgabe von 1991 ist von meinem damaligen Chef Dr. Konrad Stauss geschrieben worden. Auch wenn er leider schon verstorben ist und es die Klinik für Psychosomatische Medizin Bad Grönenbach in dieser Form nicht mehr gibt, sind mir seine Gedanken und das damalige Therapiekonzept von großer Bedeutung und haben zum Thema viel beigetragen.

Einleitung zur Neuauflage

Dieses Buch ist für Frauen geschrieben, die unter Minderwertigkeitsgefühlen leiden, obwohl sie erfolgreich sind, die sich abwerten, obwohl sie gut aussehen, und die Angst vor einer festen Beziehung haben, obwohl sie große Sehnsucht danach haben. Deren Selbsteinschätzung schnell von Minderwertigkeitsgedanken in Größenfantasien kippt und die häufig das Gefühl haben, nicht zu wissen, wer sie wirklich sind. Frauen mit einer weiblich-narzisstischen Struktur haben das Gefühl, besonders sein zu müssen, um gesehen und gemocht zu werden. Ihre Selbstzweifel, nicht liebenswert zu sein, bereiten ihnen große Probleme in Beziehungen und Partnerschaften. In vielen Fällen haben Frauen mit einer weiblich-narzisstischen Struktur eine Essstörung oder sie haben eine solche in ihrer Jugend gehabt. Daher werde ich immer wieder auf den Zusammenhang von Narzissmus und Bulimie bzw. Anorexie hinweisen, der bereits im Untertitel »Der Hunger nach Anerkennung« anklingt.

Die Idee, dieses Buch zu schreiben, geht zurück auf meine psychotherapeutische Arbeit in der Psychosomatischen Klinik Bad Grönenbach, in der ich zwischen 1983 und 1992 tätig war. Deshalb beziehen sich meine Hinweise zur Therapie und die Berichte der damaligen Klientinnen immer auch auf die Arbeit in der psychosomatischen Klinik. Ich halte die persönlichen Beiträge, die ich teilweise übernehmen durfte, für einen wesentlichen Bestandteil des Buches, und eine gute Möglichkeit, individuelle Erfahrungen an die Leser*innen weiterzugeben. Die Namen und Beschreibungen sind dabei so verändert, dass keine Rückschlüsse auf die Personen möglich sind.

Das Konstrukt des Weiblichen Narzissmus beschreibt die Persönlichkeit von Frauen, die kein stabiles Selbstwertgefühl besitzen, und darf nicht missverstanden werden als Diskriminierung durch eine geschlechtsspezifische Zuschreibung. Es dient lediglich der Kategorisierung der narzisstischen Ausprägung, wie sie bei Frauen auftritt, sehr viel seltener bei Männern. Die Unterscheidung von männlichem und weiblichem Narzissmus wird in diesem Buch noch eingehend erklärt werden.

Im Zusammenhang mit Zweierbeziehungen schreibe ich von Beziehungen zwischen Mann und Frau aus der Sicht der Frauen. Ich kann mir denken, dass diese Beziehungsdynamiken auch für Schwule, Lesben, Bisexuelle und Transgender zutreffen, auf die ich hier jedoch nicht gesondert eingehe. Ich habe zu wenig bzw. keine Erfahrung in diesem Bereich und kann daher diesbezüglich keine klaren Aussagen machen.

Das Buch *Weiblicher Narzissmus* wurde das erste Mal 1991 herausgegeben, 2005 überarbeitet und nun erneut komplett aktualisiert neu aufgelegt. Im Wesentlichen wird der Text so bleiben, wie er ist, denn er beinhaltet die erste systematische Beschreibung narzisstischer Themen aus weiblicher Sicht, die zeitlos aktuell bleibt. Ein, wie ich finde, notwendiger Blick, der Frauen mehr Verständnis für ihre Problematik eröffnen und Therapeutinnen und Therapeuten Anhaltspunkte für ihre Arbeit geben kann. Die vorliegende Überarbeitung trägt dem Umstand Rechnung, dass sich im Lauf der Jahre einige Themen weiterentwickelt haben und neue Aspekte hinzugekommen sind, wie beispielsweise die digitale Selbstbespiegelung und der aktuelle Stellenwert des Narzissmus sowohl auf individueller als auch gesellschaftlicher Ebene, während andere Themen in den Hintergrund getreten sind. Auch fließen die gesellschaftlichen Veränderungen der letzten 20 Jahre mit ein, vor allem in Bezug auf die Rollendefinitionen von Männern und Frauen, und die Rolle von Vater und Mutter im Erziehungsprozess. Im Therapieteil habe ich die wichtigsten Bereiche der psychotherapeutischen Arbeit ergänzt durch neuere Ansätze der Behandlung einer weiblich narzisstischen Thematik.

Ich hoffe, dass es mir gelungen ist, eine gute Balance zwischen Veränderung und Bewährtem zu finden, sodass dieses Buch Ihnen zeitgemäße Information und Hilfe bietet.

München im September 2020

Danksagung

Ich möchte mich bei all jenen bedanken, die direkt oder indirekt an der Entstehung dieses Buches beteiligt waren. Dazu gehören in erster Linie die Patientinnen und Patienten, die mir ihre Geschichte, ihren Leidensweg und ihre Genesungsschritte zur Veröffentlichung überlassen haben und von denen ich im Lauf der Jahre viel lernte.

Mit Dankbarkeit schaue ich auch zurück auf die gute und intensive Zusammenarbeit mit dem damaligen Leiter der Psychosomatischen Klinik Bad Grönenbach, Dr. Konrad Stauss, und dem dortigen Team. Sie alle haben zum Gelingen dieses Buches und zur Erarbeitung der Grundgedanken in hohem Maße beigetragen. In Zeiten von Zweifeln gaben sie mir unterstützende Rückmeldungen und den Mut, weiterzuschreiben.

Auch bei meiner Familie und meinen Freunden bedanke ich mich, da sie mit Verständnis, Interesse und Liebe für mich da waren. Ihre Anteilnahme hat mich gefreut und ermutigt. Ich danke auch meiner Freundin und Lektorin Dagmar Olzog für die gute Zusammenarbeit bei der ersten Auflage und den Anstoß, das Buch überhaupt zu schreiben. Bei der jetzigen Neuauflage hat mich meine derzeitige Lektorin Claudia Bitz mit Rat und Tat begleitet und unterstützt. Vielen Dank.

I.

Weiblicher Narzissmus

Was ist Narzissmus?

Narzissmus ist ein schillernder Begriff, der zu einem Modewort geworden ist, das fast jeder im Munde führt. Es wird sowohl als Schimpfwort benutzt als auch als Krankheitsbezeichnung, oder mit Stolz als Aushängeschild vor sich hergetragen. Narzissmus bezieht sich ganz allgemein auf die Selbstliebe, die bei narzisstisch geprägten Menschen beeinträchtigt ist. Sie haben ein verletztes Selbstwertgefühl, das durch die narzisstischen Manöver vor dem Zerfall bewahrt werden soll. Die Suche und die Sucht nach Erfolg, Geld, Anerkennung, Bestätigung, dem Drang, besonders und mächtig zu sein, sind Vehikel für das verletzte Selbst, ebenso wie Selbsterhöhung und die Entwertung des anderen. Die narzisstische Fassade ist der Versuch, die unangenehme Wirklichkeit auszublenden und die ungeliebten, mangelhaften Seiten seiner selbst zu überspielen. Es ist eine einfallsreiche Form, um mit Selbstwertproblemen umzugehen, die gut in die heutige Zeit passt, weil sie mit Erfolg und dem Gefühl, es geschafft zu haben, assoziiert wird. Eine narzisstisch geprägte Gesellschaft wie unsere, in der die Möglichkeiten der Selbstbespiegelung und der narzisstischen Darstellungsformen so groß sind wie nie, fördert die starke Entwicklung der in jedem Menschen schlummernden narzisstischen Anteile. Verstärkt wird dies noch dadurch, dass ein narzisstisches Verhalten in unserer Gesellschaft oft durch die Verbesserung der beruflichen und sozialen Position belohnt wird, weil es vordergründig der Gesellschaft sogar nützt.

Narzissmus ist also primär keine Krankheit, sondern eine oft sogar kreative Anpassung an gesellschaftliche Gegebenheiten und/oder an bestimmte Lebensumstände, die durch Selbstwertverletzungen und Kränkungserlebnisse die Integrität und Selbstachtung einer Person gestört haben.

Unter der narzisstischen Fassade liegt ein Mangel, der das Leben einschränkt, liebevolle, tragende Beziehungen zum großen Teil unmöglich macht und Überheblichkeit, Geltungsdrang und ein Übermaß an Selbstbezogenheit zur Folge hat. Schwankungen des Selbstwertgefühls und narzisstische Kränkungen sind Bestandteil des Lebens und schwächen jeden Menschen zumindest für kurze Zeit. Der Unterschied zu einer narzisstischen Ausprägung liegt in der Stärke und Qualität der Schwankung.

Der sogenannte positive oder gesunde Narzissmus ist ein intaktes Selbstwertgefühl im Sinne von Eigenliebe und Selbstwert. Ein solcher Mensch besitzt ein ausgeprägtes Selbstwertgefühl, weiß um seine Stärken ebenso wie um seine Schwächen, auch wenn sein Selbstwertgefühl schwanken kann. Eine Zurückweisung oder Kritik wird auch ihn in seinem Selbstwert treffen, aber er wird dadurch nicht seine Selbstliebe verlieren, geschweige denn sich seine Existenzberechtigung absprechen. Er muss sich weder bei Niederlagen und Kritik selbst erniedrigen, noch bei Bestätigung und Anerkennung überhöhen. Wer sich schätzt und liebt, der hat es nämlich nicht nötig, sich besser darzustellen und anderen zu zeigen, wie toll er ist. Das muss nur jemand tun, der ein narzisstisches Defizit hat, das er durch eine besondere Selbstdarstellung auszugleichen sucht. Ein Mensch mit einer starken narzisstischen Ausprägung wird Kritik daher als Bedrohung erleben und diese mit Aggression und Gegenwehr beantworten, weil sie seine Besonderheit infrage stellt.

Das narzisstische Defizit kann von leichten Selbstwerteinbußen bis zur narzisstischen Persönlichkeitsstörung am anderen Ende der Skala reichen. Der Psychologe Stephen Johnson unterscheidet daher den narzisstischen Persönlichkeits*stil* von der narzisstischen Persönlichkeits*störung*,[1] wobei der narzisstische Persönlichkeitsstil eher den »alltäglichen, normalen Narzissmus« umschreibt, wogegen die narzisstische Persönlichkeitsstörung gravierender ist, weil die Ich-Funktionen und die Abwehr fragiler und brüchiger sind. Man spricht beim narzisstischen Persönlichkeitsstil auch von narzisstischen Anhaftungen oder einem narzisstischen Defizit.

Menschen mit einem narzisstischen Persönlichkeitsstil zeichnet die Suche nach Aufmerksamkeit aus, ebenso wie Dominanzstreben und ein Überlegenheitsgefühl, das sie egozentrisch und unsensibel erscheinen lässt. Sie sind anspruchsvoll und auf ihren eigenen Vorteil bedacht, daher oft beruflich erfolgreich, wenn nicht sogar charismatisch. Allerdings gelingt es ihnen besser, Beziehungen zu führen als Personen mit einer narzisstischen Persönlichkeitsstörung. Diese sind in einem viel höheren, manchmal sogar existenziellen Maße von Bewunderung abhängig, daher leicht kränkbar und schnell neidisch auf andere, die sie wegen ihrer Erfolge abwerten. Dadurch bekommen sie sowohl beruflich als auch privat massive Beziehungsschwierigkeiten. Ihr Empathiemangel oder sogar ihre Empathielosigkeit tragen zusätzlich ihren Teil dazu bei.[2]

Die narzisstische Persönlichkeitsstörung gipfelt im malignen Narzissmus, den der Psychoanalytiker Otto F. Kernberg den bösartigen Narzissmus nennt. Diesen kennzeichnet vor allem antisoziales Verhalten und eine paranoide Einstellung. Diese Menschen missachten soziale Normen, sind zutiefst unehrlich, aggressiv bis zur Grausamkeit und Kriminalität und setzen ihre eigenen Zielvorstellungen ohne Rücksicht auf andere durch.

Alle Formen der narzisstischen Persönlichkeitsstörung besitzen in der Regel Krankheitswert, betreffen aber nur circa ein bis drei Prozent der Bevölkerung.[3]

Bei der in diesem Buch beschriebenen Form des Weiblichen Narzissmus handelt es sich in erster Linie um einen narzisstischen Persönlichkeitsstil, also dem Vorliegen narzisstischer Anteile, die allerdings in ihrer Ausprägung unterschiedlich stark ausfallen können. Also kann auch in Einzelfällen eine Persönlichkeitsstörung vorliegen.

Wie Sie vielleicht schon gemerkt haben, bezieht sich Narzissmus nicht nur auf das Selbstwertthema, sondern ist immer auch mit Problemen im Umgang mit anderen Menschen, vor allem in intimen Beziehungen, verbunden. Sie resultieren aus einer mehr oder minder stark beeinträchtigten Bindungsfähigkeit.

In psychologischen Tests zeigt sich Narzissmus in hohen Werten in den Bereichen Extraversion und soziale Unverträglichkeit im sozialen Kontakt. Menschen mit einer narzisstischen Ausprägung sind auf der einen Seite aufgeschlossen, kontaktfähig, gesellig und haben ein selbstsicheres Auftreten. Auf der anderen Seite werden sie als kalt, misstrauisch, eigensinnig, aggressiv, intolerant und verlogen erlebt. Sie sind also sowohl beliebt als auch unerträglich.

Ich vermeide die Begriffe Narzisst oder Narzisstin, da diese Begriffe problematisch sind. Im Grunde gibt es keine Narzissten, da jeder Mensch narzisstische Anteile hat. Vielleicht könnte man diese Begriffe als Diagnosebegriffe für die narzisstische Persönlichkeitsstörung verwenden, was aber zur Folge hätte, dass man die Menschen auf diese Diagnose und die damit verbundenen Eigenschaften festlegt. Man würde sie in eine Schublade stecken, was unser Verhalten und unsere Einstellung ihnen gegenüber negativ beeinflusst. Legitim sind die Begriffe nur als Beschreibungsbegriffe, um die Reaktionen dieser Menschen besser einzuordnen und zu verstehen. Wir können dadurch im besten Fall besser auf sie eingehen und einen konfliktfreieren Kontakt herstellen.

Was ist Weiblicher Narzissmus?

Der Begriff *Weiblicher Narzissmus* umschreibt eine besondere Ausprägung, die häufig bei Frauen auftritt und sich inhaltlich vom männlichen Narzissmus unterscheidet. Noch einmal: Der Begriff darf nicht missverstanden werden als Diskriminierung von Frauen durch eine geschlechtsspezifische Zuschreibung. Er dient lediglich der Kategorisierung der narzisstischen Ausprägung, wie sie hauptsächlich bei Frauen und seltener bei Männern zu finden ist. Die Unterscheidung von beiden beschreibe ich im Kapitel *Weiblicher und Männlicher Narzissmus* ausführlich.

Das Konzept des Weiblichen Narzissmus stellt die Bedeutung des vulnerablen, verletzlichen Aspekts einer narzisstischen Thematik in den Vordergrund, die bisher weniger im Fokus der wissenschaftlichen und therapeutischen Betrachtung stand. Die narzisstische Vulnerabilität hat aber auch in der Diagnostik allmählich Einzug gehalten.

Narzissmus wurde und wird nämlich meist unter dem grandiosen Aspekt thematisiert, bei dem ein Größenselbst vorherrscht, das sich durch Überheblichkeit, Selbsterhöhung, Arroganz und Machtstreben auszeichnet. Diese Beschreibung passt jedoch nicht zu den narzisstischen Menschen, die sich vorwiegend minderwertig fühlen, was im Zusammenhang mit dem Weiblichen Narzissmus der Fall ist.

Ich entwickelte das Konzept des Weiblichen Narzissmus, als ich die Persönlichkeit von Bulimikerinnen (Ess-Brechsüchtigen) eingehender untersuchte. Diese Frauen hatten es mir angetan, und weckten mein Interesse und meine Neugier. Aber nicht nur das. Ich war zugleich betroffen von dem Leid, das ich bei ihnen spürte. Oberflächlich hatte ich den Eindruck, es mit selbstbewussten, aktiven Frauen zu tun zu haben, denen nichts weiter fehlte als der richtige Umgang mit dem Essen. Sie zeigten sich wach, aufgeschlossen, offen im Erzählen von sich selbst und motiviert, an sich zu arbeiten. Was aber nie wirklich thematisiert wurde, war die seelische Qual der Minderwertigkeitsgefühle, die sie seit Jahren durchlebten, oder ihre damit verbundenen täglichen Fressorgien und das anschließende Erbrechen. Sie schämten sich, ausführlich darüber zu sprechen, und nur durch genaues Nachfragen erfuhr ich das gesamte Ausmaß der Krankheit, die verbunden ist mit tiefen Selbstzweifeln, starker Selbstabwertung, Einsamkeit, Isolation und Gefühlschaos. Sie reden nicht gerne über ihr Leid und ihre Verzweiflung, und wenn sie es trotzdem einmal tun, dann mit emotionaler Distanz. Da sie sehr geschickt sind, sich hinter ihrer intakten Fassade zu verbergen, bin ich ihnen oft »auf den Leim gegangen«. Sie schafften es, mir einzureden, dass ihre Probleme gar nicht so schlimm seien. Es dauert lange, bis sie ihre Verzweiflung mitteilen und aufhören, sich und der Welt vorzumachen, dass sie alles im Griff haben.

Denselben Widerspruch finden wir auf der Körperebene: In der Regel sind diese Frauen attraktiv, sie legen viel Wert auf ihr Äußeres, haben meist eine gute Figur, aber sie lehnen sich von Grund auf ab, finden sich hässlich, dick, unattraktiv und vor allem nicht liebenswert! Sie sehnen sich nach Nähe und Liebe, rennen aber davon, wenn sie wirklich jemand mag. Sie machen sich immer wieder einsam, obwohl sie gerade unter dem Gefühl, allein zu sein, sehr leiden. Sie spielen die Rolle »Es geht mir toll«, um Aufmerksamkeit und Zuwendung zu bekommen, aber sie fühlen sich dabei elend und depressiv. Ihr Fühlen und Verhalten sind stark von Gegensätzen geprägt und von der Unfähigkeit zu wissen, wer sie wirklich sind.

Es scheint, als tanzen sie einen Tanz um sich selbst, immer im Kreis, aber sie kommen nie bei sich an. Sie sind sich selbst fremd, sie leiden unter Selbstentfremdung.[4] Tief innen wissen sie nicht, ob sie die traurige, depressive Frau sind oder die, die euphorisch andere mit ihrer guten Laune ansteckt. Auch von außen bekommen sie keine ausreichende Orientierung für die Beantwortung der Frage, wer sie wirklich sind. Denn die Umwelt erlebt sie als selbstbewusst, hilfsbereit, meist gut drauf, in sich gefestigt. So fühlen sie sich aber nur in wenigen Sternstunden. Durch eine Kränkung oder ein Versagen können sie so stark beeinträchtigt werden, dass sie sogar ihre Daseinsberechtigung anzweifeln. »Was habe ich überhaupt für ein Recht zu leben, wenn ich so eine Kritik und Ablehnung einstecken muss?« Der Teufelskreis scheint geschlossen, es gibt keinen Ausweg aus diesem Dilemma.

Brigitte, eine 30-jährige Frau, die unter Beziehungsschwierigkeiten leidet und eine weiblich-narzisstische Persönlichkeitsstruktur besitzt, beschreibt den Zwiespalt in sich folgendermaßen:

Ich bin müde und erschöpft von der Anstrengung, meine Sehnsucht nach Liebe, Nähe und Geborgenheit verstecken zu müssen. Aber nein, es darf niemand sehen, wie ich bin! Ich würde mich zu Tode schämen, wenn jemand hinter meiner Fassade von Selbstbewusstsein und Souveränität meine Bedürftigkeit sehen würde. So zeige ich mich: Ich bemühe mich um gutes Aussehen, freundliches Auftreten und liebenswürdige Umgangsformen. Andere sollen denken: die ist jung, dynamisch, aktiv, selbstbewusst und aufgeschlossen. Die kann etwas, geht auf Menschen zu, behauptet sich, lässt sich nicht einfach übergehen, leistet kompetente Arbeit und ist schlagfertig. Von mir persönlich zeige ich nichts, sondern konzentriere mich ganz auf die Erhaltung des Eindrucks einer beruflich erfolgreichen und auch sonst im Leben verankerten Frau. Und so fühle ich mich: Keiner darf jemals herausfinden, wie mir wirklich zumute ist. Lächeln, Brigitte, lächeln, es könnte sein, dass du beobachtet wirst. Die halten mich sowieso für blöde, die nehmen mich doch gar nicht ernst. Ich muss so tun, als ob ich glück-

lich bin, als ob ich alles verstehe, mich nichts erschüttern kann. Ich wirke nach außen selbstsicher und problemlos, weil andere mich so einschätzen. Und oftmals fühle ich mich so unsicher, dass ich mich fast verkriechen könnte. Ich habe dann Angst, nichts richtig zu machen, mich falsch zu verhalten, dummes Zeug zu reden und abgelehnt zu werden. Ich mache mir sehr viele Gedanken darum, was andere über mich denken und hätte es am liebsten, wenn ich allen gefalle. Aber meistenteils fühle ich mich unbedeutend und minderwertig. Wie soll ich so jemandem gefallen?

Dieser Bericht zeigt eindrücklich den Zwiespalt zwischen äußerer starker Maske und innerer Unsicherheit und Abwertung. Keiner darf davon erfahren! Denn wenn einmal herauskommt, wie sie wirklich ist, dann fliegt der ganze Schwindel auf: von wegen selbstbewusst, das spielt sie nur! Im Grunde hält sie sich für unsicher und bedürftig.

Es sind jedoch nicht nur Bulimikerinnen, die sich so fühlen und so weit weg von dem sind, was wir Identität nennen. Es gibt viele Frauen, die sich selbstsicher zeigen, obwohl sie unsicher sind und nicht wirklich wissen, wer sie sind, die von tiefen Selbstzweifeln geplagt werden und Probleme in Beziehungen und Partnerschaften haben.

Mit dem Konzept des Weiblichen Narzissmus lässt sich beschreiben und darstellen, was innerseelisch bei diesen Frauen abläuft, was sie als Kinder versäumten zu lernen, welche Entwicklungsschritte sie heute nachholen müssen und welche Wege es aus dem inneren Gefängnis gibt. Zu diesem Zweck werde ich einige Hintergründe beschreiben, die die Entwicklung einer narzisstischen Persönlichkeitsstruktur unterstützen. Ich spreche nicht von Ursachen, weil damit ein kausaler Zusammenhang hergestellt wird im Sinn von: Wenn Bedingung A vorherrscht, kommt es unweigerlich zu Zustand B. Diese Sichtweise ist bei psychologischen Sachverhalten nicht angebracht, da viele Faktoren eine Rolle spielen und diese zudem untereinander wirken. Ich werde daher einige Begebenheiten skizzieren, die man in der Kindheit der meisten narzisstischen Persönlichkeiten finden kann. Es sind jedoch selten die einzelnen Erziehungsmaßnahmen oder Erlebnisse aus der Vergangenheit für die Persönlichkeitsentwicklung entscheidend, sondern mehr die Art und Weise, wie ein Kind sie verarbeitet hat. An einigen Stellen im Text verweise ich auf die Bedeutung des Essens und Erbrechens, lege aber den Schwerpunkt auf die weiblich-narzisstische Dynamik. Das Essen kann jedoch auch für nicht essgestörte Menschen die Bedeutung haben, sich zu beruhigen, sich vor unangenehmen Gefühlen zu schützen, die innere Leere auszufüllen und als Ersatzbefriedigung zu dienen.

Die meisten Frauen mit einer weiblich-narzisstischen Persönlichkeit haben Probleme, ihren Körper und ihr Gewicht anzunehmen. Sie leiden beispielsweise unter Hungergefühlen, die eigentlich keine sind und die mit mehr Essen nicht zu stillen sind, weil es sich nicht um einen körperlichen, sondern um einen seelischen Hunger handelt. Vor allem Frustration, Langeweile, Traurigkeit und Einsamkeit sind Befindlichkeiten, bei denen viele Frauen vermehrt essen.

Andererseits versuchen sie, ihre Selbstwertprobleme durch einen schönen, schlanken Körper wettzumachen. Viele Frauen machen ihr Wohlgefühl vom Gewicht abhängig und glauben, liebenswerter zu sein, wenn sie schlanker wären. Nicht selten nimmt dieses Denken zwanghafte Züge an, die die Lebensqualität mindert.

Es wird deutlich, wie stark das Essen und die Hunger- und Sattheitsgefühle mit der seelischen Befindlichkeit zusammenhängen. Auch bei Frauen mit einer ausgeprägten Essstörung sind das Essen und Gewicht nur die vordergründigen Probleme, die mit der

Selbstwert- und Beziehungsstörung verbunden sind. Das muss bei der Behandlung mitberücksichtigt werden, um eine dauerhafte Genesung möglich zu manchen.

Gundi, eine 30-jährige Frau, die lange Jahre unter Ess-Brech-Sucht litt, beschreibt am Ende ihres ersten stationären Aufenthaltes in der Klinik die Hintergründe ihres gestörten Essverhaltens. Es ist zugleich eine Beschreibung der weiblich-narzisstischen Problematik:

Ich habe es mir nicht vorstellen können, dass ich ohne Fressanfälle und Erbrechen leben könnte, jetzt weiß ich, dass ich es kann. Nicht nur das Symptom, auch die Ursachen habe ich wenigstens zum Teil erkannt. Solange ich lebe, habe ich mich ständig selbst abgewertet, kein Selbstwertgefühl gehabt, kein Selbstvertrauen. Ich hatte Schuldgefühle, wenn ich mal glücklich war, wobei das meistens Pseudo-Glück im Zusammenhang mit Alkohol, Essen oder Männern war, und es ging mir daher schlecht. Ich schaute nur auf das Negative und konnte überhaupt nicht meine Grenzen wahrnehmen. Ich wusste, mein Leben läuft verkehrt – und ich bin verkehrt. Vor allem mein zwanghaftes Denken, das mich ständig in Verwirrung trieb, kann ich jetzt verstehen. Ich habe meine negativen Gedanken immer für real gehalten, auch die Annahme, dass ich schlecht bin. Jetzt weiß ich, dass dieses Denken ein Teil meiner Krankheit ist, und damit kann ich besser leben als zuvor. Es hat mir auch sehr geholfen zu begreifen, dass ich die Verantwortung für meine Gefühle habe. Wenn es mir vor der Therapie schlecht ging, habe ich das nur an äußeren Zuständen festgemacht, die ich eh nicht ändern konnte. Also ging es mir weiterhin schlecht und ich aß dann zwanghaft. Jetzt weiß ich, es liegt an mir, ob ich mich ärgere oder verletzen lasse – und das kann ich ändern. Dass ich auch für meine Hektik und Unruhe verantwort-

lich bin, hätte ich nie gedacht. Ich hab geglaubt, ich bin halt so, da kann man nur Baldrian nehmen. Gottlob weiß ich jetzt, dass ich da auch etwas ändern kann, weil ich mir den Stress selbst mache. Ich bin ganz unbescheiden geworden, denn ich will wirklich glücklich werden. Ich will nicht jeden Tag mit dem Leben hadern und unzufrieden sein. Ich werde etwas für meinen inneren Frieden tun. Momentan bin ich noch euphorisch, ich habe das Gefühl, als hätte ich ein neues Leben geschenkt bekommen. Aber es wird bestimmt nicht einfach. Ich habe aber schon öfter dieses schöne, runde, zufriedene, glückliche Gefühl in mir gespürt, von dem ich ahne, dass es das Leben ist. So eine alles ausfüllende Wärme. Dieses Gefühl ist mir immer noch etwas unheimlich, aber es ist das stärkste, was ich je empfand und ich werde mich dafür einsetzen, dass es der Inhalt meines Lebens wird.

Der Hunger nach Anerkennung

»Spieglein, Spieglein an der Wand, wer ist die Schönste im ganzen Land?« Dieser Satz aus dem Märchen *Schneewittchen* ist die zentrale Frage, die sich eine Frau stellt, die unsicher oder besser gesagt verunsichert ist, sobald eine andere ähnlich oder noch schöner ist als sie. Die Antwort: »Frau Königin, Ihr seid die Schönste im Land« beruhigt sie und stellt ihr inneres Gleichgewicht wieder her. Sie ist zufrieden mit sich und der Welt, denn sie ist etwas Besonderes.

Dieser Widerspruch zwischen dem Wunsch, »die Schönste zu sein«, und der Angst, eine andere sei attraktiver und man selbst daher schlecht, hässlich, minderwertig, macht den zentralen narzisstischen Konflikt aus. Die narzisstische Störung ist ihrem Wesen nach eine Beeinträchtigung des Selbsterlebens, des Selbstwertgefühls beziehungsweise der Selbstliebe. Eine Frau mit einer weiblich-narzisstischen Struktur leidet unter einem instabilen Selbstwertgefühl, das starken Schwankungen unterliegt. Auf der einen Seite hält sie sich für die Größte oder die Schönste, auf der anderen Seite glaubt sie, wenig oder nichts wert zu sein. Das Erleben pendelt zwischen Grandiositäts- und Minderwertigkeitsgefühlen hin und her. Einmal fühlt sie sich großartig und unübertroffen, das andere Mal zweifelt sie an sich, wertet sich ab, fühlt sich minderwertig und depressiv. Die bekannte Psychoanalytikerin Alice Miller, die eindrücklich das Schicksal narzisstisch gestörter Menschen nachempfunden hat, hält Grandiosität und Depression für zwei Seiten einer Medaille. Ob die Frau nun Größenfantasien hat oder sich minderwertig vorkommt, beides ist Ausdruck eines gestörten Selbstwertgefühls. Die Größenfantasien sollen vor der Minderwertigkeit schützen und diese wiederum vor dem tiefen Schmerz, der mit dem Selbstverlust verbunden ist.

Das bedeutet, dass eine narzisstische Frau nicht gelernt hat, ihre Person angemessen einzuschätzen. Im Grunde hält sie sich für minderwertig, schwach, schlecht und unattraktiv. Da das Eingeständnis, minderwertig zu sein, jedoch außerordentlich unangenehm ist, rettet die Größenfantasie über das schlechte Gefühl hinweg. Indem sie sich besonders attraktiv macht, versucht, gute Leistungen zu erbringen und besonders anpassungsfähig und liebenswürdig zu erscheinen, macht sie sich und den anderen vor, ein wertvoller Mensch zu sein. Also eben gerade nicht minderwertig.

Die Grandiosität zeigt sich in dem Verlangen nach ständiger Bewunderung und dem Gefühl, ohne diese nicht leben zu können. Die Bewunderung glaubt die narzisstische Frau aber weniger für ihre Person zu erhalten, weil sie so ist, wie sie ist, sondern vielmehr für ihre Schönheit, Leistungsfähigkeit, Intelligenz oder andere Fähigkeiten. Und nur diese Eigenschaften schätzt sie selbst an sich – so, wie die Königin im Märchen *Schneewittchen* davon abhängig ist, die Schönste sein zu müssen. Droht nun der Verlust der Bewunderung beziehungsweise der bewundernswerten Fähigkeiten und Eigenschaften oder tritt dieser tatsächlich ein, dann kann es sein, dass das Selbstwertgefühl zusammenbricht und es zu depressiven Reaktionen kommt. Frauen mit einer weiblich-narzisstischen Struktur streben daher ständig danach, gut auszusehen, körperlich topfit, immer auf der Höhe und gut drauf zu sein, mit anderen Worten, ewige Jugend, Schönheit und Leistungsfähigkeit zu besitzen. Sicherlich, wer träumte nicht davon? Das Dilemma liegt allerdings darin, dass narzisstische Menschen vom Erreichen dieses Ziels abhängig sind, um sich gut zu fühlen. Es ist sozusagen ihre Lebensbasis, schön, erfolgreich und bewundernswert zu sein. Beim Ausbleiben äußerer narzisstischer Zufuhr in Form von Bewunderung, Anerkennung und Lob kann es zu schweren Depressionen bei den Betroffenen kommen. Solche Situationen treten zum Beispiel infolge von Erkrankungen auf, aber auch beim Älterwerden oder beim Wechsel der Lebensumstände wie dem Auszug der Kinder, bei Trennung vom Freund oder Ehemann, bei Versagen im Beruf, bei Kritik oder Zurückweisung.

Alle diese Fälle haben eins gemeinsam: sie sind mit Abschied von bestimmten liebenswerten Eigenschaften oder Menschen verbunden, die eine Quelle von Anerkennung waren. Solange eine alternde Frau noch jünger aussieht als sie ist, steckt sie Komplimente ein und füttert damit ihr angeschlagenes Selbstbild: Wenn sie schon alt ist, was für sie schlimm genug ist, dann sieht sie wenigstens jung aus, wird dafür bewundert und fühlt sich dadurch attraktiver. Beim Auszug der Kinder kann es zu depressiven Reaktionen kommen, weil nun eine Konfrontation mit dem Alter und der damit zusammenhängenden neuen Rolle erfolgt. Und Alter bedeutet vor allem in unserer auf Jugend, Schönheit und Fitness ausgerichteten Gesellschaft eine Einbuße, weil »man« beziehungsweise »frau« nicht mehr so viel wert ist. Hängt nun das Selbstwertgefühl hauptsächlich von äußeren Eigenschaften und der eigenen Leistungsfähigkeit ab, dann erstaunt es nicht, dass Älterwerden von dem Gefühl der Minderwertigkeit begleitet wird. Jedoch nicht nur diese eher gravierenden Formen von Enttäuschung werden depressiv verarbeitet, sondern auch geringere. Lehnt ein anderer etwa eine gemeinsame Unternehmung ab, so kann sich die Betroffene tief gekränkt und zurückgestoßen fühlen. Viele Frauen glauben tatsächlich, dass die Ablehnung ihres Wunsches gleichbedeutend sei mit einer Ablehnung ihrer Person.

Ein anderes Beispiel ist der hohe Leistungsanspruch, den narzisstische Frauen an sich richten. Erreichen sie in der Arbeit nur ein gutes, aber nicht ein brillantes Ergebnis, kann das zu einem beißenden Gefühl des Versagens führen. Denn sie befürchten, dass sie es nicht mehr wert seien, geliebt beziehungsweise geachtet zu werden, wenn sie nicht besonders sind und so wie andere sie haben möchten. Vor diesem Hintergrund ist auch die Panik vieler Frauen zu verstehen, wenn sie morgens auf der Waage sehen, dass sie ein Kilo oder einige Gramm zugenommen haben. Gemäß ihrem Selbstbild fühlen sie sich nur liebenswert, wenn sie schlank sind. Die Gewichtszunahme rührt daher tief an ihrem Selbstwertgefühl. Mehr Gewicht bedeutet dick zu sein; das wiederum bedeutet, nicht attraktiv zu sein, nichts zu haben, weshalb man sie mögen könnte. Auch sie selbst lehnen sich ab, finden sich hässlich und unansehnlich.

Hier zeigt sich die überdimensionale Bedeutung der äußeren Erscheinung als Quelle von Bewunderung. Dabei geht es nicht um den Wunsch, gut auszusehen und dafür Komplimente zu bekommen. Sondern es geht um die Absolutheit des Denkens und Fühlens, bei dem ein bestimmtes Gewicht verlangt wird, um in den eigenen Augen zu bestehen: liebenswert ist sie nur bis maximal fünfundfünfzig Kilo. Darüber hinaus muss sie sich verkriechen. Das heißt auch, mit sechsundfünfzig Kilo entzieht sie sich die Achtung und Zuneigung. Und dann bleibt nichts als ein Gefühl von Minderwertigkeit.

Bei narzisstischen Menschen liegt nach Miller eine »tragische Verknüpfung von Bewunderung und Liebe«[5] vor, die zu trennen nicht möglich erscheint. Sie setzen Bewunderung und Liebe fälschlicherweise gleich. Die Suche nach Bewunderung muss jedoch unbefriedigend bleiben, weil Bewunderung und Liebe eben nicht identisch sind. Bewunderung ist an besondere Merkmale gebunden, Liebe dagegen richtet sich auf den ganzen Menschen mit seinen Stärken und Schwächen. Bewunderung bleibt daher eine Ersatzbefriedigung für den eigentlichen, nie erfüllten Wunsch nach Achtung, Annahme und Liebe.

Auch Erfolg und Anerkennung dienen narzisstischen Menschen als Kompensation für ihre alte Wunde oder ihr narzisstisches Loch, und sollen den geschwächten Selbstwert ausgleichen. Das gelingt vorübergehend, führt jedoch zu keiner lang anhaltenden Befriedigung, da der eigentliche Mangel fortbesteht. Das Streben nach Erfolg und Anerkennung muss keine Folge des krankhaften Narzissmus eines Menschen sein, sondern kann auch dem positiven Narzissmus entspringen, bei dem es zu einem ausgefüllten Leben gehört. Und noch mehr: Die Erhöhung des Selbstwertgefühls ist eines der Grundbedürfnisse des Menschen. Das Problem liegt daher in der Funktion, die dem Erfolg und der Anerkennung zugeschrieben werden. Bei einer stark narzisstischen Ausprägung oder einer narzisstischen Persönlichkeitsstörung sollen sie einen Mangel der Psyche ausgleichen, was ihnen aber nur zum Teil gelingt. Es bleibt die tiefe Sehnsucht nach Angenommen- und Geliebtwerden, die mit noch so viel Leistung nicht gestillt werden kann. An dieser Stelle geht die Rechnung nicht auf. Dieser seelische Mangel ist das, was Alice Miller mit Selbstverlust bezeichnet. Die narzisstische Persönlichkeit hat das Pech, nie wirklich bei sich selbst angekommen zu sein und sich gefunden zu haben.

Sobald der Selbstwert eines Menschen betroffen ist, haben wir es mit einer narzisstischen Thematik zu tun. Ein gesunder Narzissmus zeichnet sich durch ein angemessenes Selbstwertgefühl aus, das an der Realität erprobt ist. Dieser Mensch weiß um seine Stärken, kann aber auch seine Begrenzungen respektieren. Ein narzisstisches Defizit dagegen geht mit einem instabilen Selbstwertgefühl einher, das bei der geringsten Kränkung zusammenzubrechen droht. Die Selbstachtung kann nicht von innen reguliert werden, sondern ist abhängig von der Außenwelt, also der Meinung der anderen oder von objektiven Erfolgen.

Sie wurde wütend, obwohl sie traurig war

Lange Zeit hat Karin gewartet, dass er endlich anruft. Er hatte es doch versprochen, sich zu melden. Aber nein, das Telefon läutet nicht. Sie starrt es an, es starrt zurück, aber es klingelt nicht. Sie macht sich Sorgen: Es ist doch hoffentlich nichts passiert? Man weiß ja nie. Wie schnell kann es zu einem Unfall kommen. Und schnell fahren tut er ja. Sie beruhigt sich, weil sie weiß, wie oft sie sich schon umsonst solche Gedanken gemacht hat. Bisher ist auch nie etwas passiert. Aber warum ruft er dann nicht

an? So ein blöder Kerl. Was kann der Grund sein? Vielleicht hat er viel Arbeit und kommt nicht dazu? Aber er hat doch versprochen ... Er wird doch nicht ... nicht mit einer anderen ...? Nein, er nicht ...! Oder doch ...? Die Verzweiflung steigt allmählich in ihr hoch. Sollte er vielleicht doch? Nein, es ist Unsinn, vollkommener Quatsch. Und doch kommen immer mehr Zweifel, Ängste, Befürchtungen und dann der Zorn. So ein unverschämter Kerl; nie ruft er an, wenn er soll; unzuverlässig ist er; kümmert sich nicht um mich; denkt immer nur an sich; ich bin ihm gar nichts wert!
Irgendwann ruft er an, natürlich viel zu spät. Auf der einen Seite ist sie froh, ihn endlich zu hören, auf der anderen aber auch gekränkt, weil sie so lange warten musste. Wenn es ihr nicht gelingt, ihm ihre Enttäuschung mitzuteilen, macht sie ihm Vorwürfe und es kommt zum Streit. Er fühlt sich angegriffen und sie sich missverstanden. Er hält sie für eine hysterische Pute, die immer Szenen macht, und er ist für sie der unzuverlässigste Mann der Welt. Beide sind am Ende sauer.
Das eigentliche Problem ist aber, dass sie gekränkt ist, weil er sich nicht an die Vereinbarung gehalten hat, anzurufen. Ihr vordergründiges Gefühl ist Ärger und Ablehnung. Wird er dann auch noch wütend, sind am Ende beide allein, weil sie sich gefühlsmäßig verlassen haben. Keiner unterstützt den anderen mehr, sondern achtet nur noch darauf, sich zu schützen und den anderen zu bestrafen.

Narzisstische Menschen sind äußerst empfindlich gegenüber Kränkung und Verlassenwerden und reagieren nach dem Psychiater Otto F. Kernberg darauf mit Wut, Empörung und Rachebedürfnis statt mit echter Trauer. Diese sogenannte narzisstische Wut übersteigt meist in ihrem Ausmaß den Anlass und ist von Rachegefühlen begleitet. Sie hat Ressentimentcharakter und ist darauf gerichtet, den anderen zu bestrafen oder zu verletzen. Denn er wird als Feind, als Verfolger erlebt. Bei der narzisstischen Wut geht es mehr um Rache als um eine reife Art der aggressiven Auseinandersetzung. Das liegt daran, dass narzisstische Menschen sich schnell durch den anderen beleidigt fühlen, wenn dieser sich anders verhält, als sie es fordern oder erwarten. Karin fühlt sich von ihrem Freund abgewertet und verletzt: »Wie kann er es sich erlauben, mich warten zu lassen?« Es geht ihr sicher auch darum, ihn zu sprechen, aber deshalb müsste sie kein solches Drama aus der Situation machen. Sie könnte auch am nächsten Tag mit ihm reden oder einige Stunden später. Aber die Tatsache, dass sie das nicht kann, zeigt, dass es um mehr geht als nur darum, mit ihm zu telefonieren. Das wirklich Schlimme ist für sie, dass er es wagt, sich nicht zu melden. Es ist eine Beleidigung für sie, eine »Majestätsbeleidigung«.

Zur Enttäuschung kommen neben der großen Wut die Abwertung des Mannes hinzu, dem die ganze Schuld an ihrem Drama gegeben wird. Seinetwegen geht es ihr schlecht, weil sie nicht aus dem Haus gehen kann, da sie ja auf seinen Anruf wartet; dadurch ist ihr der ganze Abend verdorben und ihre Stimmung am Nullpunkt. Er hat Schuld, dass es ihr schlecht geht. Vorwürfe über Vorwürfe. Möglicherweise sinnt sie auf Rache: »Wenn jetzt das Telefon klingelt, geh ich nicht dran, nun lasse ich ihn hängen«, oder »Er wird schon sehen, dann gehe ich eben morgen mit jemand anderem aus«. Irgendetwas wird ihr einfallen, um ihn so zu verletzen, wie sie sich von ihm verletzt fühlt.

Es geschieht jedoch keine realitätsangemessene Verarbeitung der Enttäuschung oder Traurigkeit. Das würde bedeuten, das Gefühl der Enttäuschung zu registrieren, anzuerkennen, es mitzuteilen und gleichzeitig die Beziehung zum anderen aufrechtzuerhalten. Das können narzisstische Menschen nicht. Innerlich brechen sie die Beziehung ab, denn sie können es nicht ertragen, wenn der andere sich anders verhält, als sie es von ihm erwarten. Sie fühlen sich dann tief gekränkt und bestrafen ihn durch Entzug ihrer Zuwendung und Liebe. Und das hat er in ihren Augen auch verdient. Sie leiden zwar selber unter dem Bruch in der Beziehung, aber sie sind es ihrem Stolz schuldig. Mit ihren Rachegedanken und dem Beziehungsabbruch vermeiden sie das Gefühl von Traurigkeit, aber auch die Tatsache, dass der andere ein eigenständiger Mensch mit eigenen Entscheidungen ist. Sie beenden lieber mit Stolz und Trotz die Beziehung als zu spüren, dass Kontakt zu einem anderen Menschen immer auch Verzicht bedeutet und erfordert, dessen Individualität und Schwächen zu akzeptieren. Die narzisstische Wut ist nicht identisch mit Ärger auf jemanden, da sie immer auf Zerstörung gerichtet ist. Rache, jemandem etwas Schlechtes zu wünschen oder sogar anzutun, ist etwas ganz anderes, als in einem Streit dem anderen gegenüber seinen Zorn auszudrücken. So könnte Karin ihren Ärger mitteilen, weil sie warten musste. Er würde jedoch in einem so harmlosen Fall relativ gering ausfallen, sofern er überhaupt aufträte. Die Beziehung als solche würde jedenfalls erhalten bleiben, und der Ärger würde der Auseinandersetzung und Klärung des Kontakts dienen. Die narzisstische Wut dagegen richtet sich gegen die Beziehung und den anderen und hat zum Ziel, dass dieser sich mindestens so schlecht fühlen soll wie man selbst. Ärger und Wut können beziehungsstiftend sein, Rache und Verletzenwollen führen dagegen zu Einsamkeit. Das Gefühl der Einsamkeit bestätigt dann wiederum die tiefliegende Angst narzisstischer Menschen, abgelehnt und ungeliebt zu sein. Durch ihr Verhalten kreieren sie letztlich eine solche Erfahrung: indem sie den Kontakt zum anderen abbrechen, sind sie wirklich allein. Sie befinden sich also in einem Teufelskreis.

Auffällig ist die Heftigkeit, mit der die narzisstische Wut in der Regel durchbricht und mit der die Person auf Begebenheiten reagiert, die ihre Erwartungen kränken. Meist liegt in diesen Fällen eine existenzbedrohende Erfahrung aus der Kindheit zugrunde. Als wäre die Andersartigkeit des anderen nicht eine Tatsache, die man hinnimmt oder über die man sich ärgert, sondern eine tiefe, das Überleben betreffende Bedrohung. In der Wut wird nicht nur die eigene Position verteidigt, sondern das eigene Leben. Lebensbedrohliche Erfahrungen, zum Beispiel durch körperliche, sexuelle oder emotionale Gewalt durch Eltern oder stärkere Geschwister, Erstickungserlebnisse, Unfälle oder lebensgefährliche Krankheiten, hinterlassen traumatische Spuren, die mit dem Gefühl der Bedrohung, des hilflosen Ausgeliefertseins und Sich-nicht-wehren-Könnens verbunden sind. Aus dieser Hilflosigkeit kann es zu einem Um-sich-Schlagen kommen.

In der narzisstischen Wut kommt aber noch ein anderer Aspekt zum Tragen. Sie kann nämlich zugleich als »Verlassenheitsgebärde«, als »Schrei nach Nähe« interpretiert werden. Wie es die Psychotherapeutin Kathrin Asper zeigt, kann dies darauf zurückzuführen sein, dass der Wunsch nach Nähe und Kontakt bei einem Kind ständig frustriert wurde, beispielsweise durch Schreienlassen eines Säuglings über längere Zeit. So entwickelt sich nach dem Pionier der Bindungsforschung John Bowlby eine »dysfunktionale Wut, die über das ursprüngliche Ziel hinausschießt und zwei Signale in sich vereint, nämlich: ›Komm mir nicht zu nahe, ich hasse dich‹, und ›Komm in die Nähe, ich brauche dich‹. In diesem Sinne ist die narzisstische Wut eine Verlassenheitsgebärde, sie drückt die Verlassenheit zwar aus, wehrt sie gleichzeitig aber auch ab.«[6]

Übertragen auf Karin bedeutet ihre übertriebene Wutreaktion, dass ihr tiefes Bedürfnis nach Angenommen- und Nicht-allein-Sein gekränkt wurde. Statt jedoch diese Kränkung, ihren Ärger und den Wunsch nach Nähe mitzuteilen, wird in der rachegeprägten narzisstischen Wut der andere für seine Untreue bestraft und weggeschickt. Der Gewinn ist die Vermeidung ihres Schmerzes, den sie meint, nicht aushalten zu können. Der Preis ist der Verlust der Beziehung. Andererseits zeigt ihre massive Reaktion auf den Freund, dass sie ihn sehr braucht. Nach dem Gestalttherapeuten Hunter Beaumont zeigt sich in der Heftigkeit der Enttäuschung und Wut, wie stark die Sehnsüchte und Wünsche an den anderen sind.

Wenn das Kind einem besonderen Bild entsprechen soll

Es war einmal mitten im Winter, und die Schneeflocken fielen wie Federn vom Himmel herab, da saß eine Königin an einem Fenster, das einen Rahmen von schwarzem Ebenholz hatte, und nähte. Und wie sie so nähte und nach dem Schnee aufblickte, stach sie sich mit der Nadel in den Finger, und es fielen drei Tropfen Blut in den Schnee. Und weil das Rote im weißen Schnee so schön aussah, dachte sie bei sich: »Hätt' ich ein Kind so weiß wie Schnee, so rot wie Blut und so schwarz wie das Holz an dem Rahmen.«[7]

So beginnt das Märchen von Schneewittchen, das uns immer wieder in diesem Buch begegnen wird. Denn es stellt die Situation und innere Befindlichkeit einer Frau mit weiblich-narzisstischer Persönlichkeitsanteilen in eindrucksvoller Weise dar. Ich werde daher vor allem im Therapiekapitel auf das Märchen zurückgreifen. An ihm kann man viel über den Weiblichen Narzissmus lernen.

Die Königin sitzt mitten im Winter einsam an einem Fenster aus schwarzem Ebenholz und näht. Der Winter ist die kalte Jahreszeit, es herrscht Düsternis, und alles ist wie mit einem Leichentuch (Schnee) bedeckt. Die Kälte symbolisiert einen seelischen Zustand der Erstarrung und des Eingefrorenseins (Seelenwinter). Die Königin ist allein und wirkt verlassen und verloren; auch der König bleibt hier noch unerwähnt. Die Arbeit, die sie ausführt (nähen), ist ihrer nicht würdig, sondern eher die einer Magd. Die Zeit der großen Feste scheint vorüber, die Königin ist bescheiden und schlicht geworden, begleitet von einem Gefühl der Minderwertigkeit und Depression, symbolisiert durch den Ebenholzrahmen, der nur einen düsteren Ausschnitt des Lebens zeigt. Der Zeitpunkt der Wintermitte, in dem diese Szene spielt, deutet allerdings auf eine bevorstehende Wende hin, als wäre unbewusst das Wissen vorhanden, dass es so nicht weitergehen könne und auch nicht müsse.

Durch das plötzliche Ereignis des Nadelstichs kommt Bewegung in die Erstarrung, die durch den Wunsch nach einem Kind belebt wird. Es existiert bereits zum jetzigen Zeitpunkt eine konkrete Vorstellung, wie dieses Kind sein muss: weiß wie Schnee, rot wie Blut und schwarz wie Ebenholz. Das Kind kommt gleichsam mit der Hypothek auf die Welt, dem Ideal zu entsprechen, das die Mutter von ihm zeichnet. Darüber hinaus muss das Kind die Funktion erfüllen, die Mutter aus ihrer emotionalen Notlage zu befreien und ihrer Existenz einen Sinn zu geben. Die Situation des Kindes ist demnach von narzisstischer Ausbeutung geprägt: Die Mutter liebt das Kind nicht so, wie es ist, sondern mehr das Bild von ihm. Es dient ihr als narzisstische Erweiterung. Das Kind muss dafür seine eigene Lebendigkeit und Autonomie opfern. Dadurch bekommen Blut, Schnee und Rahmen eine neue Bedeutung: das Blut als Sinnbild des Opfers (auch des narzisstischen), der Schnee als Erstarrung, aus der das Kind die Mutter befreien soll, und der Rahmen als Symbol für das Bild von dem Kind, das mehr geliebt wird als das Kind selbst.

Diese Situation ist charakteristisch für die frühe Kindheit und Jugend von später narzisstischen Menschen. Zwei Stichworte spielen dabei eine wichtige Rolle: die narzisstische Ausbeutung und die narzisstische Erweiterung. Ausbeutung bedeutet, jemanden auszunutzen, also individuellen Nutzen durch einen anderen zu erlangen. Narzisstische Ausbeutung beinhaltet darüber hinaus, dass der Nutzen dem eigenen Selbstwert dient. Die Eltern fühlen sich durch das Kind besser, fröhlicher und wertvoller. Dass Eltern durch ein Kind glücklich werden oder an ihm Freude haben, und sie dadurch ihr Leben bereichern, ist selbstverständlich und nicht zu kritisieren, sondern wunderschön. So soll es auch sein und hat nichts mit narzisstischer Ausbeutung zu tun. Diese setzt erst dort ein, wo die Aufwertung der Eltern und ihres Selbstbildes auf Kosten des Kindes und seiner Individualität geht und das Kind die Eltern emotional nähren und stabilisieren muss statt umgekehrt.

Das Kind wird dann ausgebeutet, wenn es für die Eltern bestimmte Eigenschaften, Fähigkeiten und Verhaltensweisen besitzen soll, auch wenn sie gegen seine Natur oder Eigenart sind. Diese speziellen Wünsche und Forderungen an das Kind bestehen häufig schon vor seiner Geburt, spätestens aber, wenn es auf der Welt ist. Sie prägen die Einstellung der Eltern zu ihrem Kind, je nachdem, wie sehr es ihren Erwartungen entspricht. Weicht es sehr davon ab, wird das Kind mit ihren Enttäuschungen konfrontiert, die sich in Entwertungen und Zurückstoßen äußern. Über Kontrolle versuchen die Eltern dann, das Kind zu beeinflussen, anders zu werden als es ist. Doch meist kann es die Erwartungen der Eltern nicht erfüllen. Es bleibt die Wunde, nicht geliebt zu werden, wie es ist, und nie recht zu sein. Das Kind wird jedoch durch besondere Anpassung versuchen, den Erwartungen doch noch zu entsprechen.

Später werden narzisstische Erwachsene andere Menschen ebenso ausbeuten, wie sie als Kinder ausgebeutet wurden. Die Menschen, mit denen sie sich umgeben, werden danach ausgewählt, inwieweit sie der eigenen narzisstischen Zufuhr dienen. Sie suchen die Nähe zu anderen gleichwertigen oder höherrangigen Partnern, die meist nicht um ihrer selbst willen geliebt und geschätzt werden, sondern aufgrund ihres Ranges, ihrer Leistungen oder ihres Prestiges. Für den Narzissten sind sie bedeutsam, weil er durch sie an Bedeutung gewinnt.

Man spricht auch von der sogenannten narzisstischen Erweiterung. Das bedeutet, dass die Eltern ihr Selbst durch das Kind und die erwachsene Frau es durch den Partner erweitern, indem sie nun nicht nur ihre eigenen Fertigkeiten besitzen, sondern zugleich die des anderen. Ist beispielsweise das Kind hübsch, aufgeweckt, lernt schnell und ist seinen Altersgenossen voraus, so können die Eltern sich mit diesen Qualitäten identifizieren. Das Lob und die Bewunderung, die das Kind erhält, bekommen die Eltern stellvertretend und werten sich damit auf. Des Weiteren wirft das Kind ein positives Licht auf sie als gute Eltern. Sie lieben es umso mehr, je stärker sie durch das Kind an Anerkennung gewinnen. Doch diese Liebe ist mehr eine Form der Bewunderung als wirkliche Liebe, denn sie bezieht sich weniger auf das Kind, wie es ist, als auf die positiven Eigenschaften des Kindes, mit denen sie ihr eigenes Selbstwertdefizit ausgleichen.

Spieglein, Spieglein …

Zu einer gesunden Entwicklung benötigt das Kind die Spiegelung durch die Umwelt: von ihr gesehen, verstanden und ernst genommen zu werden. Im folgenden Bild von Donald Winnicott wird deutlich, was damit gemeint ist: »Die Mutter schaut das Baby an, das sie im Arm hält, das Baby schaut in das Antlitz der Mutter und findet sich selbst darin … vorausgesetzt, dass die Mutter wirklich das kleine einmalige, hilflose Wesen anschaut und nicht ihre eigenen Introjekte, auch nicht ihre Erwartungen, Ängste und Pläne, die sie für das Kind schmiedet und auf das Kind projiziert. Im letzteren Fall findet das Kind im Antlitz der Mutter nicht sich selbst, sondern die Not und Erwartungen der Mutter. Es selbst bleibt ohne Spiegel und wird in seinem ganzen späteren Leben vergeblich diesen Spiegel suchen.«[8] Dasselbe gilt natürlich auch für den Vater.

Spiegelung bedeutet, die Reaktionsweisen des Kindes, seine Gefühle und Wahrnehmungen zu erkennen und sie ihm verbal oder nonverbal zu vermitteln. Ein Kind ist beispielsweise traurig, weil sein Spielzeug zerbrochen ist. Eine einfühlende Reaktion, die die Empfindungen des Kindes angemessen spiegelt, könnte darin bestehen, das Kind in den Arm zu nehmen und zu trösten. »Ich kann mir vorstellen, dass dir das weh tut. Lass uns zusammen schauen, ob man es noch reparieren kann«. Nicht einfühlsam dagegen und eine mangelhafte Spiegelung wäre es, dem Kind seine Traurigkeit auszureden und es damit zu trösten, dass es ja noch andere Spielsachen hat. Das Kind wird nun nicht wissen, wem es glauben soll, seiner Wahrnehmung, dass ihm der Verlust weh tut, oder der Aussage der Mutter, dass es nicht wehtun kann. Wahre Gefühle, die nicht gespiegelt oder sogar aufgrund der Familienideologie verleugnet werden, werden abgespalten, und an ihre Stelle tritt unspontanes, angepasstes Verhalten.

Unter wahren Gefühlen verstehe ich gefühlsmäßige Reaktionen wie Traurigkeit bei Verlust, Schmerz bei Verletzung, Freude bei einem schönen Erlebnis, Angst bei Bedrohung und Ärger, wenn jemand die eigenen Grenzen überschreitet. Wie vielen Kindern wird beigebracht, bestimmte Gefühle nicht zu leben, und das heißt, sie auf Dauer nicht mehr bewusst wahrzunehmen! Werden Gefühle beim Kind unterbunden, verleugnet oder nicht gespiegelt, dann entsteht in ihm eine Gefühlsverunsicherung. Es wird die eigenen Empfindungen anzweifeln und sie allmählich bei sich selbst verleugnen. Später wird das Mädchen oder die Frau ihre Gefühle ebenso übergehen, abwerten oder viel zu schnell wegrationalisieren, weil sie gelernt hat, ihnen keinen Raum zu geben.

Mangelnde Empathie im Sinne von Verleugnung oder Umdeutung der kindlichen Gefühle führt zu Störungen im Selbsterleben und dient dazu, ein falsches Selbst auszubilden, wie Winnicott es nennt, das den Erwartungen der Umwelt mehr entspricht als der eigenen Persönlichkeit.

Die Grundlage der narzisstischen Entwicklung liegt zu einem großen Teil in einer nicht geglückten Beziehung, die sich in mangelnder Spiegelung und Einfühlung in den Säugling, durch emotionale Vernachlässigung oder durch Verwöhnung und Überbehütung äußert. Denn beides geht am Wesen des Kindes vorbei. Das Kind erlebt sich dadurch gefühlsmäßig allein gelassen, weil es nicht so angenommen und gesehen wird, wie es ist.

Der digitale Spiegel

Das menschliche Bedürfnis nach Spiegelung zeigt sich auch in der starken Nutzung sozialer Medien. Dabei dient die Spiegelfunktion von Selfies und Likes oder Dislikes demselben menschlichen Bedürfnis, sich seiner selbst zu versichern und seine Identität aufzubauen, wie es die zwischenmenschliche Spiegelung auch tut. Durch den Blick in den Spiegel kommen wir immer mehr zu uns und bestätigen oder erweitern unsere Identität. Die digitale Selbstbespiegelung spielt daher im Zusammenhang mit Narzissmus eine große Rolle und soll hier auch nur unter diesem Blickwinkel betrachtet werden. Mir geht es nicht um eine sozialkritische Auseinandersetzung mit dem Für und Wider sozialer Medien, sondern um deren Rolle im Rahmen der narzisstischen Thematik.

Narzissmus ist ein Menschheitsthema, das es schon immer gegeben hat, es gewinnt aber in der heutigen Zeit eine neue Variante hinzu: die Möglichkeit, sich durch Selfies und die Spiegelfunktion des Handys immer und überall selbst zu inszenieren und zu betrachten.

Sich virtuell zu präsentieren mag für Menschen mit einem schwachen Selbstwertgefühl leichter sein, als sich in persönlichen Beziehungen zu zeigen, weil es distanzierter ist und eine Art Schutz vor direkten Reaktionen des anderen bietet. Im extremen Fall ersetzen virtuelle Kommunikationen sogar persönliche Begegnungen. Denn soziale Medien eröffnen uns ganz neue Strukturen, miteinander in Verbindung zu kommen, die entweder narzisstisch besetzt sein können, aber natürlich auch eine ganz gesunde soziale Funktion besitzen. Die Beziehungspflege ist ein wichtiger Teil von Social Media und dient der positiven Spiegelung, die wir Menschen alle brauchen, um uns wertvoll und anerkannt zu fühlen.

Der Blick von außen wirkt wie eine Berechtigung unserer Existenz. Fehlte diese Bestätigung im Leben, wie es bei narzisstischen

Frauen oft der Fall ist, können sie sich diesen Spiegel beispielsweise durch das Posten von Fotos auf Facebook, Instagram oder Snapchat nachträglich holen. Und das sogar weltweit. Die Darstellung der eigenen Person in sozialen Medien war bis vor einigen Jahrzehnten nur wenigen berühmten Menschen vorbehalten. Auf einmal kann jede und jeder diese Popularität erlangen, was in sich schon eine narzisstische Gratifikation bedeutet, die den Selbstwert erhöht und das ideale, grandiose Selbst füttert.

Durch den Auftritt im Netz entsteht eine neue digitale Identität: »Ich bin, wie ich im Netz erscheine.« Aber ist das wirklich so? Bin ich so, wie ich mich präsentiere? Sehe ich so aus wie auf meinen geposteten Bildern? Und bin ich die, die ich bin durch mein eigenes Selbstbild, oder lediglich die durch das Bild, das die anderen von mir haben?

Gerade Frauen mit einer weiblich-narzisstischen Struktur tendieren dazu, sich vorwiegend mit den Augen der anderen zu sehen und ihr Selbstbild von der Reaktion von außen bestimmen zu lassen. Auf diese Weise machen sie ihre Selbsteinschätzung davon abhängig, wie die anderen sie bewerten. Der digitale Spiegel bekommt dadurch eine enorme Bedeutung, die sowohl eine positive als auch eine negative Auswirkung hat. Bekommen die Frauen Bestätigung und Likes, können sie ihr Selbstbild aufwerten, bleiben die Likes aber aus, dann nehmen sie das als Beweis dafür, unansehnlich, hässlich und nicht anziehend zu sein. Damit bestätigen sie ihr negatives Selbstbild und ihre abwertende Haltung sich selbst gegenüber. Noch schlimmer wirken sich Hate-Speech und Cybermobbing aus, die eine Person im Mark treffen und sie vollständig vernichten können, besonders wenn sie auf die positive Rückmeldung von außen angewiesen ist, um sich überhaupt wert und lebensberechtigt zu fühlen.

Wenn Selfies und soziale Medien dazu benutzt werden, um Likes und positive Kommentare zu erhalten, die das Selbstbild stärken, neigen Menschen natürlich dazu, sich im Netz von ihrer besten Seite zu zeigen. Kein Wunder, dass gepostete Fotos so lange bearbeitet werden, bis die Person darauf einem Idealbild von sich entspricht, weil nur das der Bewertung standhält. Frauen mit einer weiblich-narzisstischen Struktur sind sehr gefährdet, dabei mitzumachen, weil sie aufgrund ihrer starken Selbstablehnung auf die Bestätigung von außen extrem angewiesen sind. Außerdem unterstützt das ihr Denken: Ich bin nur gut, wenn ich perfekt bin. Gut sein reicht nicht aus, ich muss optimal sein oder sogar noch besser als alle anderen. Solange die betroffenen Frauen gut oder toll gefunden werden, fühlen sie sich auch gut oder toll. Bleibt die Bestätigung aber aus, werden sie kritisiert oder sogar angefeindet, bricht ihr Bild von sich zusammen. Sie fühlen sich beschämt, gedemütigt und spüren einen beißenden Schmerz. Entweder ziehen sie sich dann deprimiert in ihr Schneckenhaus zurück, wobei die Gefahr groß ist, dass sie offline einem Essanfall erliegen, oder sie passen sich an die vorgegebenen Ansprüche der Netzgemeinschaft an und machen aus sich die, die auf andere super wirkt. Für die Bestätigung sind sie bereit, sich den Erwartungen der anderen zu unterwerfen, auch wenn es einen hohen Preis kostet. Nämlich sich zu verleugnen, wie sie wirklich sind.

Das zeigt sich im Extrem an der sogenannten A4-Waist-Challenge, bei dem ein DIN-A4-Blatt in Taillenhöhe vor den Körper gehalten wird. Wenn rechts und links nichts mehr von der Hüfte zu sehen ist, hat man diesen Test bestanden. Dass das Frauen in eine Essstörung treiben kann, ist nicht verwunderlich, weil die Verfremdung des durchschnittlichen Körperbildes Standards setzt, die mit normalem Essen und Sport nicht zu erfüllen sind.

Sich zu zeigen, wie man ist, bedeutet daher das Risiko, nicht zu gefallen. Aber zu gefallen ist das eigentliche narzisstische Ziel. Allerdings ergibt sich aus der Künstlichkeit der Darstellung im

Netz auch ein neuer, gegenläufiger Trend. Plötzlich wird das ungeschminkte, natürliche Aussehen zu etwas Besonderem. Indem es narzisstisch überhöht wird, ist es auch wieder nicht authentisch und echt, sondern wird zu einem neuen Anspruch. Zeig dich, wie du bist! Wenn es eine kleine Sensation bedeutet, dass eine Influencerin sich ungestylt präsentiert, könnte es einer selbstunsicheren Frau Mut machen, sich auch so zu zeigen, wie sie ist. Ich befürchte aber, dass der Trend nicht diese Wirkung haben wird. Denn er macht eher deutlich, welche hohe narzisstische Bedeutung der Auftritt im Netz hat. Er ist auf die besondere Darstellung und Bewunderung angelegt. Und genau so leben weiblich-narzisstische Frauen. Im Grunde verhalten sie sich im Netz wie in persönlichen Beziehungen: Sie zeigen sich nicht, wie sie sind, sondern spielen eine wie auch immer geartete Rolle und erhalten eine perfekte Fassade aufrecht.

Eine solche Haltung öffnet der Selbstoptimierung Tür und Tor. Der Blick auf die Optimierung bedeutet, nicht mit dem zufrieden zu sein, wie man im Moment ist, sondern permanent nach Besserem streben zu müssen. Doch wer immer noch besser werden will, findet schwer Befriedigung in dem, was ihm im Moment real zur Verfügung steht. Das aber stärkt das Minderwertigkeitsgefühl der Frauen und wirkt sich negativ auf das eigene Selbstwertgefühl aus, dass mit narzisstischen Überhöhungen ausgeglichen werden muss.

Auch der Vergleich mit den anderen perfekt digital dargestellten Frauen nagt am eigenen Selbst. Die Angst, nicht mithalten zu können und dem hohen Anspruch nie gerecht zu werden, verstärkt das Minderwertigkeitsgefühl und die Selbstabwertungen. Allein die Tatsache, dass eine Frau ihre Bilder verändern muss, um sie der Netzgemeinschaft präsentieren zu können, bedeutet ja, dass sie nicht schlank und schön genug ist. Im Grunde bestätigt sie damit ihre Unzulänglichkeit.

Was beim digitalen Selbstdarstellungsspiel häufig übersehen wird, ist, dass Selfies und Posts nie die gesamte Person abbilden, sondern nur Teile von ihr. Werden sie gleichgesetzt, wie es narzisstisch strukturierte Frauen tun, werden sie sich selbst nicht gerecht. Ein positives Feedback auf ein gepostetes Bild bedeutet nämlich nicht automatisch, dass die Abgebildete liebenswert ist, ebenso wie ein unvorteilhaftes Bild nicht beweist, dass sie als Person wertlos ist.

Allerdings könnten die Rückmeldungen der anderen auf das eigene Aussehen genau diese Einstellung verfestigen und die Selbstbewertung beeinflussen. Unser Selbstbild hängt ja immer auch von der Antwort ab, die wir aus der sozialen Beziehung erhalten. Damit erfüllen Selfies eine wichtige soziale Funktion, indem sie uns in Beziehung zu den anderen setzen und Rückmeldungen über unsere Person geben. Allerdings sind die Rückmeldungen im Netz viel reduzierter als in persönlichen Beziehungen, weil sie sich eben nur auf das eine Foto, die eine Äußerung beziehen. Rückschlüsse auf die Person an sich sind im Grunde nicht möglich, da diese ja nicht gezeigt wird.

Hier zeigt sich das zweischneidige Schwert der digitalen Spiegelung: auf der einen Seite dienen soziale Medien dem natürlichen Bedürfnis nach Gespiegeltwerden und sozialen Kontakten, auf der anderen Seite verstärken sie die narzisstischen Strukturen, da sie eine ideale Spielwiese für unseren Narzissmus sind. Sie machen zwar nicht narzisstisch, aber sie gewähren ihm Vorschub, was viele Untersuchungen bestätigen. Das unermüdliche Posten von Selfies und Ereignissen aus dem eigenen Leben und die damit verbundene Suche nach Bestätigung kann die vorhandenen narzisstischen Strukturen bis zur pathologischen Eigenliebe verstärken.

Auch das Frauenbild, das Influencerinnen transportieren, lässt aufhorchen. Maya Götz und Josephine Becker haben verschiedene Arten von Selbstinszenierung auf Instagram untersucht. Ihr Fazit: Im Wesentlichen zeigen sich die Frauen eher schön, naiv und sexy, nur selten selbstbewusst und stark. Im Grunde vermitteln sie ein überholtes Frauenbild, das sich an traditionellen Inszenierungsformen des weiblichen Körpers orientiert. Ihre zur Schau gestellte Maskerade verbindet sich mit einer unterschwelligen oder offen gezeigten Sexualisierung.[9] Auf diese Weise tradieren sie ein Frauenbild, das sehr stark an das von vielen weiblich-narzisstischen Frauen erinnert: sie unterwerfen sich den Erwartungen der anderen, um zu gefallen, machen sich klein und neigen dazu, den Kontakt zu Männern zu sexualisieren. Dieses Vorbild erhöht den Druck auf Frauen, ihrem narzisstischen Ideal noch stärker nachzugeben und ihr wahres Selbst noch mehr zu verleugnen.

Eine solche Haltung wird verstärkt durch eine narzisstisch geprägte Gesellschaft, in der das Streben nach Schönheit, Schlankheit, Fitness, Erfolg und Wachstum dominiert. Wir als Einzelne übernehmen diese Spielregeln und machen sie zu unseren eigenen, indem wir sie verinnerlichen und reproduzieren. Essstörungen und narzisstische Auswüchse als sogenannte »Zeitkrankheiten« sind der Ausdruck dieser gesellschaftlichen Prägung. Sie drücken die innere Leere und den seelischen Hunger (Verarmung) aus, die mit äußeren Gütern ausgefüllt werden. Das führt zur Entfremdung vom eigenen Sein zugunsten einer Scheinwelt, die uns weder satt noch zufrieden macht.

Wenn das wahre Selbsterleben verloren geht

Der Verlust des wahren Selbst ist ein Charakteristikum der narzisstischen Struktur. Dem zugrunde liegt neben den gesellschaftlichen Einflüssen zu einem großen Teil eine nicht geglückte Eltern-Kind-Beziehung, die sich in mangelnder Liebe und Einfühlung zum Säugling oder in Überbehütung äußert. Beides, Zurückweisung wie Vereinnahmung, gehen am Wesen des Kindes vorbei. Das Kind erlebt sich dadurch gefühlsmäßig allein gelassen, weil es nicht so angenommen und geliebt wird, wie es ist. Auf eine lieblose oder harte Erziehung reagiert das Kind mit Gefühlsscheu, Verbitterung oder Vereinsamung. Die Überfürsorglichkeit dagegen führt beim Kind zu einer Abhängigkeit von den Bezugspersonen, weil es auf ihre Hilfe angewiesen ist und erwartet, dass ihm Probleme aus dem Weg geräumt werden. In beiden Fällen, bei Ablehnung wie bei Überbehütung, liegt also eine Enttäuschung des Kindes vor, im ersten durch mangelndes Umsorgen, im zweiten durch Verwöhnung. Denn auch primär Verwöhnte sind immer sekundär Frustrierte. Aber auch reale Abwesenheiten von engen Bezugspersonen, lange Trennungen, Gewalt, Katastrophen, Kriege oder andere Einbrüche wirken sich auf die Entwicklung des Kindes in störender Weise aus. Können diese einschneidenden Erlebnisse nicht ausgeglichen und verarbeitet werden, weil dem Kind keine Ersatzbezugspersonen zur Verfügung stehen oder es nicht die Möglichkeit hat, zu trauern, dann muss es Überlebensstrategien entwickeln, die ihm helfen, mit der Situation fertig zu werden. Da das Kind auf die Zuwendung der Eltern angewiesen ist und sein Überleben von ihnen abhängt, wird es alles tun, um ihnen zu gefallen. Es wird versuchen, den Anforderungen der Umwelt gerecht zu werden, und es allen recht machen wollen. Es wird nach außen ein Selbst aufbauen, das ihm nicht entspricht. Man kann es falsches Selbst nennen, Maske oder Fassade. Das falsche Selbst ist somit ein Überlebensmechanismus, der die Existenz des Kindes sichert. Wenn ein Kind jedoch früh beginnt, eine Maske aufzusetzen, dann wird es in der Folge sein anderes Selbst, das es auch noch ist, immer weniger spüren. Als Erwachsene sind diese Menschen oft nicht fähig zu sagen, wie es ihnen wirklich geht. Zum einen, weil sie es nicht fühlen, zum anderen, weil sie sich nicht trauen, es mitzuteilen.

Im Märchen Schneewittchen finden wir diese Situation im Wunsch der Königin nach einem Kind »so rot wie Blut, so weiß wie Schnee und so schwarz wie Ebenholz«. Was passiert aber, wenn das Kind grüngelb kariert auf die Welt kommt? Dann wird es nicht gespiegelt, wie es ist, sondern wie es sein soll. Das Kind wird sich den Erwartungen der Umwelt anpassen und sich eine rot-weiß-schwarze Maske zulegen, ein falsches Selbst, um Anerkennung, Zuwendung und Liebe zu erhalten, auf Kosten seiner Individualität.

Alice Miller nennt Menschen mit einem falschen Selbsterleben »Als-ob-Persönlichkeiten«, die so weit von ihrem eigenen Selbst entfremdet sind, dass sie mit dem nach außen gezeigten Verhalten verschmelzen. Hinter diesem »maskierten Selbstverständnis« verbirgt sich die eigentliche Person, die oft nur sehr wenig mit der Maske zu tun hat. Diese Selbstentfremdung, die Entfremdung vom eigenen Wesen, ist das Ergebnis eines Anpassungsprozesses des Kindes an die Bedingungen seiner Lebenssituation. »Das wahre Selbst kann sich nicht entwickeln und differenzieren, weil es nicht gelebt werden kann.«[10] Das Ergebnis ist eine innere Entleerung, Verarmung und partielle Tötung, weil das Spontane und Lebendige abgeschnitten wird. Um die Zuwendung und Liebe der Eltern nicht zu verlieren, verleugnet das Kind die Gefühle und Empfindungen bei sich, die nicht angemessen und erwünscht sind. In der Regel sind es Gefühle von Wut und Aggression, aber auch Lust und Schmerz, die es so weit abspaltet, dass es sie nicht mehr wahrnimmt. Um die Eltern nicht zu verlieren, was den eigenen Tod bedeuten würde, tötet es lieber seine Gefühle ab und damit auch ein Stück des eigenen wahren Selbst. Es wird nur noch jene Gefühle zeigen, die gefragt und erlaubt sind, und die anderen verbergen. Das geht auf Kosten seines wirklichen Selbsterlebens und führt dazu, dass es nach außen jemand darstellt, der es innen gar nicht ist. Und das bedeutet, es baut ein falsches Selbst auf.

Aber gerade diese Fähigkeit zur Anpassung an die Bedürfnisse und Wünsche der Umgebung, die schon der Säugling beherrscht, ist für Miller der spezifische Faktor in der Entstehung des narzisstischen Defizits. Die Sensibilität des Kindes für seine Umwelt und deren Erwartungen und seine Begabung, sich nach diesen zu richten, scheint sich einerseits positiv auf das Kind auszuwirken, indem es beachtet wird und Liebe und Zuwendung erhält. Sie haben aber auch die negative Konsequenz der Selbstentfremdung, da die Anpassung auf Kosten seines wahren Wesens geht. Und diese Selbstentfremdung macht es dem Menschen später sehr schwer oder sogar unmöglich, seine wirklichen Gefühle und Bedürfnisse wahrzunehmen.

Frauen mit einer weiblich-narzisstischen Struktur bleiben hinter ihrem falschen Selbsterleben verborgen. Es ist die Fassade, die Persona oder Maske, die diese Frauen sich und dem Beziehungspartner zeigen: das Bild der Bedürfnislosigkeit, Selbstständigkeit, Coolness, Unabhängigkeit, Perfektion und Leistungsfähigkeit. Das wahre Selbsterleben tritt nicht oder nur selten in Erscheinung und ist den Betreffenden mitunter selber vollkommen fremd und unbekannt. Es liegt eine Identifikation mit der Maske vor, die das wahre Wesen in den Schatten stellt. Mit Hilfe des falschen Selbsterlebens werden aber auch die Selbstwertdefizite ausgeglichen, weil die

Maske meist aus sogenannten positiven oder bewundernswerten Eigenschaften besteht, die die Gefühle von Minderwertigkeit und Unsicherheit überdecken.

Gundi beschreibt es folgendermaßen:

Ich gebe mich nach außen immer sehr selbstbewusst und stark, kann alles, bin aufgeschlossen und sicher. Aber innerlich habe ich oft das Gefühl, ich verhalte mich verkehrt, bin unsicher und habe auch Angst, jemandem in die Augen zu sehen. Ich denke, der sieht in mich rein, wie unsicher ich bin. Wenn meine Maske wegfällt, dann habe ich das Gefühl, dass mir sämtliche Felle wegschwimmen und nichts mehr übrig bleibt als ein kleines, undifferenziertes, unwichtiges Etwas. Ich habe dann schreckliche Angst, verlassen zu werden, nicht wichtig und uninteressant zu sein. Ich fühle dann den Schmerz, schwach zu sein und sehe, wie ich wirklich bin: schwach, unfähig fürs Leben, fehlerhaft, ungeliebt.

Durch das mangelnde Gespiegelt-werden in der Kindheit haben narzisstische Frauen nicht nur einen schlechten Zugang zu ihren Gefühlen, sondern auch zu ihrem wahren Selbst. Die Angst, abgelehnt zu werden, ist so groß, dass sie die Anpassung wählen, statt sich authentisch zu fühlen und zu verhalten.

Was unter dem Selbst beziehungsweise Selbsterleben zu verstehen ist, wird in der Literatur nicht einheitlich gesehen. Jede Umschreibung kann nur ein Versuch sein, eine schwierig zu fassende Kategorie in Ansätzen zu definieren. Der Psychiater Ernest S. Wolf beschreibt es als psychische Struktur, die als »Gefühl der Selbstheit« wahrgenommen wird. Ein gesundes Selbst wird als Selbstwertgefühl und Wohlbefinden erlebt. Das Selbst kann an sich nicht dargestellt, sondern nur durch seine Ausdrucksformen erschlossen werden. Das bedeutet, dass man ein gesundes Selbstwertgefühl daran erkennt, wie eine Person mit sich und anderen Menschen umgeht, wie sie sich einschätzt und ob sie ihre Kompetenzen und Grenzen akzeptiert. Sie wird es in diesem Fall nicht nötig haben, sich oder andere ab- beziehungsweise aufzuwerten.

Eine Frau mit einem geschwächten Selbstwertgefühl wird dagegen unsicher sein, wer sie wirklich ist, und wird sich nach außen hin anders geben, als sie sich innerlich fühlt. Man kann also sagen, dass sie ihr wahres Selbst nicht oder nur ungenau kennt, dafür aber in Kontakt mit ihrem falschen Selbst ist. Der Begriff wahres Selbst beschreibt demnach mehr das Wesen des Menschen, das falsche mehr sein angelerntes Verhalten und seine entwickelten Einstellungen, die der Person nicht unbedingt gerecht und von ihr als falsch beziehungsweise unecht erlebt werden. Ist die Person dagegen im Einklang mit sich selbst, mit ihren Gefühlen, Bedürfnissen und Wünschen und verhält sie sich dementsprechend, dann kann man sagen, dass sie sich im Zustand ihres wahren Selbst befindet. Selbst und Selbsterleben stehen oft synonym füreinander. Denn das Selbst ist ja kein endgültiger Zustand, sondern ein Erleben.

Die Begriffe wahr und falsch sind nicht unproblematisch, da sie scheinbar eine Wertung beinhalten: falsch ist schlecht, wahr ist gut. Ich bin mir dieser Schwierigkeit bewusst, lehne mich aber dennoch an die alte Begriffstradition von Winnicott und Miller an. Denn falsch bedeutet in diesem Zusammenhang die Tatsache, dass die Frauen nicht im Einklang mit sich selbst sind und sich als falsch beziehungsweise unecht erleben. Der Zustand des wahren Selbst dagegen ist der, in dem sie sich und anderen nichts vormachen müssen.

Das wahre Selbsterleben bedeutet für mich vereinfacht jenes psychische Geschehen, durch das wir ein Gefühl von Ganzheit bekommen. Zu ihm gehören alle echten Gefühle, Bedürfnisse und Wünsche und die grundlegende menschliche Motivation, Intuition, Neugier, schöpferische Kraft und Lebensenergie. Es ist sozusagen das Grün-gelb-Karierte, das das Kind verleugnen musste, um dem Bild der Umwelt zu entsprechen. Ist eine Frau im Kontakt mit ihrem wahren Selbst, dann erlebt sie sich nicht mehr wie zwei oder mehrere verschiedene Personen, sondern wie eine. Und das ist das Gefühl von Selbstheit, von Identität.

Die Entwicklung des Selbst sehe ich wie einige andere Autoren als Ergebnis früher Beziehungsmuster mit der Mutter und den anderen Bezugspersonen. Das Selbst geht demnach aus einer geglückten Urbeziehung hervor, die ein erstes Muster für alle späteren Beziehungen bildet. Narzissmus hat also immer einen Beziehungsaspekt. Ist die Urbeziehung gestört, so befindet sich das Kind in einer Situation, die im Zeichen des Hungers steht, des Schmerzes, der Leere und Kälte, der Ohnmacht und des völligen Ausgeliefertseins an die Einsamkeit, des Verlustes jeder Sicherheit und Geborgenheit, sie ist der Absturz in das Verlassensein und die Angst in einem bodenlosen Nichts, so beschreibt es Neumann.[11] Die gestörte Selbstentwicklung führt zu Selbstentfremdung, Angst, Unsicherheit, mangelndem Selbstvertrauen.

Wenn ich von der frühen Mutter-Kind-Beziehung schreibe, dann sollte man zweierlei berücksichtigen. Es geht oft weniger um die einzelne Mutter an sich, als mehr um die mütterliche Qualität, die das Kind für eine positive Entwicklung braucht. Zum zweiten sollten wir bedenken, dass die Beziehung zwischen Mutter und Kind zwar von besonderer Intensität und Qualität ist, es jedoch nicht nur die Mutter sein muss, die dem Kind die liebevolle Unterstützung gibt, auf der sich das Urvertrauen bildet. Das Angenommen- und Geachtetwerden durch den Vater, durch Geschwister, Großeltern und andere Menschen spielt ebenfalls eine wichtige Rolle. Ansonsten bekäme die Mutter eine Bedeutung, die ihr zum einen nicht angemessen ist, sie zum anderen aber auch überlastet. Die einzelne Mutter kann gar nicht für alles die Verantwortung tragen. Sie hat sicherlich einen erheblichen Einfluss auf die seelische Entwicklung der Tochter, was man in der Therapie immer wieder erfährt. Doch ob die Tochter später eine narzisstische Abwehr aufbaut oder nicht, hängt auch vom allgemeinen Familienklima ab, von der Persönlichkeit des Kindes und der anderen Familienangehörigen, dem Eingebundensein der Familie in ihr soziales Umfeld und so weiter. Alle Faktoren sind miteinander verknüpft und wirken nie unabhängig voneinander.

Auch wenn ein geschädigtes Selbstwertgefühl auf der Grundlage früher Beziehungserfahrungen entsteht, heißt das nicht, dass dieser Mensch ein Leben lang dazu verdammt ist, allein und ohne Liebe zu leben. So wichtig die ersten Lebensjahre auch sind, die Entwicklung hört danach nicht auf und kann durch neue, positive Erfahrungen in eine andere Richtung gelenkt werden. Durch heilsame und gute Beziehungen oder durch eine Therapie können die alten Wunden und Ablehnungen korrigiert werden.

Weiblicher und Männlicher Narzissmus

Zu Beginn meiner therapeutischen Arbeit mit Bulimikerinnen in den achtziger Jahren wäre ich nicht auf den Gedanken gekommen, dass diese Frauen eine narzisstische Persönlichkeitsstruktur besitzen, die sich von der männlich-grandiosen unterscheidet. Erst in letzter Zeit sind die Begriffe »weiblicher« und »männlicher« Narzissmus immer häufiger in der Literatur zu finden.

Narzissten waren für mich zum einen Männer und zum zweiten ein bestimmter Typus von Männern, die der Kategorie des sogenannten Machos angehören, was bedeutet, dass sie Beziehungen über Verführung herstellen, die Macht über den anderen behalten müssen und sich im Augenblick des Sich-einlassen-Müssens zurückziehen beziehungsweise die Beziehung beenden. Es sind diese nach außen selbstbewussten oder sogar selbstverliebten, omnipotenten, oft arrogant und aggressiv wirkenden Menschen, die mehr mit sich selbst beschäftigt sind als mit anderen. Sie brauchen es, im Mittelpunkt zu stehen, und betrachten andere Menschen und auch ihre Partnerinnen als Publikum, das dazu dient, ihnen das Leben zu verschönen und ihren Glanz zu verstärken. In Beziehungen zeigen sie sich ebenso wie in der therapeutischen Arbeit ablehnend, unerreichbar, ausweichend, abgrenzend, wenig empathisch und gefühlvoll. Dieser Typ der narzisstischen Ausprägung wird in der Literatur der unbeirrte oder offene, grandiose Narzisst genannt.

In gewisser Hinsicht ähneln weibliche Narzisstinnen der obigen Beschreibung. Sie wirken im oberflächlichen Kontakt selbstbewusst, lässig, cool, überlegen und unabhängig. Auch verführen sie in Kontakten, oftmals unmerklich, und erhalten dadurch vor allem von Männern Zuneigung. Aber auch Frauen können sie um den Finger wickeln, da sie es gelernt haben, sich schnell auf die Erwartungen und Wünsche des Gegenübers einzustellen und eine freundliche und offene Zugewandtheit zu demonstrieren.

An dieser Stelle zeigt sich der Unterschied zwischen männlichen und weiblichen Formen des Narzissmus. Während Männer um ihre Autonomie kämpfen und immer befürchten, sie zu verlieren, passen sich Frauen in starkem Maße an und erhoffen dadurch die Anerkennung des anderen zu erhalten. Die Anpassung kann bis zur Selbstaufgabe reichen. Der männliche Typus lebt und betont die Distanz, die er als Autonomie erlebt. Man könnte ihn als Beziehungsvermeider bezeichnen, der Beziehungen abwehrt und sich selbst genug zu sein scheint. Die weiblichen Typen dagegen reagieren mit Überanpassung und Aufgabe der eigenen Identität. Sie verhalten sich in Beziehungen symbiotisch anklammernd, sind aber ebenso wenig zu wirklicher Anpassung fähig wie der männliche Typ. Sie suchen in der Beziehung Sicherheit und meiden das Alleinsein. Sie gehören sozusagen zu der Gruppe der Beziehungsannehmer.

Es gibt auch zahlreiche Männer, die eine weiblich-narzisstische Persönlichkeitsstruktur besitzen, also mehr dem anklammernden Typus zuzuordnen sind. Von ihnen spreche ich in diesem Buch nicht, kann mir aber vorstellen, dass sie sich im vorliegenden Text wiedererkennen. Ihre Problematik ist vergleichbar mit der der Frauen, wie ich sie hier beschreibe. Oft sind diese Männer beruflich erfolgreich, stellen etwas dar, leiden aber im Privaten unter den Entwertungen und Zurückweisungen ihrer Partnerin, die sie mehr erdulden, als sich gegen sie zu wehren. Sie besetzen in Beziehungen die untergeordnete komplementäre Rolle und suchen sich eine dominante Frau mit grandios narzisstischer Struktur. In diesen Beziehungen kommen sie selten auf ihre Kosten, da sie sich ausbeuten lassen und emotional verhungern. Ihr Blick ist hauptsächlich auf die Frau gerichtet, um die sich alles dreht. Sie akzeptieren deren Launen, übernehmen den Haushalt und die Kinderbetreuung komplett, wenn sie diese vernachlässigt, und arbeiten sich im wahrsten Sinn des Wortes ab. Bei allen Schwierigkeiten hängen sie an ihr und würden alles tun, um sie wieder für sich zu gewinnen. Sie idealisieren ihre Frau bis zur Vergötterung und vernachlässigen sich selbst. Sich zu trennen fällt ihnen sehr schwer, weil sie dann das Gefühl haben, ihre Frau im Stich zu lassen, als könnten sie sie nicht ihrem Schicksal überlassen. Dahinter steckt ein großer Rettungsimpuls, der umso stärker wird, je mehr ihre Frau beispielsweise unter einer Essstörung leidet.

Häufig ist die kindliche Erfahrung solcher Männer geprägt durch eine Mutter, die den Sohn als Schmuckstück oder Partnerersatz ausbeutet. Der Sohn soll die Mutter glücklich machen oder sie aus ihrer seelischen Not retten. So lernt er früh, seine Aufmerksamkeit auf das Gegenüber zu richten und weniger auf sich selbst. Der Vater fehlt ihm als Unterstützer, weil er entweder abwesend ist oder überhöhte Ansprüche an den Sohn stellt, die dieser nie erfüllen kann. Dadurch wird der Keim für ein grundlegendes Minderwertigkeitsgefühl gelegt, das nur durch große Anstrengung und Anpassung ausgeglichen werden kann.

Umgekehrt gibt es auch viele Frauen, die mehr die männlich-grandiose Variante des Narzissmus leben. Sicherlich muss man berücksichtigen, dass es viele Mischtypen gibt, die nicht den hier beschriebenen Idealtypen zuzuordnen sind, weil Menschen schwer in vorgeschriebene Kategorien passen. Aber zur Verdeutlichung des Themas ist die Beschreibung der Typen nützlich, da man an ihnen die Unterschiedlichkeiten deutlicher herausarbeiten kann.

Beide Formen, die weibliche und die männliche, sind zwei Seiten einer Medaille und haben dieselbe narzisstische Grundstörung eines verletzten und instabilen Selbstwertgefühls. Sie zeigen aber nach außen, in ihren Kontakten, jeweils eine andere Seite: den weiblichen Typus der Anklammerung und den männlichen der Vermeidung. Bezogen auf die zwei Ausprägungen der narzisstischen Persönlichkeitsstörungen kann die weibliche Form dem depressiv-minderwertigen Pol und die männliche dem grandiosen zugeordnet werden. Dabei muss man jedoch beachten, dass die jeweils andere Seite auch dazugehört, aber nicht nach außen gezeigt wird. Das heißt, unter der grandiosen Fassade liegt eine Depression, und hinter der Depression ist die Grandiosität verborgen. Bei Depression handelt es sich hier nicht um die psychiatrische Diagnose, sondern um das Erleben der Niedergeschlagenheit, Wertlosigkeit und Unlebendigkeit.

Die unterschiedlichen Ausprägungen des weiblichen und männlichen Narzissmus hängen in starkem Maße mit den speziellen Sozialisationsbedingungen der Geschlechter und der Rolle von Mann und Frau in unserer Gesellschaft zusammen.

Männer wurden über die Jahrtausende überhöht, Frauen dagegen entwertet und zu Menschen zweiter Klasse degradiert. Das manifestiert sich im kollektiven Unbewussten und beeinflusst das Verhalten und Erleben von Menschen.

Während Mädchen noch immer selten ermutigt werden, sich aggressiv durchzusetzen, ist das bei Jungen nach wie vor ein gesellschaftlich anerkanntes Verhalten. Jungen sollen sich wehren, wenn sie angegriffen werden, stark und männlich sein. Und genauso verhält sich auch ein narzisstischer Mann.

Ich erinnere mich an einen Patienten, Anfang vierzig, beruflich sehr erfolgreich, aber unfähig, eine langandauernde Beziehung einzugehen. Er kam wegen seiner Alkoholprobleme in die Klinik. Zu Beginn der Therapie war es sehr schwer, eine Beziehung zu ihm herzustellen, da er mich als Therapeutin und noch dazu als Frau ständig auf meine Kompetenz hin prüfte. Wiederholt versuchte er, mir und anderen zu beweisen, dass er sowieso alles besser wisse. Mit diesem Verhalten eckte er natürlich in der therapeutischen Gemeinschaft an, da die anderen sich abgewertet fühlten. Er wurde immer wieder mit seiner kritisch-missbilligenden Haltung konfrontiert, worauf er jedoch mit Arroganz und Überheblichkeit reagierte. Bei Kritik fühlte er sich sofort abgelehnt und fing an zu kämpfen und sich zu rechtfertigen. Aber er blieb in der Klinik und brach die Therapie nicht ab! Und das war ein großer Schritt für ihn. Früher wäre er unter Schimpfen abgereist, erbost darüber, was man ihm in der Therapie alles zumute.

Er hatte in seinem Leben gelernt, in jeder Auseinandersetzung recht behalten zu müssen. Die geistigen Spitzfindigkeiten in der Argumentation, durch die er fast unschlagbar wurde, lernte er von seinem Vater. Dank seines Wissens und seiner intellektuellen Fähigkeiten musste er nie befürchten, bei einem Schlagabtausch zu verlieren. Diese Stärke war eine Zeit lang für ihn überlebensnotwendig, da er sich nur auf diese Weise seinem Vater gegenüber behaupten konnte. Im Laufe der Jahre spürte er jedoch, dass er zwar immer alles besser wusste, dabei aber allein blieb. Sein Verhalten ging auf Kosten seiner Beziehungen, denn recht haben ist eben etwas anderes, als mit jemandem in Beziehung zu sein. Im Grunde fühlte er sich einsam, weil er keine richtigen Freunde hatte, sondern nur Bewunderer oder Feinde.

In der therapeutischen Gemeinschaft konnte er lernen, nicht auf Biegen und Brechen recht haben zu müssen, sondern sich auf andere Menschen einzulassen, zuzuhören, sich auseinanderzusetzen und auch andere Meinungen gelten zu lassen. Das fiel ihm unsagbar schwer. Mit der Zeit aber öffnete er sich und ließ seinen Panzer, den er um sein Herz und seine Gefühle gelegt hatte, etwas durchlässiger werden. Eine Wende trat ein, als er mit seiner Freundin in Kontakt trat und das erste Mal wirklich spürte, dass er sie sehr mochte und es ihm wehtat, als sie wieder wegfahren musste. Und nicht nur das. Er konnte es in der Gruppe erzählen und diesmal nicht nur mit dem Kopf agieren, sondern zugleich seine Gefühle mitteilen. Er begann zu weinen, als er über seine Beziehung sprach, und kam in Kontakt mit dem Schmerz über seine bisherige Unfähigkeit, wirkliche Gefühle zu empfinden.

Seine emotionale Offenheit erfasste die ganze Gruppe. Es entstand eine tiefe, gegenseitige Zuneigung und Annahme. So hatten wir ihn alle noch nie erlebt. So unangenehm er sich am Anfang gab und so wenig er einlud, sich auf ihn einzulassen, nicht zu reden von den vielen Verletzungen, die er austeilte und vor de-

nen sich alle schützen mussten, so intensiv war die emotionale Beteiligung, als er die andere Seite von sich offenbarte. Es war, als hätten alle auf diesen Moment gewartet.

Doch der Weg eines männlichen Narzissten aus seinem Gefängnis ist lang. So war das Erlebnis in der Gruppe für diesen Patienten nur der erste Schritt, der von vielen Rückfällen in sein altes abwertendes, rechthaberisches Verhalten begleitet war. Es war ihm die Mühe anzumerken, die es ihn kostete, immer wieder den neuen Weg zu wählen. Seine Beziehung zu seiner Freundin drohte daran zu zerbrechen, dass es ihn große Überwindung kostete, mehr Kompromisse einzugehen.

Der narzisstische Konflikt besteht in der Unvereinbarkeit von Grandiosität und Minderwertigkeit als den zwei extremen Polen des Erlebens. In unserer Kultur scheinen die Frauen mehr dem Pol der Minderwertigkeit zugeordnet zu werden und die Männer mehr dem Pol der Grandiosität. Das bedeutet aber nicht, dass nicht auch die Frau grandios ist, etwa wenn sie sich für die schönste Frau hält, sobald sie zwei Kilo abgenommen hat, oder der Mann sich nicht auch minderwertig fühlt, wenn er kritisiert oder abgelehnt wird. Unter emotionalem Stress jedoch, den Beziehungen für diese Menschen bedeuten, greift jeder zu seinem bevorzugten Abwehrmanöver: Männer machen sich noch größer und unangreifbarer, Frauen fühlen sich noch minderwertiger und wertloser.

Im Folgenden habe ich eine Gegenüberstellung dieser zwei Grundmuster der narzisstischen Struktur entwickelt:

Männlicher Narzissmus	Weiblicher Narzissmus
betont die Grandiosität	ist in dem Gefühl der Minderwertigkeit, Depression und Hilflosigkeit verwurzelt
wertet sich auf und macht sich unangreifbar	macht sich klein und zum Opfer
Kampf um Anerkennung und Autonomie, übermäßige Selbstbezogenheit	Anerkennung durch Anpassung bis zur Selbstaufgabe
männliches Rollenbild	weibliches Rollenbild
Kompensation der Schwäche durch Grandiosität	Kompensation der Schwäche durch Überanpassung, Leistung und Attraktivität
distanziert, vorwiegend unempathisch, verletzend, abwertend	Aufgehen im anderen, empathisches Mitfühlen bis zur Übernahme fremder Gefühle
narzisstisches Wir-Gefühl	depressive Stimmung, negativer »Gefühls-Sumpf«, Negativität
Beziehungsablehner (vermeidend)	Beziehungsannehmer (anklammernd)
Narzisst	Komplementärnarzisstin
Gibt sich nicht in Beziehungen auf	Unterwirft sich und gibt sich in Beziehungen auf
Stabilisierung des Selbstwertgefühls durch die Partnerin und ihre Bewunderung	Suche und Entlehnung eines idealisierten Selbst beim Partner und seinen Erfolgen
Identifizierung mit dem Idealbild, das die Partnerin von ihm macht	Identifikation mit Ideal-Selbst des Partners; Partner ist idealisiertes Ersatz-Selbst
sucht Mutterfigur	Sucht Vaterfigur und Halt im Partner, bemuttert den Partner
offene Aggressivität, Auflehnung und Abwertung	passive Form der Aggressivität, häufig in Form von Verweigerung, Trotz und interner Abwertung
Verfolgerposition	Opferposition
Abwehr der Kränkung durch Rückzug, Beziehungsabbruch, direkte Aggression	Abwehr der Kränkung durch Harmonisierung und Anpassung

Die männlichen Narzissten versuchen gemäß einem traditionellen Männerbild ihre Minderwertigkeit durch überzogene Größenvorstellungen zu kompensieren. Bei erfolgreichen Geschäftsleuten ist diese Lebenshaltung weit verbreitet, aber auch bei beruflichen Versagern, die ihre Potenz dann durch andere Attribute als Leistung und Erfolg demonstrieren, wie durch riskantes Autofahren, lautstarkes Auftrumpfen usw.

Die weibliche Form der narzisstischen Haltung finden wir auch häufig bei den modernen Karrierefrauen. Sie sind gehetzt von dem Anspruch, immer besser werden und immer mehr Macht und berufliche Positionen erwerben zu müssen. Sie bauen sich in ihrer Fantasie ein Bild auf, die Besten zu sein, werten andere ab, auch aus Angst, in ihrer Position bedroht zu werden, verlieren aber schnell ihr potentes Image, wenn sie kritisiert werden. In dem Moment fürchten sie, dass alles zusammenbricht und die Welt sehen würde, was sie eigentlich für Versagerinnen sind. Viele Frauen kommen sich wie Betrügerinnen vor, die der Welt vormachen, intelligent zu sein, obwohl sie sich im Grunde für dumm und inkompetent halten, ein Phänomen, das auch *Impostor*-Syndrom genannt wird. Durch die massiven Selbstzweifel können diese Frauen ihre Erfolge und Kompetenzen nicht akzeptieren oder entwerten sie sogar. Auch offensichtliche Beweise für ihr Können wie Anerkennung und Beförderung verändern ihre Einstellung zu sich nicht. Diese dienen ihnen allerdings dazu, das äußere Bild einer potenten Frau aufrechtzuerhalten. Dazu gehören das Schlanksein und die Übernahme männlicher Züge und Haltungen. Letzteres zeigt sich in einer mehr rationalen als emotionalen Einstellung und der Vorstellung des Alles-Machbaren und Alles-Kontrollierbaren. Das Fatale daran ist wiederum nicht die Existenz dieser Einstellung, sondern deren Vorherrschaft. Die männlich geprägte Haltung wird zum Ideal, an das sich die Frauen anpassen. Doch sehr oft trügt der

Schein, und es verbirgt sich hinter diesem nach außen so selbstbewussten Verhalten eine emotional sehr anhängliche Frau. Wo sie im Berufsleben ihre Frau steht, wird sie privat abhängig und fürchtet Kritik oder Ablehnung vor allem durch den Mann.

Narzisst und Komplementärnarzisst

Wenn ich im Folgenden von Narzissten und Komplementärnarzissten spreche, dann tue ich das nur der Einfachheit halber. Ich versuche sonst den Begriff »Narzisst« so weit wie möglich zu vermeiden, wie ich es schon im ersten Kapitel erklärt habe.

Beiden Formen narzisstischer Strukturen, die weibliche und die männliche, entsprechen im Wesentlichen dem Konzept des Paartherapeuten Jürg Willi, der sie Narzisst und Komplementärnarzisst genannt hat.[12] Sie finden sich als Beziehungspartner, ohne zu ahnen, wie ähnlich sie sich sind, denn nach außen hin wirken sie völlig unterschiedlich. Der Narzisst lebt den offenen Narzissmus mit Dominanzstreben, Egoismus und Misstrauen. Den Komplementärnarzissten zeichnet ein verdeckter Narzissmus aus, mit Gehemmtheit, übermäßiger Empfindlichkeit und hoher Selbstentwertung.

Der Komplementärnarzisst besitzt eine hohe »Empfängerqualität«. Das bedeutet, er hört sorgfältig zu, um Anzeichen von Kritik und Ablehnung zu registrieren. Er ist höchst sensibel gegenüber den Reaktionen anderer und vermeidet, im Zentrum zu stehen. Ihn prägen Empfindlichkeit, Gehemmtheit, Depressivität, Scham und Gefühle von Demütigung. Er passt sich an, um geliebt zu werden, verhält sich altruistisch und aufopfernd und meidet enge Bindungen aus Angst vor Zurückweisung. Der offene grandiose Narzisst macht sich zum »Sender«, von dem alle Information ausgeht, hört aber schlecht zu und nimmt kaum auf, was andere sagen. Ihn zeichnen Arroganz, Aggressivität, Überheblichkeit und geringe Wahrnehmung der Reaktionen anderer aus. Sein Beziehungsverhalten ist viel defensiver und emotional distanzierter und er hat ein vermeidendes Bindungsmuster. In Beziehungen wird er sich großartig darstellen, um bewundert und verehrt zu werden. In Zweierbeziehungen entpuppt sich ein grandios narzisstischer Mensch häufig als eitel, egozentrisch und selbstbezogen.

Wenn sich Narzisst und Komplementärnarzisstin in einer Beziehung finden, wird das anfänglich überwältigende Gefühl, das beide füreinander haben, bald getrübt und die Hoffnung auf gegenseitige Liebe und Einfühlung zerplatzt. Und trotzdem können sie sich nicht trennen. Sie brauchen sich gegenseitig, um sich zu bestätigen. Das führt zur eitlen Liebe, die in erster Linie den Liebenden selbst und der Erhöhung des eigenen Selbstwertes dient und erst in zweiter Linie, wenn überhaupt, ihren Partnern. Begegnungen werden primär zum eigenen Nutzen gestaltet, manchmal sogar auf Kosten des Gegenübers. Daraus entstehen große Spannungen, Verletzungen, Manipulationen und Kränkungen bis hin zum Abbruch der Beziehung.

Beiden Formen narzisstischer Strukturen liegt dieselbe narzisstische Selbstwertthematik zugrunde, sie unterscheiden sich aber in der Art der Beziehungsgestaltung. Der männliche Narzisst sucht sich eine Frau, die die Rolle der Komplementärnarzisstin einnimmt, durch die er sein mangelhaftes Selbstwertgefühl verbessern kann. Er erhält in der sich unterordnenden Frau jene Bewunderin, die er zu seiner Stabilisierung braucht. Sie wiederum leiht sich bei ihrem Partner ein Ideal-Selbst, indem sie ihn aufwertet, sich für ihn aufgibt und in ihm aufgeht. Sie stellt keine eigenen Ansprüche oder Forderungen, die er erfüllen muss, und dient ihm als sogenannter mütterlicher Nährboden. In der Verschmelzung mit ihrem bewunderten Partner erhält sie die nötige Aufwertung ihres Selbstbildes, indem sie an seinen Erfolgen teilhat. Dadurch, dass sie sich mit ihm identifiziert, wird er zum idealisierten Ersatz-Selbst. Das heißt, der eigene mangelnde Selbstwert wird durch das Ideal des Partners ausgeglichen.

II.

Was wir früh lernen, kann später zum Problem werden

Die Auswirkungen früher Trennungen

Störungen des Selbstwertgefühls als Charakteristikum narzisstischer Strukturen hängen im Wesentlichen mit Entwicklungsdefiziten innerhalb der ersten zwei Lebensjahre zusammen, wie wir schon gehört haben. Je früher im Leben eine Beeinträchtigung auftritt und je weniger Gelegenheit das heranwachsende Kind hat, diesen Mangel nachträglich auszugleichen, umso stärker ist die psychische Hemmung des späteren Erwachsenen. Dies hat hauptsächlich mit der Ich- und Selbstentwicklung zu tun: Je älter das Kind ist, umso einheitlicher ist sein Ich und umso mehr Ichfunktionen stehen ihm zur Verfügung, um aktuelle Konflikte und Trennungen zu verarbeiten. Die große Bedeutung, die das erste Lebensjahr des Kindes für seine Entwicklung besitzt, lässt sich an Untersuchungen von kleinen Kindern belegen.

Werden Kinder verlassen, wenn sie klein sind, dann hat das weitreichende Folgen. Durch die Untersuchungen des Entwicklungspsychologen René Spitz wissen wir, dass für ein Kleinkind zwischen sechs und acht Monaten eine Trennung von drei bis fünf Tagen zu einer depressiven Verstimmung führt, wenn in dieser Zeit keine stellvertretende Bezugsperson die Betreuung des Kindes übernimmt. Spitz hat Kinder in Heimsituationen beobachtet und festgestellt, dass sie nach Trennungen zuerst mit Protest, dann mit Verzweiflung und am Ende mit Abwendung reagieren. Das Kind zieht sich mehr und mehr aus dem Kontakt zurück, wird traurig, weinerlich, depressiv und beginnt, sich selbst zu stimulieren, indem es mit dem Kopf oder dem gesamten Oberkörper schaukelt. In der weiteren Folge wird das Kind aggressive Impulse, die es nicht nach außen richten kann, gegen sich wenden, indem es etwa den Kopf gegen die Wand schlägt.

Diese Form der seelischen Erschütterung wird »anaklitische Depression« bzw. Anhänglichkeitsdepression genannt. Sie bildet sich zurück, wenn die Trennung den weiter vorne genannten Zeitraum nicht überschreitet und vor der Trennung eine gute Beziehung zur Bezugsperson bestand.[13]

In einer anderen Untersuchung konnten James und Joyce Robertson zeigen, dass die Verarbeitung von Trennungserlebnissen entscheidend vom Alter des Kindes, seiner Persönlichkeitsentwicklung und dem Vorhandensein ständiger Bezugspersonen abhängt. Je älter die Kinder waren und je ausgereifter ihre Ich-Entwicklung und damit auch ihre Fähigkeit war, Beziehungen zu anderen Menschen aufzunehmen, umso eher zeigten sie Trauerreaktionen und überbrückten und verarbeiteten auf diese Weise die Trennung. Lebten die Kinder während der Trennungszeit von der Mutter mit dem Vater oder anderen ständigen Bezugspersonen zusammen, wurden sie nicht depressiv, sondern überstanden die Trennungszeit ohne Schaden. Auch konnten sie ihre Mütter hinterher wieder problemlos annehmen. In dem Fall eines kleinen Mädchens hatte die Trennung sogar einen positiven Einfluss auf die Entwicklung des Kindes. Eine Essstörung der Tochter verschwand während des Aufenthaltes in der Pflegefamilie, und die Beziehung zur Mutter verbesserte sich auffallend.

Das einzige Kind der Untersuchung, das im Heim betreut wurde, zeigte Kummer und tiefe Verzweiflung. Es zog sich im Laufe der neun Trennungstage immer mehr auf sich selbst zurück, und es dauerte hinterher Wochen, bis es wieder seine vormals gute Beziehung zu seiner Mutter aufbauen konnte. Außerdem litt der Junge noch drei Jahre nach dem Heimaufenthalt unter massiven Trennungsängsten und periodisch auftretenden starken Aggressionen als Nachwirkung der frühen Verlassenheit.[14]

Diese Untersuchungen zeigen, dass unverarbeitete Trennungserlebnisse für das Kind traumatische Auswirkungen haben können.

Für das kleine Kind, das noch vollständig auf seine Eltern angewiesen ist, um zu überleben, bedeutet Trennung eine große Gefahr. Denn wenn es alleingelassen wird, wird es sterben. Der Säugling und das Kleinkind sind daher auf stabile Beziehungen angewiesen, um eine positive Entwicklung zu durchlaufen. Sobald das Kind in intakten Beziehungen lebt und Kontakt zu anderen Menschen hat, kann es Trennungen von den Eltern leichter verarbeiten.

Neben realen Trennungen haben vor allem seelische Vernachlässigungen einen negativen Einfluss auf das Kind. Seelisches Verlassenwerden ist leider weit verbreitet. Auch wenn die Eltern anwesend sind, heißt das noch nicht, dass das Kind sich auch angenommen und geliebt fühlt. Fehlt ihm diese Erfahrung, wird es sich verlassen fühlen und darauf mit einer Störung seines Selbstwertgefühls reagieren.

Neuere Untersuchungen des Experten für Eltern-Kind-Beziehungen Thomas Harms zeigen, dass schon kurzfristige Abwesenheiten das Kind nicht nur irritieren, sondern auch starke emotionale Reaktionen hervorrufen. Ist eine Bezugsperson zuvor in einem positiven direkten Kontakt mit dem Kind, wendet sich dann aber von ihm ab und ist nicht mehr erreichbar und ansprechbar, wird das Kind zuerst unruhig, was sich dann zu Weinen und lautstarkem Protest steigert.[15] Das zeigt, wie wichtig der direkte Kontakt bzw. die Erreichbarkeit des Erwachsenen für Kinder ist, und wie schmerzhaft es ist, wenn beispielsweise die Mutter permanent so stark von ihrem Smartphone absorbiert wird, dass sie das Kind weder wahrnimmt noch auf es reagiert.

»Sei nicht!«

Es wäre besser, du wärst gar nicht auf der Welt. Deinetwegen habe ich geheiratet, obwohl ich gerade meine Berufsausbildung fertig hatte und arbeiten wollte. Alle meine Pläne warf ich über den Haufen und das nur, weil ich dir eine Familie bieten wollte.

Mit diesen Botschaften ihrer Mutter wuchs eine Frau auf, die unter starken Minderwertigkeitsgefühlen und Ängsten litt. In der Therapie lebten diese frühen Botschaften wieder auf, die sie jahrelang verleugnet hatte. Sie erinnerte sich davor an ihre Kindheit als eine schöne Zeit und hatte große Mühe, sich ehrlich einzugestehen, dass nicht alles so schön war, wie sie es gerne gehabt hätte. Im Gegenteil. Sie war kein gewolltes Kind, aber die Eltern entschlossen sich dann doch, sie zu bekommen. Direkt oder indirekt wurde ihr jedoch immer wieder vermittelt, dass sie eine Last sei und ihrer Mutter die Zukunft verbaut habe. Sie hatte diese Vorwürfe schon so häufig gehört, dass sie sie gar nicht mehr ernst nahm. Im Laufe der Therapie aber spürte sie die tiefe Verletzung, die sie dadurch erlitten hatte und die Traurigkeit, so wenig willkommen geheißen worden zu sein.

Sie hatte auch als erwachsene Frau häufig die Befürchtung, anderen lästig zu sein, zu stören oder sich aufzudrängen. Diese Gefühle umging sie, indem sie sich dünn machte, nicht auffiel und das tat, von dem sie meinte, dass es andere von ihr erwarteten. Die Folgen dieser Überanpassung waren starke Lebensängste und häufige Selbstmordgedanken, die sie jedoch bisher noch nie in die Tat umgesetzt hatte. Sie erlebte massive Existenzängste und verspürte oft den Wunsch, sich zu verkriechen, wenn die Anforderungen zu groß wurden. Auch verletzte sie sich häufig und hatte eine Reihe schwerer Unfälle. Dass das etwas mit ihr selbst zu tun hatte, ahnte sie, aber richtig bewusst wurde es ihr erst in der Therapie, als sie mit dem Gefühl, eigentlich nicht leben zu dürfen, in Kontakt kam. Sie hatte bisher immer mit der Einstellung gelebt: »Ich muss leben«, aber nicht: »Ich darf leben, es ist schön, dass ich da bin.« Die ablehnende Haltung ihrer Mutter, aber auch ihres Vaters, hinterließen in ihr viele negative Spuren und ermöglichten es ihr nicht, ein Urvertrauen aufzubauen.

Das Gefühl des Urvertrauens beziehungsweise Urmisstrauens bildet sich im Wesentlichen in den ersten Lebensmonaten heraus, je nachdem, wie die Beziehung zwischen dem Kind und den Eltern gestaltet ist. Aber bereits die Einstellung zu dem Ungeborenen hat einen Einfluss auf sein späteres Grundgefühl. Das Urvertrauen ist ein Gefühl des Sich-verlassen-Dürfens und resultiert aus einer verlässlichen Versorgung und Annahme des Kindes. Es entsteht, wenn es auf der Welt willkommen geheißen und liebevoll empfangen wird. Wird es dagegen ärgerlich-ängstlich weggeschoben, so wird es die Welt und die Menschen misstrauisch betrachten. Denn die Qualität der ersten Beziehungen bildet die Basis für spätere Beziehungen und prägt das Verhalten und die Einstellung des Kindes zu anderen Menschen, aber auch zu sich selbst. So, wie der Mensch sich auf der Welt angenommen oder abgelehnt fühlt, so wird er sich später selbst annehmen oder ablehnen. Dabei haben die Eltern und Geschwister innerhalb einer bestimmten Familienkonstellation eine Schlüsselfunktion, da sie dem Kind günstige oder ungünstige Bedingungen zur Entwicklung eines gesunden Urvertrauens bieten können. In den ersten Lebensmonaten ist häufig die Mutter die wichtigste Person, weil sie den intensivsten Kontakt zum Kind hat. Das bedeutet nicht, dass nicht auch Väter die frühe Sorge um das Kind übernehmen können. Durch ausreichende Ernährung und Pflege befriedigen sie die Grundbedürfnisse des Kindes nach Nahrung, Wärme und körperlicher Unversehrtheit und tragen so zu seinem Wohlbefinden bei. Durch liebevolle Zuwendung geben sie dem Kind das Gefühl der Sicherheit, in der Welt willkommen zu sein. In einem einfühlsamen Kontakt erfährt das Kind durch die Mutter Vertrauen, Geborgenheit, Trost und Schutz. Diese innige Zweisamkeit wird auch Symbiose genannt. Das bedeutet jedoch nicht, dass das Kind nur passiv die Lebensumstände hinnehmen muss, in die es geboren wird. Wir wissen heute, dass Säuglinge ihrerseits Beziehungen knüpfen und aktiv auf ihre Umwelt reagieren. Die Annahme zwischen Mutter und Kind ist daher gegenseitig, denn auch das Kind kann sich von der Mutter abwenden und es ihr schwer machen, sich ihm zuzuwenden, oder es kann einen positiven Einfluss auf die Beziehung nehmen.

Wenn das Kind verständnisvoll angenommen wird, die Annahme zulässt und die Möglichkeit hat, eine nährende Einheit mit der Mutter zu bilden, dann gewinnt es eine innere Sicherheit, die ihm später hilft, sich selbst Trost und Zuspruch zu geben, vorausgesetzt, seine Entwicklung verläuft auch weiterhin positiv.

Menschen mit einem mangelnden Urvertrauen erleben die Welt dagegen als einen bedrohlichen Ort und andere Menschen eher als Gegner denn als Partner. Sie fühlen sich nicht wirklich sicher, da sie als Kinder erfahren haben, dass sie sich nicht vollständig auf ihre Umgebung verlassen können. An der Reaktion des Kindes auf fremde Menschen kann man sehen, ob es ein grundlegendes Vertrauen entwickelte oder nicht. Kinder, die die symbiotische Phase positiv durchlaufen haben, reagieren auf fremde Menschen hauptsächlich mit Neugier und staunender Erwartung, wogegen Angst- oder Abwehrreaktionen gegenüber anderen ein Hinweis auf ein gestörtes Grundvertrauen sind.

Dasselbe gilt für das Phänomen der Trennungsangst. Wenn Menschen mit Angst und Panik auf Abschiede und Alleinsein reagieren, fehlt ihnen in der Regel das Vertrauen, dass die Beziehung auch über die Trennung hinaus bestehen bleibt und der andere wiederkommt. Die Trennungsangst kann in diesem Fall ein Ausdruck dafür sein, dass diese Person keine Verlässlichkeit in frühen Beziehungen erfuhr. Darüber hinaus weist sie auf ein instabiles Selbsterleben hin. Denn nur jemand, der sich nicht für wichtig und liebenswert hält, glaubt, dass er grundlos verlassen wird. Ein mangelndes Selbstwertgefühl geht also Hand in Hand mit dem Verlust eines grundlegenden Gefühls des Vertrauens und steht damit in enger Verbindung zu den Erfahrungen in den ersten Beziehungen.

Mangelnde Zuwendung und/oder Ernährung führt zu negativen Selbst- und Fremdbildern. So wie die Umgebung sich dem Kind gegenüber verhält, so fühlt es sich. Wird es befriedigt, das heißt gut behandelt, bildet sich ein positives Selbstbild und ein positives Bild von der Umwelt und den Menschen. Wird es schlecht behandelt und bleibt es häufig unbefriedigt, entwickelt es ein negatives Selbstbild und die Vorstellung einer bösen Welt und versagender Menschen. Ist die Umwelt böse im Sinn von frustrierend, so bedeutet das zugleich, dass das Kind selbst böse ist, also nicht existenzberechtigt und nicht liebenswert.

Eine Sei-nicht-Botschaft wird als Ablehnung und Zurückweisung erlebt, als erste grundlegende Prägung des Nichtwillkommenseins in der Welt, als Eindruck, kein Recht auf Leben zu haben. Der Begriff »Sei-nicht-Botschaft« stammt aus der Transaktionsanalyse, einer Form der Humanistischen Psychotherapie. Eine Sei-nicht-Botschaft ist eine Einschärfung, eine frühe, meist nonverbale Botschaft, die dem Kind durch die Außenwelt vermittelt wird. Sie drückt sich in Unsicherheit, Angst, Bedrohung und mangelndem Vertrauen in die Welt, in die Menschen und sich selbst aus.

Auch wenn sie eine Botschaft aus der Kindheit ist, wirkt sie im Erwachsenenalter immer noch, meist unbewusst, weiter und wird Teil des sogenannten Drehbuchs des Lebens. Der Bann der Botschaft wirkt besonders dadurch, dass er unbewusst ist und damit nicht gezielt beeinflusst werden kann. Das Ziel der Therapie ist es, die unbewussten, negativen Botschaften zu entschlüsseln, bewusst zu machen, zu überwinden und durch neue, positive zu ersetzen.

Sei-nicht-Botschaften werden auf verschiedene Weise vermittelt. Meist geschieht die Vermittlung ohne Worte und wirkt atmosphärisch. Ist beispielsweise eine Mutter mit ihren Kindern überfordert oder leidet sie unter ihrer Ehe, so kann das Neugeborene zu einer zusätzlichen Last werden, die sich in einer untergründigen Ablehnung des Kindes äußert. Aber auch unerwünschte Kinder kommen mit dieser Hypothek auf die Welt. Aus Patientenberichten ist bekannt, dass die meisten von ihnen in eine unglückliche Situation hineingeboren wurden. Später narzisstische Frauen erfahren schon sehr früh, es wäre besser, es gäbe sie gar nicht, beziehungsweise, sie sollten anders sein. Viele Mütter sprechen ihren Wunsch, dass das Kind besser nicht auf der Welt wäre, auch direkt aus.

Besonders in Suchtfamilien, in denen ein oder beide Elternteile von Alkohol oder Drogen abhängig sind, kommt es häufig zu Eskalationen, in denen das Kind körperlich bedroht oder seelisch vernachlässigt wird. Häufiges Geschlagenwerden, mangelnde körperliche Fürsorge und infolgedessen Unfälle und Krankheiten können im Kind ein tiefes, nachhaltiges Gefühl der Bedrohung hinterlassen. Dieselbe schädigende Wirkung auf das Selbstwertgefühl haben Entwertungen, Ablehnung oder Missachtung. Kinder aus Suchtfamilien haben große Probleme, ihre wahre Identität zu entwickeln, da sie durch die Unberechenbarkeit eines oder beider süchtigen Elternteile in stetiger Habachthaltung leben. Sie richten ihr Fühlen und Verhalten primär nach den Zuständen der Eltern aus statt nach dem eigenen Befinden. Das kann so weit gehen, dass sie sogar ihr Recht auf Leben verleugnen, nur um nicht aufzufallen, nicht zu stören und keinen Streit zu provozieren.

Ilona wuchs ohne Vater bei ihrer alkoholkranken Mutter auf. In der Familie und Verwandtschaft wurde die Suchterkrankung verleugnet, was Ilona dazu veranlasste, ihre Wahrnehmung für falsch zu erklären. Nicht die Mutter habe ein Problem, sondern sie selbst sei das Problem und die Ursache für die Trinkexzesse und Abwesenheiten der Mutter. Schloss diese sich im Suff ein, stand Ilona vor der Tür, verlassen, einsam, voller Angst und ohne Halt. Im Laufe der Zeit lernte sie, diese Gefühle wegzuschieben, sich anzupassen und eine vorbildliche Tochter zu werden. War die Mutter auf Entzug, wurde Ilona bei Verwandten untergebracht. Dort fühlte sie sich als Fremdkörper und als Last für die anderen. Keine Bedürfnisse zu haben, nicht aufzufallen, keinen Raum einzunehmen, am besten gar nicht da zu sein, war ihre Überlebensstrategie. Vor dem Hintergrund dieser Lebensverneinung entwickelte sie eine Magersucht und litt noch als erwachsene Frau unter dem Gefühl, kein Recht zu haben, da sein zu dürfen. Wer sie wirklich war, welche Bedürfnisse sie hatte und wie sie diese und sich selbst zeigen konnte, lernte sie allmählich in der Therapie.

Sei-nicht-Botschaften drängen im Kind und späteren Erwachsenen unbewusst auf Erfüllung. Diese Menschen werden sich dementsprechend selbstschädigend verhalten. Sei es, dass sie süchtig werden, sich körperlichen Schaden zufügen oder sich in Gefahrensituationen begeben, in denen sie ihr Leben riskieren. Auch Selbstmordversuche oder Selbsttötung können die Folge sein. In jedem Fall verhalten sie sich so, dass die Sei-nicht-Botschaft bestätigt wird.

Wir berühren mit dem Thema »Sei nicht!« auch eine grundlegende Dimension des Lebens, die mehr einschließt als nur die individuelle Beziehung der Eltern zum Kind. Es gibt beispielsweise Menschen, die unter Bedingungen aufwachsen, die nach der Entwicklungstheorie tiefe Persönlichkeitsstörungen hinterlassen müssten. Trotzdem sind diese Menschen nicht stärker seelisch beeinträchtigt. Es gibt wieder andere, die starke emotionale Probleme haben, obwohl ihr Leben in einigermaßen normalen Bahnen verlief. Diese Phänomene sind nicht allein durch das Verhalten der Eltern und der Umgebung erklärbar. Vielmehr kommen Kinder mit unterschiedlichen Ausstattungen auf die Welt, die sie auf verschiedene Weise befähigen, mit den Lebensanforderungen umzugehen. Heute spricht man von Resilienz, der natürlichen Widerstandskraft des Menschen, widrige Umstände relativ unbeschadet zu bewältigen. Unsere Eltern sind nicht so allmächtig, dass sie für alles, was wir sind, verantwortlich gemacht werden können. Ihnen die Schuld an unserer Misere zu geben greift zu kurz und verändert an unserer Situation nichts. Wir sind gefordert, selbstverantwortlich für uns zu sorgen und uns Hilfe zu holen, wenn wir alleine nicht zum Ziel kommen. Außerdem haben wir immer die Möglichkeit, uns von unserer Vergangenheit zu lösen und neue Muster zu entwickeln. Möglicherweise ist es gerade die Auseinandersetzung mit der menschlichen Fehlbarkeit und einer nie vollkommenen Sicherheit im Dasein, die den Menschen fordert und einen Teil seines Lebens ausmacht. Ich meine, dass viele Probleme und Krisen den Sinn haben, dass wir zu uns selbst finden.

Die Auseinandersetzung mit Krankheit und dem eigenen Lebensschicksal führt uns über die psychologische Betrachtung hinaus. Sie berührt die Frage nach dem Sinn in jedem einzelnen Leben und geht über Vorwürfe an das Leben hinaus.

»Iss, was ich dir gebe!«

Essen bedeutet Leben, denn wenn wir keine Nahrung zu uns nehmen, sterben wir. Und wie wir essen, so leben wir und so gehen wir mit Beziehungen um. Als Neugeborene erfahren wir die Welt sehr wesentlich über das Essen. Dadurch entsteht die Analogie von Essen und Leben. Über die Nahrung ist das Kind mit der Mutter eng verbunden, und es erfährt beim Gestillt- oder Gefüttertwerden zugleich eine gefühlsmäßige Beziehungsqualität. In dieser Situation kommen Liebe, Annahme oder Ablehnung, Körperlichkeit, Berührung und Bindung zusammen. Die Fütterungssituation ist also nicht eingeschränkt auf die Gabe von Nahrung, sondern sie ist zugleich eine soziale Begegnung, in der ein emotionaler Austausch stattfindet.

Die Art, wie das Kind gefüttert wird, hat daher nicht nur einen Einfluss auf sein späteres Essverhalten, sondern prägt auch sein Lebensgefühl. Dieses hängt davon ab, ob die Umwelt sensibel auf das Kind reagiert und versucht, seine Signale zu entschlüsseln, oder ob sie jedes Unwohlsein des Säuglings mit Füttern beantwortet. Wird Weinen vorwiegend als Ausdruck von Hunger interpretiert und das Kind durch Füttern beruhigt, so kann es zu einer Vermischung oder Verwechslung von emotionalen und körperlichen Bedürfnissen kommen. Wird das Kind etwa gefüttert statt gehalten, wird es später versuchen, Alleinsein mit Essen oder Süßigkeiten zu füllen. Auch als Erwachsene wird es ihm außerordentlich schwerfallen zu unterscheiden, ob es Essen oder Nähe braucht.

Werden seelische Bedürfnisse mit Essen beantwortet, wird nur eine vorübergehende Befriedigung eintreten, da der eigentliche emotionale Mangel nicht behoben ist. Auf der anderen Seite lernt ein solches Kind, jegliches Unbehagen durch Nahrungsaufnahme zu beeinflussen. Das führt dazu, dass das Problem, also der spezifische Mangel, gar nicht mehr differenziert wahrgenommen wird und daher kein spezifisches Lösungsverhalten folgen kann. Es entsteht die Unfähigkeit, seelische Vorgänge angemessen zu interpretieren und darauf zu reagieren. Körperliche und seelische Bedürfnisse werden als unspezifisches Gefühl von Hunger wahrgenommen und unspezifisch mit Essen beantwortet. Dieser Zusammenhang gilt auch für Menschen, die keine Esssucht haben, wie das folgende Beispiel verdeutlicht.

Doris legte den Telefonhörer auf und setzte sich ins Wohnzimmer. Plötzlich bekam sie eine unwiderstehliche Lust auf Süßigkeiten und holte sich eine Tüte Gummibärchen. Nachdem sie fast die Hälfte gegessen hatte, fiel ihr plötzlich auf, was sie da tat. Abgesehen davon, dass ihr schon leicht schlecht war, fragte sie sich, warum sie sich mit Süßem vollstopfe. Erst konnte sie es nicht zuordnen, es war einfach ein Verlangen, ein Gefühl irgendwo im Magen. Dann aber überlegte sie, was eigentlich mit ihr los sei. Ihr wurde klar, dass das Gefühl mit dem eben geführten Telefongespräch zu tun hatte, bei dem sie erfuhr, dass eine Verabredung nicht zustande kommen würde, auf die sie sich gefreut hatte. Im Grunde war sie deshalb traurig. Sie hatte aber nichts gespürt: keine Traurigkeit, keine Enttäuschung, keinen Wunsch nach Trost. Stattdessen bekam sie starke Lust auf Gummibärchen. In dem Moment, in dem ihr der Zusammenhang zwischen Esslust und ihrer Enttäuschung bewusst wurde, war der Essdruck vorüber, sie spürte ihre Traurigkeit und den Wunsch, mit jemandem darüber zu reden.

Von vielen Patientinnen konnte ich erfahren, dass ihre Mütter den Hunger oder das Sattsein des Säuglings nicht erkannten oder respektierten. So wurden sie entweder über ihren Hunger gefüttert und erlebten nicht, dass ihrem Nein, ihrer Abgrenzung Rechnung getragen wurde. Oder sie bekamen zu wenig und blieben hungrig. Die Fähigkeit, Hunger und andere Körpersignale richtig wahrzunehmen und zwischen ihnen zu unterscheiden, unterliegt einer Fehlentwicklung, wenn die Antworten auf die Bedürfnisse des Kindes nicht angemessen sind. Bleibt eine adäquate Reaktion aus, so bildet sich beim Kind die Überzeugung heraus, die eigenen Wünsche und Neigungen seien unwichtig oder unrichtig. Als Erwachsene trauen sie sich nicht zu sagen, was sie brauchen, und gehen dann in der Regel leer aus. Die Befriedigung der Wünsche anderer Menschen gelingt narzisstischen Frauen gut, aber ihre eigenen Wünsche bleiben unbefriedigt.

Diese Einstellung zeigt, dass sie keine intakte innere und äußere Grenze erworben haben. Eine innere Grenze haben bedeutet, körperliche Signale wie Hunger oder Sattsein wahrzunehmen und angemessen auf sie zu reagieren. Können sie dies nicht, so essen sie weiter, obwohl sie satt sind, oder essen nichts, obwohl sie Hunger haben.

Das Fehlen einer äußeren Grenze zeigt sich in der Unfähigkeit, sich gegenüber anderen Menschen und deren Gefühlen abgrenzen zu können. Diese Frauen zeigen dann Tendenzen, sich im anderen aufzulösen und von fremden Gefühlen anstecken zu lassen. Sie werden traurig oder depressiv, nur weil andere so empfinden. Auf diese Weise machen sie auch Probleme anderer zu ihren eigenen, ohne es zu merken.

Kommt zum Beispiel der Partner mit schlechter Laune heim, verliert die Frau daraufhin ihre gute Stimmung. Sie fühlt mit ihm, allerdings so intensiv, dass sie ihr Gefühl durch das seine ersetzt. Sie wird also bald ebenso schlecht gelaunt sein wie er, auch wenn es ihr vorher gut ging.

Innendrin in mir, da ist nichts. Ich reagiere meist nur auf die Stimmung von außen: freuen sich andere, habe ich die Erlaubnis, mich auch zu freuen. Sind Menschen, die mit mir zusammen sind, traurig, dann bin ich es auch bald. Aber es ist kein eigenes Gefühl, ich spüre mich so selten. Es gibt nur wenige Augenblicke, wo ich sicher sagen kann, jetzt spüre ich mich wirklich. Das ist nur dann der Fall, wenn ich singe.

Wie ich schon eingangs beschrieb, hat die Art, wie ein Kind gefüttert wird, nicht nur Auswirkungen auf sein Essverhalten, sondern auch auf seine seelische Entwicklung. Beantworten die Eltern beispielsweise das Schreien des Säuglings aus Hunger mit Ärger und unterschwelliger Ablehnung, können existenzielle Ängste beim Kind auftreten, die mit dem Essen gekoppelt werden. Später verbindet dieser Mensch möglicherweise Essen mit Ablehnung und Nicht-leben-Dürfen. Essen bedeutet in diesem Fall keinen Genuss, kein Lebens-Mittel, sondern Bedrohung oder sogar Zerstörung. Die Folge kann ein zwanghaft eingeschränktes Essverhalten sein und der Wunsch, das bedrohliche Essen wieder zu erbrechen.

Hunger bedeutet für den Säugling ein Problem, das positiv gelöst ist, wenn er satt ist. Bleibt er aber hungrig oder wird überfüttert, fehlt ihm die Erfahrung des positiven Ausgangs. Im Erwachsenenalter kann das zu einer Unfähigkeit führen, Probleme so zu lösen, dass es der Frau am Ende gut geht. Sie macht dann dieselbe Erfahrung wie früher: »Am Ende fühle ich mich schlecht.« Zieht sich diese Haltung durch ihr ganzes Leben, wird sie am Ende unfähig sein, positive Gefühle wie Freude und Zufriedenheit und angenehme Zustände wie Satt- und Befriedigtsein überhaupt wahrzunehmen und zuzulassen.

Ich fühle mich heute schon viel besser als vor einem Jahr. Ich erlaube mir hin und wieder sogar, mich attraktiv zu fühlen. Aber dann habe ich das Gefühl, dass es mir zu gut geht, und dann kommt die Angst, dass ich es büßen muss. Ich fange dann an, mich wieder abzuwerten, finde mich schlecht und hässlich. Ich schaffe es einfach nicht, es mir lange Zeit gut gehen zu lassen. Es ist, als müsste ich für all das Gute, das ich bekommen habe, bezahlen.

Diese Einstellung, positive Empfindungen nicht über längere Zeit aufrechterhalten und erleben zu können und zu dürfen, kann zu einer »Sucht nach negativen Gefühlen« werden. Schlechte Gefühle können sich Frauen dadurch machen, dass sie sich innerlich abwerten, kritisieren und Positives nicht beachten. Dinge, die sie am Tag gut machten und Situationen, in denen sie sich wohlfühlten, werden von ihnen nicht bewusst wahrgenommen und sind dann auch keine Quelle für Selbstbestätigung. Auch süchtiges Essen und unbefriedigte Beziehungen sind Möglichkeiten, sich schlecht zu fühlen.

»Schlucke, was ich dir sage!«

Das Kind bekommt nicht nur leibliche Nahrung zu essen, sondern auch geistige in Form von Botschaften, Einstellungen, Anweisungen, Ideologien usw. Nach dem Psychiater Frederick Perls fördert die Erziehung in unserer abendländischen Kultur eine Einstellung, die er als dentale Hemmung bezeichnet.[16] Damit ist eine unkritische Haltung gemeint, bei der jeder alles schluckt, was ihm vorgesetzt wird, ohne es auf seinen Sinn zu prüfen, es zu schmecken und dann anzunehmen oder zu verwerfen. Kritik, Infragestellung und Neugier sind dabei Verhaltensweisen, die unerwünscht sind oder unterbunden werden. Die Erziehung zum Gehorsam ist eine im deutschen Volk tief verwurzelte Haltung, die aber in den vergangenen Jahrzehnten in der Kindererziehung immer mehr infrage gestellt wurde. Es scheint mir, als würden Eltern, die selbst wenig Autonomie ausbilden durften und kaum Bezug zu ihren Bedürfnissen haben, ihren Kindern diesen Zugang unter allen Umständen ermöglichen wollen. Nicht selten kommt es dann zum gegenteiligen Extrem: das Kind nimmt so viel Raum ein, dass die Mutter zu kurz kommt und das Kind zu wenig Grenzen erfährt.

Beides trägt zu erhöhter Spannung in der Beziehung bei und endet nicht selten in einer elterlichen Verzweiflungshandlung, indem das Kind dann doch gezwungen wird, sich an die Anweisungen von Vater oder Mutter anzupassen. Oder die Eltern resignieren, weil sie sich nicht durchsetzen können. Nicht immer wird dadurch wirkliche Kritikfähigkeit und Selbstbestimmung gefördert, mitunter sogar Orientierungslosigkeit. Dennoch ist die Haltung, mehr Rücksicht auf die Bedürfnisse und Eigenheiten des Kindes zu nehmen, ein guter Weg, um den Kontakt zum wahren Selbst zu fördern und zu verhindern, dass Menschen jeden Unsinn schlucken und alle Nachrichten, Informationen und Werbeslogans kritiklos hinnehmen.

Dieses Verhalten zeigt sich heute trotzdem vielfach in den sozialen Medien, wo Fake News unhinterfragt geglaubt und geschluckt, ja als absolute Wahrheit ausgegeben und rezipiert werden. Eine kontroverse Auseinandersetzung darüber ist nicht mehr möglich, weil die Äußerung einer gegenteiligen Meinung als Bedrohung erlebt wird. Denn indem sich jemand mit den jeweiligen Inhalten komplett identifiziert, werden diese nicht nur zur eigenen Meinung, sondern sogar zu einem Teil des Selbst. Kritik an den Inhalten wird dann zum Angriff auf die eigene Person.

Eine derartige unkritische Einverleibung von Meinungen nennt Perls »totale Introjektion«[17]. Sie werden dabei vollständig übernommen und im wahrsten Sinne des Wortes verschluckt. Sie wirken dann unverbunden wie ein Fremdkörper im Organismus, da sie nicht Teil des Menschen geworden sind, sondern isoliert von ihm existieren. Die totale Introjektion wird einer sehr frühen Entwicklungsstufe zugeordnet, dem Säuglingsstadium, in dem das Kind sich und die Welt noch annähernd als eins erlebt. Mit zunehmender seelischer Reifung werden die totalen Introjektionen dann durch differenziertere Formen abgelöst. Das Kind muss nicht mehr alles schlucken, sondern kann Informationen auswählen. Tritt jedoch früh eine Hemmung dieser Auswahlfähigkeit ein, zum Beispiel durch erzwungene Anpassung an die herrschende Meinung der Eltern und zu wenig Raum für die eigene Meinung, bleiben die frühen Formen der Introjektion erhalten. Man kann sich leicht vorstellen, dass die betroffenen Menschen später abhängig und wenig selbstbewusst sind. Da sie keine eigene Meinung haben oder sich keine erlauben, werden sie dankbar die von anderen übernehmen, wobei sie kaum auswählen, welche für sie die richtige ist. Sie haben keinen eigenen Maßstab der Beurteilung und sind deshalb ständig auf ein äußeres Leitbild angewiesen.

Bei weiblich-narzisstischen und essgestörten Frauen fällt auf, dass sie sowohl viele Sachen essen, die sie gar nicht mögen, als auch Dinge tun, die sie im Grunde nicht tun möchten. Das heißt, statt auszuwählen, was sie essen möchten, stopfen sie alles in sich hinein. Und anstatt sich zu fragen, was sie tun möchten, richten sie sich nach anderen.

Ebenso geht es ihnen in Bezug auf Regeln. Am liebsten hätten sie feste Vorschriften, an denen sie sich orientieren können. Auch in der Therapie übernehmen die Patientinnen unhinterfragt die Anweisungen, befolgen sie brav und haben nicht den Mut, sie zu kritisieren, wenn sie sich als Hindernis auf ihrem Genesungsweg herausstellen. Entweder halten sie aus oder sie werten die Therapie und die Therapeut*innen ab, die die Regeln aufstellen. Es kommt ihnen nicht in den Sinn, für sich selbst einzutreten und auf eine individuelle Lösung hinzuarbeiten, die für sie im Moment sinnvoller wäre. Das Gegenteil ist der Fall. Die Frage: »Was möchtest du denn?«, löst bei ihnen Unsicherheit und Zweifel aus. Unsicherheit, weil sie gar nicht wissen, was sie wollen, Zweifel, weil sie sich nicht vorstellen können, selber Wünsche äußern zu dürfen, auf die der andere ernsthaft eingeht.

Die Gestalttherapeuten Miriam und Erving Polster sprechen im Zusammenhang mit der Introjektionsneigung von der Triade Ungeduld, Faulheit und Gier. »Ungeduld, irgendetwas schnell aufzunehmen, Faulheit bei der anstrengenden Arbeit, es richtig aufzunehmen, und Gier, so viel wie möglich so schnell wie möglich zu bekommen – all diese Tendenzen führen zur Introjektion.«[18]

Alle drei Merkmale findet man auch häufig bei weiblich-narzisstischen Frauen. Sie lassen sich für ihren therapeutischen Prozess kaum Zeit und wollen am liebsten sofort gesund sein (Ungeduld). Indem sie schnell übernehmen, was man ihnen sagt, vermeiden sie Eigenverantwortlichkeit und selbstständiges Nachdenken, also eine mühevolle Arbeit, die sie lieber andere tun lassen. Bevor sie sich den Kopf zerbrechen, um herauszufinden, was sie wollen, fragen sie lieber den anderen und passen sich ihm an (Faulheit). Und die Gier zeigt sich in der Unmäßigkeit, so viel wie möglich an Therapie haben zu wollen. Dabei geht es ihnen oft weniger um die speziellen Therapieangebote als um die Angst, etwas zu verpassen oder zu kurz zu kommen. Sie glauben, nur wenn sie viel Therapie machen, kommen sie weiter und können sich verändern.

Interessant ist hier die Analogie zum Essverhalten. Wenn Menschen sich überessen, schmecken sie in der Regel nichts mehr von dem, was sie essen. Sie schlucken einfach nur runter, was sie vor sich haben, ohne Beachtung der einzelnen Speisen und ihres Geschmacks und ohne sich für das Essen Zeit zu lassen. Die Ungeduld ist so groß, dass sie im Stehen oder aus der Tüte essen. Sie können es nicht erwarten, das Essen anzurichten und sich an den Tisch zu setzen. Die Gier richtet sich auf das Verschlingen des Essens, auch wenn sie im Grunde genug haben. »Es ist paradox, aber mein Mund schreit nach Nahrung und mein Bauch ist immer überfressen«, so beschreibt eine Bulimikerin ihr Empfinden.

Kinder übernehmen von den Eltern und anderen Menschen und Institutionen (Schule, Kirche, Vereine usw.) Meinungen, Regeln, Ver- und Gebote, Erlaubnisse, Werte und Moralvorstellungen. Sowohl kritisches als auch liebevolles und nährendes Elternverhalten gibt ihrem Leben und ihren Handlungen eine Richtung. Diejenige Instanz im Menschen, die diese Inhalte speichert, wird je nach therapeutischer Ausrichtung Über-Ich genannt oder Gewissen oder Eltern-Ich.[19] Je stärker die Introjektionsneigung des Menschen, umso stärker die Tendenz, die fremden Meinungen unreflektiert zu schlucken. Auf diese Weise wird die betreffende Person kein eigenes, ausgereiftes Über-Ich entwickeln, sondern das der Elternfiguren unverändert übernehmen und sich ein Leben lang daran orientieren. Sie wird sich immer fragen, wie sich diese Menschen verhalten würden und das als Maßstab für ihr eigenes Handeln nehmen.

Das Eltern-Ich narzisstischer Menschen besteht hauptsächlich aus Soll-Forderungen, Verboten, Anweisungen und hohen Idealen. Daraus erklärt sich das sehr strenge Umgehen dieser Menschen mit sich selbst. Sie kommentieren all ihr Tun und Denken kritisch, treiben sich zu immer mehr Leistungen an und behandeln sich gnadenlos. Ihr innerer Zensor, der alle Gefühle prüft, lässt nur wenige Emotionen zum Ausdruck kommen. Sich zeigen, wie sie wirklich sind und was sie fühlen, ist mit einem absoluten Verbot belegt. Alle Manöver zielen darauf ab, der Welt und sich etwas vorzumachen. Das überstrenge Gewissen ist also eine Art gegen sich selbst gerichtete Aggression in Form von Gewissensbissen, Selbstbeschuldigungen oder Bestrafungen. Ungezwungenes Verhalten und spontane Reaktionen lösen in diesen Menschen Schuldgefühle oder Selbstabwertungen aus, weil sie befürchten, sich unmöglich benommen zu haben. Statt jedoch ihre unhinterfragten und strengen Über-Ich-Inhalte und ihre totale Abhängigkeit von ihnen infrage zu stellen, kritisieren sie sich selbst.

Ein rigides, zwanghaftes Über-Ich bedeutet, dass solche Menschen viele innere Verbotsstimmen haben, die sie in ihrem spontanen Verhalten einschränken: »Tu das nicht, mach jenes richtig, lach nicht so laut, sei fleißig, ordentlich, mach alles richtig, am besten zweihundertprozentig.« Werden diese Anweisungen nicht erfüllt, was ganz unmöglich ist, weil kein Mensch perfekt sein kann, dann folgt eine innere Selbstbestrafung in Form von Abwertung und Beschimpfung: »Wie blöd ich doch wieder bin, ich bin eine Versagerin, nichts mache ich richtig.« Bei einem Versagen oder einer Enttäuschung fehlen die tröstenden Stimmen, und stattdessen fühlt sich die Betroffene für alles schuldig. Was ihr fehlt, ist ein liebevolles Verständnis für sich selbst und ein sorgendes Auf-sich-Eingehen. Weiblich-narzisstische Frauen haben diese Qualitäten als Kind nicht oder nur wenig erlebt. Sie waren im Gegenteil mit ständigen Entwertungen konfrontiert, die ihre Selbstannahme massiv gestört haben und ihnen das Gefühl gaben, nicht richtig und wertlos zu sein. Wenn man der Mutter oder dem Vater nichts recht machen kann und permanent kontrolliert wird, wie man sich verhalten sollte und was man unterlassen sollte, verliert man jedes Selbstvertrauen. Die Ungeduld und Ablehnung, die die Betroffenen erlebt haben, richten sie nun gegen sich. So, wie sie früher behandelt wurden, so behandeln sie sich jetzt. Doch was sie sich selbst verbieten, können sie auch anderen nicht zugestehen.

Wenn der Körper nicht zum Selbst gehört

Eine positive Einstellung zu sich selbst ist mit einer positiven Einstellung zum eigenen Körper verbunden, denn es gibt kein Selbstbewusstsein ohne Körperbewusstsein. Der Körper gehört nicht nur zu mir, sondern ich bin und lebe in meinem Körper. So, wie ich meinen Körper betrachte und bewerte, so betrachte und bewerte ich mich selbst und umgekehrt.

Wie wenige Frauen gibt es, die sich wirklich in ihrem Körper wohlfühlen und ihn nicht ständig nach einem illusionären Modell verändern wollen? Meiner Erfahrung nach sind es nicht nur Frauen mit Essstörungen, die darunter leiden, sich zu dick zu fühlen, aber bei ihnen ist dieses Denken offensichtlich. Die anderen leiden still darunter, nicht ihrem Ideal zu entsprechen, das oft einige Kilo unter dem jetzigen Gewicht liegt. Von diesem Denken leben die Modezeitschriften und die Nahrungsmittelindustrie, die immer wieder neue Diäten und Diätrezepte anpreisen. Es wird die Illusion verkauft, sich mit der richtigen Diät nicht nur den erwünschten Traumkörper, sondern auch ein positives Selbstbild zu erkaufen. Hinzu kommt die Schönheitschirurgie, die Frauen ein ideales Äußeres verspricht, in der Hoffnung, die Selbstakzeptanz zu erhöhen: »Nur wenn ich schön bin, bin ich auch ein wertvoller Mensch.«

Dass das scheitern muss, wird verleugnet, sowohl von den Frauen als auch von den Illusionsverkäufern. Letztere haben finanzielle Interessen, erstere die Hoffnung, dass doch noch einmal ein Wunder geschieht und sie morgens schlank, schön und damit glücklich aufwachen.

Dieses Denken ist grandios, denn zum Glücklichsein gehört weit mehr, als schlank und schön zu sein. Ich möchte sogar sagen, dass Schlanksein und Schönheit nicht unbedingt dazugehören müssen, dagegen aber die Annahme des eigenen Körpers und seine gute Behandlung. Und diese drückt sich darin aus, dass ich ihm weder zu viel noch zu wenig Nahrung zuführe (geschweige denn mich künstlich erbreche), dass ich ihn pflege, ihm genügend Ruhe und Bewegung ermögliche, ihn nicht auspowere oder gar verletze durch Schnippeln oder Brennen. Doch dazu muss der Körper erst einmal wahrgenommen werden, damit die Frau sich in ihm spüren kann. Wie schwer oder fast unmöglich das ist, haben mir viele Frauen in der Therapie erzählt.

Ein mangelnder oder sogar negativer Bezug zum Körper äußert sich darin, dass die betroffenen Frauen ihn hauptsächlich als Funktionsgehilfen für ihr falsches Selbst benutzen. Es geht primär darum, dass er äußerlich schön aussieht, schlank, dünn und fit ist, weshalb er mit übermäßigem Sport, Fitnessprogrammen, Diäten, Hungern oder Erbrechen oft bis an seine Leistungsgrenze gefordert wird. Das andere Extrem ist die Vernachlässigung des Körpers, der mit Essen unattraktiv gemacht und zu wenig gepflegt wird. Der natürliche Bezug zu ihm ist verloren gegangen oder nie entwickelt worden.

In der Folge wird er ständig kritisiert und abgewertet, weil manche Stellen zu dick und andere zu dünn sind und frau sich so nicht sehen lassen kann. Nicht nur stark übergewichtige Frauen meiden Schwimmbäder und Saunen, sondern auch normalgewichtige, die meinen, zu dick zu sein. In diesem Fall liegt oft eine Störung der Körperwahrnehmung vor, eine sogenannte Körperschemastörung. Unter Körperschema versteht man das Bild und Erleben des eigenen Körpers und seiner Ausmaße. Die Betroffenen können ihre Maße nicht realitätsangemessen einschätzen, sondern nehmen sich dicker oder dünner wahr, als sie in Wirklichkeit sind. Gerade schlanke Frauen fühlen sich häufig dicker, dicke Frauen dagegen schlanker. Die Wahrnehmungsstörung kann in einer Dysmorphophobie enden, bei der die Betroffenen sich hässlich oder sogar entstellt fühlen, obwohl sie objektiv gar keine auffälligen Schönheitsmakel haben. Sie sorgen sich übermäßig um ihr Aussehen und fokussieren sich dabei auf bestimmte Körperteile, die sie als missgestaltet wahrnehmen.

Gundi, eine ehemalige Patientin, hatte das Problem, dass sie glaubte, einen zu dicken Bauch zu haben. Als sie in die Therapie kam, lief sie immer mit eingezogenem Bauch herum, was ihr selbst gar nicht bewusst war, denn es war ihr im Lauf der Zeit selbstverständlich geworden. Sie bezweckte damit, sich schlanker zu machen, behinderte dadurch aber zugleich ihre Atmung und den freien Zugang zu ihren Empfindungen. Wenn sie ihren Bauch nicht einzog, konnte sie ihn nicht mehr akzeptieren:

Mein Schönheitsideal ist eine schlanke Frau ohne Bauch, aber das erfüll ich nicht. Denn ich habe einen Bauch, der zu meinen Proportionen überhaupt nicht passt. Ich habe bis vor einiger Zeit gedacht, wenn der Bauch weg wär, dann wär ich glücklich. Und deshalb versuche ich, ihn mit täglichen Übungen abzutrainieren, aber es ist unnütz. Ich habe zwar wahnsinnige Bauchmuskeln, aber trotzdem Speck drauf. Ich mache trotzdem weiter, weil ich Angst habe, dass er sonst noch dicker wird. Ich mag ihn nicht und er gehört nicht zu mir und ich möchte ihn packen und wegreißen. Er ist was Fremdes, das ich nicht haben will.

Die Entscheidung zur Schönheitsoperation scheint dann nur ein kleiner Schritt.

Körperschemastörungen haben ganz sicher auch etwas mit unserem gängigen Schönheitsideal zu tun, in dem Schlanksein mit Schönheit gleichgesetzt wird und das Maß nicht der eigene Körper, sondern das dünne Fotomodell ist. Und diesem Vergleich können nur wenige Frauen standhalten, weshalb sich die meisten zu dick fühlen. Denn in der Tat sind sie dicker als das Modell, was aber nicht automatisch heißt, dass sie zu dick sind. Im später folgenden Kapitel *Das Schöhnheitsideal* komme ich noch einmal ausführlicher darauf zurück.

Hier noch einige Aussagen von Frauen zu ihrem Körpergefühl:

Ich habe kein Verhältnis zu meinem Körper. Mein Körper ist eine Last, die ich hinter mir herziehe.

Das Verhältnis zu meinem Körper ist sehr wechselnd. Zeitweise ist es geprägt von Unwohlsein, Steifheit, Völlegefühl, Verspannung, Selbstverachtung, Schuld. Ich habe mich aber auch schon sehr gut in meinem Körper gefühlt. Das ist sehr seelisch bedingt.

Ich fühle mich hässlich und zu dick und möchte raus aus meiner Haut. Meinem Körper stehe ich mit gemischten Gefühlen gegenüber. Er reagiert sehr sensibel auf meine seelische Befindlichkeit.

Die Gestalt meines Körpers gefällt mir, aber mein Leben lang fühle ich mich zu dick, auch als ich sehr schlank war.

Wenn er mich schmerzt, registriere ich ihn erst. Ich bin sehr unsensibel mir gegenüber, zum Beispiel bei Hunger und Kälte. Ich fühle mich nie ganz okay, meist zu pummelig, kann mich selbst nicht annehmen, habe merkwürdige Idealvorstellungen, obwohl mein Kopf mir sagt, dass das alles nebensächlich ist.

Ich hasse meinen Körper. Meine Figur finde ich abstoßend.

Die Urteile dieser Frauen über ihre Körper sind teilweise vernichtend und nur ansatzweise versöhnlich. Alle zitierten Frauen hatten normale Figuren und ein normales Gewicht. Normal heißt in diesem Zusammenhang ein Gewicht und eine Körperstatur, die proportional zusammenpassen. Die negativen Urteile beruhen daher auf Verzerrungen der Körperwahrnehmung und der Ablehnung der eigenen Person. Sich nicht annehmen zu können heißt immer auch, seinen Körper nicht anzunehmen.

Eine weitere Quelle von Körperschemastörungen – neben der des angestrebten Idealmaßes – liegt in der Kindheit. Die ersten Grundlagen des Körperschemas hängen mit den Erfahrungen des Kindes im Kontakt mit den primären Bezugspersonen zusammen. Empfindungen von satt und nicht satt bewirken den Aufbau einer inneren Grenze. Durch den Haut- und Körperkontakt erwirbt das Kind eine äußere Körpergrenze. Das Körper-Ich entwickelt sich aus diesen zwei Quellen: »dem inneren Kern des Körperbildes und der äußeren Schicht, die zur Abgrenzung des Körper-Selbst beiträgt«[20]. Den Kern des Selbst bilden die inneren Empfindungen des Säuglings. Damit wird deutlich, dass schon die ersten Erfahrungen von Lust und Unlust, von satt und nicht satt das spätere Selbsterleben und das Körper-Selbst prägen. Die Haut als Berührungsorgan hat dabei zweierlei Bedeutung: Sie dient einerseits der Wärmezufuhr, andererseits ist sie das Organ, über das der Säugling in Beziehung tritt.[21] Die Berührung und das aus ihr resultierende Körperempfinden beeinflussen die Entwicklung des Körpergefühls und der äußeren Körpergrenze.

Im Laufe der Entwicklung bilden sich eigene Körpergrenzen und -dimensionen heraus. Wird die Ablösung in die Eigenständigkeit behindert, erfährt nicht nur die kindliche Autonomie eine Einschränkung, sondern auch das Körpererleben. Im Erwachsenenalter werden diese Menschen Mühe haben, die Grenze zwischen sich und anderen zu erspüren und zu wissen, wo ihr eigener Körper aufhört. Viele beschreiben ihre Angst zuzunehmen als Furcht davor, zu viel Raum und Platz zu beanspruchen.

Körperliche Stimulation durch Berührung, Bewegung und Gehaltenwerden sind für die gesunde Entwicklung von großer Bedeutung, wie man heute in der Säuglingspflege und Erziehung weiß. Schreit ein Kind, kann es sich schneller beruhigen, wenn es in den Arm genommen wird. Auch Frühgeborene entwickeln sich durch Berührung besser.

Von Naturvölkern ist bekannt, dass sie ihre Kinder im ersten Lebensjahr an ihren Körper gebunden mit sich tragen. Auf Bali herrscht der Mythos vor, dass die Kinder in den ersten sechs Monaten den Göttern gehören und sie deshalb nicht den Boden betreten dürfen. Sie werden in dieser Zeit immer auf dem Arm getragen, mal von dem einen, mal von dem anderen. Sie wandern von Arm zu Arm, bis sie auf ihren eigenen Füßen stehen. Die Balinesen sind bekannt für ihre große Freundlichkeit und Friedfertigkeit, die sie möglicherweise auch diesem intensiven zwischenmenschlichen Kontakt in den ersten Monaten zu verdanken haben.

Unsere abendländische Kultur ist eher durch eine starke Berührungsfeindlichkeit geprägt, die in der Kindererziehung beginnt und sich im Erwachsenenalter fortsetzt. Es wundert daher nicht, dass es in den meisten Familien, in denen narzisstische Frauen aufwuchsen, einen erheblichen Mangel an Körperkontakt gab. Frauen, die selbst Schwierigkeiten mit Berührung haben, können ihrem Kind oftmals nichts anderes vermitteln. Auch die Art, wie die Mutter auf den Körper des Kindes reagiert, prägt die spätere Einstellung der Frau zu ihrem eigenen Körper. So kann ein Übergriff auf den Körper des Kindes durch zu frühe oder zu strenge Sauberkeitserziehung eine natürliche Körperlichkeit und einen positiven Körperbezug erschweren oder verhindern. Nach dem Psychoanalytiker Erik H. Erikson entwickelt sich ein Verlust der Selbstkontrolle und ein dauerndes Gefühl von Zweifel und Scham. Viele Patientinnen berichten, dass ihre Mütter und Großmütter zu einer strengen Sauberkeitserziehung neigten, die von der Tochter eine hohe Anpassungsleistung forderte. Durch Überbetonung der Ausscheidungsvorgänge und Manipulationen am Körper der Tochter (Einläufe, Zäpfchen usw.) wurden die Körpergrenzen überschritten, und es traten Gefühle von Scham und Bloßstellung auf. Der Schwerpunkt der Körpererziehung lag weniger auf dem lustvollen Erleben und Kennenlernen des Körpers, als vielmehr auf seinem Training und seiner Anpassung an die umgebenden Normen. Beschämung, Schuldgefühle, Perfektionismus, das Bedürfnis, fehlerlos sein zu müssen, und Zwanghaftigkeit sind Charakteristika der später erwachsenen Frauen. Diese Art der körperlichen Übergriffe geschieht heute weit seltener, da ein Umdenken in der Sauberkeitserziehung stattgefunden hat. Trotzdem ist die Entwicklung zu einem angemessenen Körperschema immer noch nicht selbstverständlich.

Bindung und Trennung

Entwicklungspsychologische Untersuchungen bestätigen die große Bedeutung des Bindungsfaktors für den Säugling. Kinder, die ohne stabile Bindung zu den Eltern aufwachsen, entwickeln sich nicht nur emotional und kognitiv schlechter, sondern sind auch stärker gefährdet, emotionaler Verwahrlosung bzw. körperlicher Gewalt anheimzufallen. Denn ein Kind, an das sich die Eltern oder eine andere Bezugsperson nicht gebunden fühlt, kann leichter vergessen oder schlecht behandelt werden. Auch Überforderung der Eltern mit dem Kind oder das Gefühl, es störe die eigene Lebensplanung, verhindern eine stabile Bindung und führen zur Empfindung der Zurückweisung.

Der Mensch ist von Natur aus ein soziales Wesen, das heißt, er ist auf Beziehungen zu anderen Menschen angewiesen und sucht sie aktiv, wie es auch schon Säuglinge tun. Das Fehlen einer konstanten, verlässlichen Bezugsperson und der damit verbundene Mangel an Bindung und der Möglichkeit, eine konstante Beziehung aufzubauen, haben gravierende Folgen für die seelische Entwicklung. Neben der Ernährung ist das zentrale Bedürfnis des Menschen das nach emotionaler und körperlicher Nähe und Bindung. Nach dem Psychiater Stavros Mentzos braucht ein Kind die Befriedigung der folgenden Bedürfnisse: Geborgenheit, Hautkontakt, Wärme, Anklammerung, Sicherheit[22]. Frustrationen und Störungen in diesen Bereichen führen zu tiefgreifenden Schädigungen des späteren Beziehungsverhaltens und Selbsterlebens.

Weil der Mensch immer in Beziehungen lebt, bildet sich sein Selbst auch durch Beziehungserfahrungen heraus. Die Art dieser Beziehungen prägt das spätere Selbstbild. Ein positives Selbst bildet sich durch lustvolle Erfahrungen, ein negatives durch frustrierende. Von Bedeutung sind dabei nicht nur die tatsächlichen Beziehungen des Kindes zur Außenwelt, sondern vor allem seine Erfahrungen, die es damit verknüpft, und das, was sie in ihm auslösten. So kann ein gut gemeintes Umsorgen des Kindes in ihm unangenehme Abhängigkeitsgefühle hinterlassen. Umgekehrt kann die Betonung von Selbstständigkeit zu einem zu frühen Zeitpunkt oder in zu starkem Ausmaß das Kind überfordern, was dann von ihm als Verlassenheit erlebt wird. In beiden Fällen versuchten die Eltern das Beste zu tun, auf das Kind hingegen wirkte es negativ.

Die Bindungserfahrungen, die wir in frühester Kindheit verinnerlichen, prägen unser Selbsterleben, aber auch die Art, wie wir unsere späteren Beziehungen gestalten. Je tiefer die Beziehung, umso stärker die gegenseitige Bindung. Zu einer guten Bindung gehört ein positiver Austausch zwischen Menschen. Dazu gehören Verständnis, liebevolle Zuwendung, Unterstützung, Körperkontakt und den Austausch von Gedanken und Empfindungen. Ich erreiche den anderen, berühre ihn, sowohl im körperlichen als auch im seelischen Sinne. Zum Ende ihrer Therapie schreibt eine Patientin, wie sie gelernt hat, Bindungen aufzunehmen:

Etwas ganz Neues ist es, dass ich nicht mehr mit allen siebzig Leuten aus der therapeutischen Gemeinschaft versucht habe, Kontakt aufzunehmen, und damit nur oberflächliche Beziehungen habe, sondern ich habe mich bewusst an wenige Menschen gehalten, die ich mag, und mit ihnen wirkliche Nähe und Beziehung erfahren. Ich habe festgestellt, wie ich Nähe vermeide und wie ich sie mir holen kann. Ich weiß jetzt, dass ich wahre Beziehungen zu wenigen Menschen brauche, weil sie mir eine innere Wärme und Zufriedenheit geben.

Die Fähigkeit, kurzzeitige Bindungen aufzubauen, ist weiter verbreitet als die, langfristige, positive Bindungen herzustellen. Das heißt nämlich, sich auf einen anderen Menschen einzulassen und ihm nah zu kommen.

Ich war traurig und enttäuscht von mir, weil ich auf einmal gemerkt habe, dass ich die anderen gar nicht annehme und niemand in mein

Herz hineinlasse. Ich merke das auch, wenn ich Mühe habe, anderen in die Augen zu sehen und sie einfach als Menschen zu mögen und froh zu sein, dass sie da sind. Ich glaube, das muss ich langsam erst wieder lernen. Und vertrauen können, dass es andere gut mit mir meinen und sie mich auch annehmen. Ich glaube, mir ist ein großer Teil von dem Liebevollen, dem Fürsorglichen verloren gegangen. Ich habe zurzeit auch ein starkes unangenehmes Gefühl in der Herzgegend und im Brustkorb. So beklommen und doch so eine ungewisse Leere. Und dann denk ich, dass es Angst ist.

Soweit das Gefühl einer Patientin. Zum Zeitpunkt, als sie das schrieb, kam sie in ihrer Therapie mit ihrer Beziehungs- und Bindungsschwäche in Kontakt. Es fällt in ihrer Darstellung die Analogie zwischen Gefühl und Körperempfindung auf: Sie spricht von mangelnder Annahme anderer (sie lässt niemanden in ihr Herz) und empfindet gleichzeitig die Herzregion als beklommen und leer. Der Herzbereich symbolisiert auf der Körperebene den Bereich der Gefühle, vor allem von Liebe, Annahme, Zuwendung, also allen Herzgefühlen. Das Erleben von Beklommenheit und Leere in diesem Bereich drückt genau aus, was sie erlebt, nämlich Bindungslosigkeit und fehlende Empfindungen für andere.

Ein Beispiel für eine mangelhafte Bindung zwischen Mutter und Kind und die damit verbundene Verschiebung der Sicherheits- und Anklammerungswünsche auf ein sogenanntes Übergangsobjekt schildert im Folgenden Kerstin. Die fehlende Bindung zur Mutter wurde bei ihr gleichsam durch eine Bindung zu ihrem Schmusekissen ersetzt, von dem sie all das bekam, was ihre Mutter ihr nicht geben konnte. Sie spricht von diesem Kissen, als handle es sich um einen Menschen. Kerstin ist beim Erzählen sehr bewegt und weint stellenweise, wenn sie sich vorstellt, welche Wichtigkeit dieses Kissen für sie besitzt und was ihr sein Verlust bedeuten würde.

Mein Schmusekissen habe ich seit meiner Geburt, und es ist das Allerwichtigste, das ich je hatte und noch habe. Wenn das Kissen weg wäre, würde es mich unwahrscheinlich treffen. Alle möglichen Dinge könnten verbrennen, das wäre mir zwar auch nicht egal, aber der Verlust des Kissens wäre das Schlimmste. Es ist mein heiliges Stück, mein Ein und Alles, das ich niemals weggeben würde. Das Kissen konnte ich wirklich lieb haben, konnte es knuddeln, es tat mir nichts, hat mich beschützt, war immer für mich da, hat zugehört, kennt meine Tränen und alles von mir. Wenn mir das irgendjemand mal wegnehmen würde, ich weiß, das würde mich zwar nicht gerade umbringen, aber mir wahnsinnig wehtun. Ich kann es auch nicht haben, wenn es jemand anderes anfasst, nur mein Bruder, der mir der wichtigste Mensch ist, darf es.

Ich nenne es Mollerkissen. Mollern ist der Ausdruck für ein bestimmtes Gefühl in den Fingerspitzen. Was für andere Leute ein körperlicher Kontakt ist, das hole ich mir über mein Mollerkissen. Das ist dann eine unwahrscheinliche Beruhigung: andere Leute sind von der Mutter in den Arm genommen, gestreichelt und umhegt worden, und ich hab mein Mollerkissen gehabt. Als Kind, wenn ich Angst hatte, bin ich nicht hinter meiner Mutter hergerannt oder zu jemandem, sondern bin gerannt und hab' mein Mollerkissen geholt. Immer wenn ich Angst hatte, griff ich einfach zum Kissen. Als Bestrafung hat meine Mutter mir das früher oft weggenommen, und das hat mir sehr wehgetan. Ich musste bitten und betteln, dass ich es wiederkriege und habe es nicht bekommen. Dann hab ich es mir oft heimlich wiedergeholt. Ich versteh' das nicht, ich hatte nun wirklich schon nichts und dann nahm sie mir das auch noch weg. Vielleicht war es auch ein Stück Eifersucht auf das Kissen. Ich fand's gemein.

Dieses Beispiel zeigt, dass Bindungen nicht nur zu Menschen entstehen, sondern auch zu Gegenständen, zum Beispiel Kuscheltieren, Schmusekissen, aber auch zu Ideen, Landschaften und Orten. Der innerste Wunsch eines Menschen ist, sich zugehörig zu fühlen und eine Bindung zu haben. Zu jeder Bindung gehört aber auch die Trennung. Wieder berichtet Kerstin:

Ich hab mich zwar von meiner Mutter alleingelassen und verlassen gefühlt, aber den ganz normalen Trennungsschmerz und die Ablösung von ihr hab ich nie gelebt. Ich hatte aber auch keine wirkliche Annäherung, keine Bindung, also konnte ich mich gar nicht trennen. Ich müsste mich überhaupt erst mal anbinden, um mich zu trennen.

In diesem Zitat wird deutlich, dass Bindung und Trennung untrennbar zusammengehören und das eine nicht ohne das andere existiert. Bestand nie eine wirkliche Bindung, erfolgt auch keine Trennung mit dem Ziel einer neuen Bindung.

Und umgekehrt beinhaltet jede Bindung, die eingegangen wird, naturgemäß schon die Loslösung und die Vorbereitung auf die Trennung in sich, die mit Trauer und Schmerz verbunden ist. Denn erst, wenn die Ablösung geschehen ist, kann eine neue Beziehung eingegangen werden. Wenn nicht getrauert wird, wird die neue Bindung erschwert oder unmöglich. Ebenso wie Bindung ein grundlegendes Bedürfnis des Menschen ist, so sind es auch Trennung, Individuation und Eigenständigkeit. Das Kind strebt von Natur aus zu Unabhängigkeit, um es selbst werden zu können. Die Tatsache, dass sich das Kind, wenn es laufen kann, von der Mutter fortbewegt und nicht zu ihr hin, weist auf einen natürlichen Wunsch hin, sich ab einem bestimmten Punkt in der Entwicklung von ihr zu lösen, um die eigene Individualität auszubilden. Auf jeder neuen Entwicklungsstufe sieht sich das Kind mit dem Bindungs-Trennungs-Konflikt in immer anderen Inhalten konfrontiert, weshalb dieser nach Mentzos eine Art Basiskonflikt darstellt.[23]

Frauen mit einer weiblich-narzisstischen Struktur sind nicht bindungslos, sondern besitzen eine eingeschränkte Bindungsfähigkeit. Sie haben aufgrund ihrer frühen Erfahrungen eine ambivalente Einstellung zu nahen Beziehungen. Die Bindung, die sie erfuhren, war geprägt von narzisstischer Ausbeutung und der Unmöglichkeit, sich loszulösen, und ließ Eigenständigkeit nicht oder nur in geringem Maße zu. Sie entwickelten daher eine Vorstellung von Bindung, die gleichbedeutend ist mit Aufgabe der eigenen Identität. Wenn sie sich auf eine Bindung einlassen, dann um den Preis der Selbstaufgabe und ohne Wissen darum, was Eigenständigkeit in einer Beziehung bedeutet.

In der heutigen Bindungsforschung wird zwischen sicher gebundenen und unsicher gebundenen Kindern unterschieden. »Sicher gebundene Kinder können … Trennung mit mäßiger Abneigung ertragen, begrüßen die Mutter bei deren Rückkehr freudig und zeigen danach wieder ein sicheres Explorationsverhalten«[24] (indem sie sich neugierig-untersuchend der Umwelt zuwenden). Unsicher gebundene Menschen werden Beziehungen entweder ängstlich meiden, sie abweisen, sich anklammern oder sie ambivalent erleben.

Bei der männlichen, grandiosen, offenen Form des Narzissmus herrscht eher der vermeidende Bindungsstil vor, beim weiblichen, verdeckten eher der ambivalente. Bei letzterem schwanken die Betroffenen zwischen Anklammerung wegen Trennungsangst und Abweisung wegen der Angst vor Zurückweisung.

»Grundsätzlich ist die Bedeutung sicherer Bindungserfahrungen für die Entwicklung eines gesunden Narzissmus erheblich.«[25]

Wenn Trennungen Verlassenheit bedeuten

Trennungssituationen haben im Zusammenhang mit narzisstischen Strukturen einen zentralen Stellenwert. Sie sind Grenzerfahrungen, auf die die Betroffenen mit heftigen Verlassenheitsgefühlen, Panik und Angst reagieren. Der Auszug aus dem Elternhaus ist eine solche Trennungssituation, aber auch das Verlassenwerden durch den Partner, was zugleich die häufigsten Auslösesituationen einer bulimischen Erkrankung sind. Eine starke Reaktion auf Trennungserlebnisse weist darauf hin, dass kein sicherer Bindungsstil entwickelt wurde und dieser durch symbiotische Verschmelzung ersetzt wird. Je stärker die Verschmelzung mit dem sich entfernenden Menschen ist, umso schmerzlicher und bedrohlicher wird die Ablösung erlebt. Die Angst vor dem Alleinsein zeigt, wie brüchig das Selbst ist und wie wenig Sicherheit die Frau in sich findet. Fehlt der äußere Halt durch den Partner oder die Familie, dann fühlt sie sich einsam und verlassen wie als kleines Mädchen. Sie hat kein stabiles Selbst, auf das sie zurückgreifen kann und das ihr Sicherheit gibt. Erlebt wird diese Unsicherheit als Gefühl eines schwarzen Lochs oder eines Abgrunds, verbunden mit der Angst, in ein bodenloses Nichts zu stürzen, keinen Halt mehr zu haben und ins Dunkel zu versinken. Dieses Erleben führt ganz in die Nähe der kindlichen emotionalen Verlassenheit. Die Verlassenheit führt in die Nähe der alten, kindlichen Wunde der Selbstentfremdung und ist mit so viel Schmerz verbunden, dass die Betroffene befürchtet, ihn nicht aushalten zu können, weshalb er verdrängt wird. Das anklammernde Verhalten der Frauen kann auf diesem Hintergrund als Versuch verstanden werden, die fehlende Sicherheit zu ersetzen und endlich die Erfüllung ihrer tiefen Geborgenheitswünsche zu finden.

Für Kerstin sind Trennung und das Erleben von Verlassen- und Alleinsein wichtige Erfahrungen in ihrem Leben, die zusammengehören.

Ich denke, dass ich deshalb so viel Angst vor Beziehungen habe, weil ich immer glaube, die anderen lassen mich wieder allein; sie gehen sowieso wieder weg, weil ich nicht wichtig genug bin. Verlassenheit und Verlassenheitsangst sind für mich schwerwiegende Punkte und in den Trinkphasen meiner Mutter begründet. Trank sie nicht, war sie absolut für mich da und verwöhnte mich, wenn sie jedoch getrunken hatte, dann war sie weg. Sie war dann eine andere Person. Ich sehe mich oft noch als kleines Mädchen alleine durch die Straßen gehen und mich sehr einsam und verlassen fühlen. Alle anderen Kinder mussten am Sonntag daheim sein, in der trauten Familie, und ich hatte keine. Ich kann mich mit diesem Mädchen nicht identifizieren. Ich sehe es immer nur und hab's abgespalten und denke: das bin/war ich nicht. Obwohl ich weiß, dass ich es war und bin.
Mein Vater hat mich auch oft verlassen. Das erste Mal, als er mich verließ, war ich fünf. Ich rief ihm hinterher, er solle zurückkommen, aber ich hörte nur die Tür klappen, und er kam nicht wieder. Damals war mir klar, ich bin ihm nicht wichtig genug, dass er zurückkommt. Beim zweiten Mal war ich zehn, da zog er von daheim aus und war plötzlich einfach weg. Ich dachte, wenn er das tut, kann er mich nicht lieben. Auch heute denke ich noch, ich bin nicht wichtig genug, nicht liebenswert, es würde nicht groß auffallen, wenn ich nicht da wäre, es würde keiner hinter mir herschreien.

Aufgrund früher Verlassenheitserlebnisse befürchtet Kerstin heute immer noch, von anderen verlassen zu werden. In diesem Sinne identifiziert sie sich sehr wohl mit dem verlassenen Mädchen, da sie sich nach wie vor als eine Person erlebt, die wie früher alleingelassen und nicht geliebt wird. Auf der anderen Seite spaltet sie die Gefühle, die mit den frühen Trennungen zusammenhängen, ab und spürt den Schmerz und die Verzweiflung des kleinen Mädchens nicht. Solange sie sich diesem Teil von sich nicht unterstützend zuwendet, wird sie sich nicht von den Folgen der frühen Trennungen befreien können. Im Gegenteil. Sie wird aufgrund ihres Lebensmusters, ein verlassenes Kind zu sein, ständig Trennungssituationen wiederholen und sie zugleich unbewusst als Chance betrachten, die alten schmerzhaften Gefühle endlich zu verarbeiten. Doch das gelingt ihr nicht, denn sie vermeidet den Abschied bei Trennungen: »Wenn ich mich trenne, dann gehe ich einfach weg, vergieße keine Träne, schalte jedes Gefühl aus und die Personen gibt's dann nicht mehr für mich.« Auf diese Weise hält sie ihr altes Muster aufrecht, ungeliebt und verlassen zu sein. Zugleich aber schützt sie sich auch vor dem tiefen Schmerz und den traumatischen Gefühlen.

Auch vorübergehende Trennungen können als narzisstische Kränkungen erlebt werden. Wenn niemand da ist, der die Betroffene spiegelt und ihre Bedürfnisse befriedigt, müssen Essen oder andere Suchtmittel herhalten. Da narzisstische Frauen sich nur schwer selber trösten und beruhigen können, sind sie auf Tröstung und Zuwendung von außen angewiesen. Die Suchtmittel sollen dazu dienen, narzisstische Kränkungen auszugleichen und Trost zu spenden.

Daher neigen narzisstische Menschen dazu, nach dem Verlust eines Partners/Angehörigen vermehrt zu essen und zu trinken. Das Einverleiben der Nahrung ist ein Ersatz für die Symbiose mit dem Menschen, der nun nicht mehr da ist und dient dem schwachen Selbst als Halt. Essen soll die innere Leere füllen, die Traurigkeit und

Verzweiflung mindern und das starke Bedürfnis nach Abhängigkeit und Gehaltenwerden ersatzweise befriedigen. Die Angst, emotional zu verhungern, leer auszugehen und keine Zuwendung mehr zu bekommen, wird in körperlichen Hunger und Essgier umgewandelt. Das Essen, ob übermäßig oder nicht, ist damit Ausdruck der Verlassenheit und der Angst, nicht genügend Zufuhr von außen zu erhalten, um das Selbstwertgefühl aufrechterhalten zu können, und nicht in einem Loch, einem Nichts in sich selbst zu versinken.

Sogar Zeiten des Alleinseins werden von narzisstischen Personen als Verlassenheit erlebt. Die Frauen sind in dieser Zeit auf sich gestellt, müssen ihre Freizeit selbst gestalten und ihre innere Leere ausfüllen. Sie haben dementsprechend große Probleme, diese Zeit angenehm zu verleben. Vor Freizeit, Wochenenden ohne Programm und Abenden, an denen sie allein sind, fürchten sie sich deshalb sehr. Wenn äußere Faktoren wie Zuwendung und Anerkennung wegfallen, dann ist das Selbsterleben in Gefahr, zusammenzubrechen.

Das Gefühl von Verlassenheit tritt selbst dann auf, wenn in einer Beziehung die symbiotischen Bedürfnisse der Frau nicht erfüllt werden. Reagiert der Partner eigenständig und anders, als sie es sich vorstellt, kann das bei ihr zu panischer Angst führen und sich in Wutausbrüchen oder Suchtexzessen niederschlagen. Denn in diesem Moment wird für die Frau deutlich, dass der Partner ein von ihr getrennter, unabhängiger Mensch ist. Das macht ihr große Angst, da sie befürchtet, den idealen Anderen zu verlieren, der ihr Halt und Wert gibt. Sie hat nicht gelernt, Unterschiedlichkeit und Getrenntheit zwischen Menschen zu akzeptieren und wertzuschätzen, sondern reagiert darauf mit kindlichen Ängsten, Hass und Verletztheit.

Treten bei einer Frau bei Trennungen existenzielle Ängste auf, als würde es um ihr Leben gehen, oder das Gefühl, sie sei ohne die andere Person vorübergehend fast lebensunfähig, zeigt sich daran, dass sie mit sehr frühen kindlichen Emotionen reagiert, die aus der Zeit der ersten Lebensjahre stammen.

Man spricht in diesem Zusammenhang von *Ego-States* oder Ich-Anteilen, die sich in der frühen Kindheit quasi abgespaltet haben und die ein Eigenleben entwickeln, indem sie -- oft nicht bewusst wahrnehmbar – das aktuelle Verhalten, Denken, Fühlen und die Körperempfindungen bestimmen. So, wie das kleine Kind die Abwesenheit der Bezugspersonen als tiefe Verunsicherung und Existenzbedrohung erlebte, so verbindet auch die erwachsene Frau Trennung mit der Angst vor Vernichtung. Ein Teil ihrer Psyche ist noch immer auf dieser Entwicklungsstufe fixiert. Die Frau wird zwar älter und verhält sich immer differenzierter, hat aber seelisch einen Entwicklungsschritt nur unvollständig vollzogen und wird daher in Trennungssituationen immer wieder entsprechend reagieren, als gäbe es keine Alternativen. Der Kind-Anteil in ihr kennt tatsächlich keine anderen Möglichkeiten, als nur mit Verunsicherung zu reagieren. Wird aber der Kinder-Ego-State im Nachhinein beruhigt, geschützt und von guten Menschen umsorgt, kann er integriert werden. Dadurch gelingt es der erwachsenen Frau, neue Wege zu suchen, die es ihr gestatten, sich in positivem Sinne erwachsen und situationsangemessen zu verhalten.

Eine therapeutische Begleitung ist oftmals hilfreich, häufig ist sie sogar unerlässlich, da *Ego-States* oft eine Folge traumatisch erlebter Ereignisse sind. Diese beziehen sich bei narzisstischen Entwicklungen primär auf Selbstwertverletzungen durch emotionale narzisstische Ausbeutung, räumliche und seelische Verlassenheit sowie Ablehnung und Entwertung.

In vielen Fällen kann man sie unter dem Begriff des Entwicklungstraumas fassen, wie es Peter Levine, der bekannte US-amerikanische Traumatherapeut, beschreibt. Traumatische Erlebnisse hemmen den natürlichen Entwicklungsprozess und wirken wie große Steine in einem Fluss. Das ungehinderte Fließen wird gestoppt und das Wasser muss sich andere Wege suchen. Auch der Mensch gerät aus seinem ungebremsten Fluss und kann dadurch nicht die entsprechenden Entwicklungsaufgaben erfüllen. Stattdessen bleibt er stecken in dem alten Schmerz und Schreck und reagiert dementsprechend mit Ängsten und Verlassenheitsgefühlen.[26] Die betroffenen Frauen müssen also zur Integrierung ihres Kind-Anteils die metaphorischen Steine in ihrem Fluss aus dem Weg räumen.

Die Panik und existenzielle Verunsicherung bei Trennungen können allmählich abnehmen, wenn die Frauen die Erfahrung machen, dass sie eine solche Situationen ohne Gefahr für Leib und Seele bestehen und der andere wiederkommt. Die Verlässlichkeit des Gegenübers in der therapeutischen Beziehung bietet die Chance, diesen Prozess gezielt und bewusst zu erleben. Zweifel, Ängste und Schwierigkeiten können mit der Therapeutin, dem Therapeuten oder stationär in einer therapeutischen Gemeinschaft mit den Mitpatient*innen auf der Basis einer stabilen Beziehung bearbeitet werden. Aber auch innerhalb einer tragenden nichttherapeutischen Beziehung kann dieser Lernprozess stattfinden, indem mit dem Beziehungspartner eine allmähliche Stabilisierung und der Aufbau von Vertrauen entsteht.

Auch wenn wir alle von unserer Vergangenheit geprägt sind, sind wir dennoch nicht ihr Opfer.

Der Kampf zwischen Abhängigkeit und Autonomie

Der zentrale Faktor im Leben narzisstischer Frauen ist der innere Kampf zwischen Eigenständigkeit und Abhängigkeit. Ihnen ist in ihrer Entwicklung die Integration von beidem nicht gelungen, sodass sie weiterhin Autonomie und Abhängigkeit als zwei voneinander getrennte Seinsweisen erleben.

Das Abhängigkeitsverhalten wird zum größten Teil früh geprägt. Die Loslösung von der Mutter und dem Vater drückt sich in dem Bedürfnis nach Distanzierung aus. Um dies erfolgreich zu verwirklichen, benötigt das Kind die elterliche Unterstützung und deren Erlaubnis. Erlebt beispielsweise die Mutter die Autonomie- und Loslösungsbestrebungen des Kindes als bedrohlich, so wird sie diese eher hemmen als fördern. Es besteht dann die Gefahr, dass das Kind von der Mutter abhängig bleibt. Die Motive einer Mutter, das Kind an sich zu binden, sind vielfältig und haben oft etwas mit ihrer eigenen Trennungsangst zu tun. Denn Trennung beinhaltet immer Schmerz und Trauer. Diese Gefühle können vermieden werden, wenn die Trennung nicht vollzogen wird und der andere weiterhin in Abhängigkeit lebt. Die Mutter wird das Kind nur so weit eigenständig werden lassen, wie sie selbst fähig ist, es loszulassen.

Die Botschaft an die Kinder, die sich nicht separieren sollen, lautet im übertragenen Sinne: »Nur wenn du bei mir bleibst, bekommst du, was du brauchst. Wenn du gehst, entziehe ich dir meine Liebe.« Dadurch bekommt das Kind Angst und fühlt sich verlassen, wenn es sich distanziert, da ihm die Unterstützung der Mutter entzogen wird. Es gerät in eine sogenannte Verlassenheits- oder Vernichtungskrise, die mit starken Wut- und Leeregefühlen verbunden ist. Das Kind passt sich daraufhin der Forderung an, bei ihr zu bleiben, muss dafür aber seine Ablösungstendenzen verleugnen. Sie werden dann abgespalten und als böse etikettiert. Das sogenannte gute Kind passt sich an und trennt sich nicht, das böse ist wütend und will eigenständig werden.

Auch wenn die Separierungstendenzen nicht ausgelebt werden können, so bleiben sie doch vorhanden und verschaffen sich im Erwachsenenalter Ausdruck mit neurotischen Symptomen oder Ess-Brech-Attacken. Der auf Selbstständigkeit gerichtete Anteil wird im Symptom ausgelebt. »Nur bei meinen Ess-Brech-Anfällen bin ich wirklich ganz bei mir. Da ist dann niemand, der mir reinredet oder was von mir will. Ich bin endlich ich selbst.«

Eine andere Variante des Auslebens der unterdrückten Separierungstendenzen ist der Trotz, der Distanz und eigenen Raum schafft, aber mit Unzufriedenheit und Beziehungsverlust bezahlt werden muss. Wenn nämlich die Eigenständigkeit nur im Widerstand gegen jemand anderen gespürt wird, verhindert das eine gute Beziehung. In der Auflehnung gegen den Partner spürt die Frau ihre Kraft und Individualität, was sie mit Autonomie verwechselt. Dadurch verhindert sie, sich zu unterwerfen, verliert aber zugleich die Nähe zu ihm. Statt ein Wir und ein Miteinander gibt es nur ein Ich gegen ein Du, von dem sie sich nicht unterdrücken lassen will.

Wenn Separierung, Eigenständigkeit und Abgrenzung nur über Krankheit und Selbstzerstörung realisierbar sind, können sie nicht befriedigend sein. Dies wird dann im Gegenteil eher wie ein Scheitern an der gefährlichen Welt erlebt und als Bestätigung, dass Eigenständigkeit schlecht ist. Die innere Stimme der »guten Mutter«, die das Kind nicht gehen lassen will, bestärkt dies: »Ich hab doch gleich gesagt, bleib bei mir, alleine schaffst du es nicht.« Die Bedürfnisse nach Unabhängigkeit und Einssein können auf diese Weise nicht integriert werden. Konrad Stauss beschreibt es folgendermaßen: Gibt das Kind »dem Wunsch nach Symbiose nach, dann entsteht die Angst vor dem Verschlungenwerden. Beim Nachgeben gegenüber dem Trennungswunsch tritt die Angst vor der Trennung auf in Form einer Verlassenheitsdepression«.[27] Die Beziehung zur Mutter kann man daher als stabil-instabil bezeichnen. Das bedeutet, dass die Beziehung zwar über die Zeit erhalten, also stabil bleibt, aber in sich instabil ist, da sie zwischen symbiotischer Nähe und Distanz wechselt.

Es gibt also entweder nur Anpassung oder Autonomie, aber nicht beides zusammen. Im Erleben der Frau widersprechen sie sich aufgrund der frühen Erfahrungen, in denen Liebe und Zuwendung mit dem Aufgeben von Eigenständigkeit und Individualität verbunden waren. Die erwachsene Frau wird in einer intimen Beziehung entweder mit Selbstaufgabe reagieren oder alleine bleiben. Sie hat nicht gelernt, eigenständig innerhalb einer Beziehung zu sein. Da, wo Liebe und Autonomie zwei sich ausschließende Erlebnisweisen darstellen, können sie nur alternativ gelebt werden, verbunden mit den entsprechenden Beziehungsproblemen.

Nach Mentzos ist der Abhängigkeits-Autonomie-Konflikt ein zentraler Konflikt in der Entwicklung des Kindes und im Leben des Erwachsenen. Der Wechsel von Bindung und Trennung, Sicheinlassen und erneutem Loslösen wiederholt sich von der Geburt bis zum Tod auf einer jeweils höheren Ebene. Ausgehend von der anfänglichen symbiotischen Bindung mit den ersten Bezugspersonen, in der das Kind in Abhängigkeit von ihnen lebt, lernt es allmählich, sich immer mehr zu lösen, um sich ihnen dann auf einer neuen Entwicklungsstufe wieder anzunähern und zugleich Bindungen zu einem Dritten einzugehen. Später folgen die Trennung von der Familie und die Hinwendung zu Gleichaltrigen und anderen Familien. Danach muss sich die Jugendliche von der Familie lösen und später auf einen eigenen Partner einlassen. Auch im

Erwachsenenleben geht es immer wieder um Einlassen und Trennen, zum Beispiel bei der Geburt der Kinder und dann wiederum bei deren Ablösung.

Der Individuationsprozess von später weiblich-narzisstischen Frauen ist geprägt von einer Erziehung zur Anpassung und Abhängigkeit. Sowohl Autonomie, Selbstbestimmtheit, aggressive Abgrenzung als auch das Durchfechten eigener Standpunkte wurden nicht gelernt. Wenn Aggressivität (hier nicht nur als Ärger verstanden, sondern als vorwärts gerichtete allgemeine Energie) nicht erwünscht ist, dann bleibt als Lösung nur die Anpassung, um auf diese Weise die Befriedigung eigener Bedürfnisse zu erlangen. Der Überrest von Aggressivität wendet sich in die passive Form des Trotzes, in Verweigerung und Krankheitssymptome.

Die Kinder- und Jugendlichentherapeutin Karin Schneider-Henn spricht im Zusammenhang mit der Aggressionshemmung von der »braven Tochter, die keine Probleme macht, angepasst und lieb ist«[28]. Diese Mädchen wehren sich nicht und setzen sich gegenüber der Mutter nicht durch, entweder weil ihr Wille gebrochen ist oder um ihre Mutter nicht zu enttäuschen, die sich mit scheinbar selbstloser Liebe und Zuwendung um die Tochter sorgt. Die Mutter ist in den seltensten Fällen ein Modell für Abgrenzung und konstruktive Aggressivität. Sie demonstriert eher das Bild einer angepassten und von der Meinung anderer abhängigen Frau, die besser weiß, was andere wollen, als was sie selbst braucht.

Eine internationale Studie, die *Global Early Adolescent Study (GEAS)*, hat nun erneut bestätigt, dass Kinder weltweit schon früh in ihre Geschlechterrollen gepresst werden. Die Ergebnisse zeigen, dass die Vorstellungen, wie Mädchen in ihre Rolle als Frau und Jungen in die des Mannes hineinwachsen sollen, immer noch von herkömmlichen Vorstellungen geprägt sind. Und das unabhängig davon, ob die Eltern darauf achten, ihre Kinder nicht in vorgegebene Rollen zu zwängen, indem sie beispielsweise Jungen mit Puppen spielen lassen und Mädchen mit Autos.[29]

Der Mythos, dass Mädchen verletzlich und Jungs stark und unabhängig sind, besteht nach wie vor fort und presst Mädchen in die stereotype Rolle, sich unterwürfig zu verhalten mit allen daraus resultierenden negativen Konsequenzen

Das Erleben von Kompetenz

Im Alter von ein bis eineinhalb Jahren erweitert sich der Lebensraum des Kindes erneut: Es kann allein laufen, sich von den Bezugspersonen fortbewegen und auf sie zugehen, es kann den Raum erkunden und die Welt entdecken. Durch seine größere Sprachfähigkeit kann es sich spezifischer verständlich machen.

Der natürliche Wunsch des Kindes nach Loslösung und Eigenständigkeit und die Fähigkeit, sich autonom zu verhalten, sind mit einem narzisstischen Hochgefühl über die eigene Größe verbunden. Das sieht man deutlich an dem Strahlen des Kindes, wenn es beginnt, sich allein fortzubewegen. Auch auf dieser Stufe der Entwicklung, dem Höhepunkt des kindlichen Narzissmus, können Störungen zu späteren narzisstischen Ausprägungen führen, die sich in der erwachsenen Form der Pseudo-Unabhängigkeit widerspiegeln: »Ich brauche niemanden, ich bin mir selbst genug«, so denkt ein Kind in dieser Phase. Im Vordergrund stehen zu diesem Zeitpunkt der kindlichen Entwicklung die Grandiosität, das Gefühl von Allmacht und euphorischer Freude und das Beschäftigtsein mit sich selbst. Das Kind empfindet sich als Mittelpunkt der Welt und fordert unbegrenzte Aufmerksamkeit.

Gleichzeitig erfährt es aber auch schmerzlich seine Kleinheit, da es allein nicht so allmächtig ist wie mit der Mutter oder dem Vater zusammen. Es kann zwar schon vieles allein, aber es kann nicht alles. Das Kind erfährt zwei Seiten an sich: seine Größe (Grandiosität) und seine Begrenztheit (Minderwertigkeit). Wenn es nicht gelingt, beide Gefühle, das der Größe und das der Minderwertigkeit, durch die Unterstützung der Eltern und die Auseinandersetzung mit der Wirklichkeit zu vereinen und auf ein realitätsangemessenes Niveau zu bringen, entstehen daraus narzisstische Strukturen, mit denen sich jemand entweder grandios fühlt oder minderwertig. Und zwar beides im Extrem: entweder allmächtig und gottgleich oder vollkommen minderwertig.

Wie kann es dazu kommen, dass das Kind nicht lernt, beide Seiten von sich zu vereinen? Wie bereits erwähnt, entsteht ein Gefühl von Minderwertigkeit zum einen als Folge früher Selbstwertverletzungen, Ablehnung und der mangelnden Eigenständigkeitsentwicklung. Wird der Wunsch nach Unabhängigkeit beim Kind nicht bestätigt und unterstützt, führt das zu einem Minderwertigkeitsgefühl, weil dem Kind der Erfolg und Stolz durch seine Selbstständigkeit vorenthalten bleibt. Mit der Bindung an die Mutter und dem Verschmolzenbleiben mit ihr muss das Kind diesen Mangel ausgleichen und aus dieser Symbiose Sicherheit und Macht ziehen.

Zum zweiten wird die Integration von Größenselbst und Minderwertigkeitsgefühl erschwert, wenn die Eltern versäumen, einen natürlichen Ausgleich zwischen Können und Nichtkönnen des Kindes zu schaffen. Gehen sie in Machtkämpfen mit dem Kind, die in dieser Zeit häufig auftreten, immer als Sieger hervor, bekommt es das Gefühl, dass nur die starken Eltern etwas erreichen, es selber aber nichts. Dadurch wird es in seiner Potenz ungerechtfertigt geschmälert und fühlt sich weniger wert.

Neben stabilen Bindungen sind die Erfahrungen von Kompetenz wichtige Voraussetzungen zur Entwicklung des Selbstwertgefühls. Kompetenz erlebt das Kind bei angemessenen Aufgaben, die es bewältigen kann. Über- oder Unterforderung hemmen diese Erfahrungen und schmälern im späteren Leben das Gefühl von Selbstwirksamkeit, dem Vertrauen in die eigenen Fähigkeiten und den Glauben an Erfolg. Daraus kann die Tendenz zur Perfektion resultieren, die wir bei vielen narzisstischen Menschen finden. Perfektion ist die Reaktion auf ungenügende Kompetenzerfahrungen und der Versuch, Bewunderung zu erhalten, obwohl sie sich dieser nicht wert fühlen. Nur wer glaubt, nicht gut genug zu sein, braucht die Perfektion, um erfolgreich dazustehen, kann aber diesen Erfolg nicht für sich verbuchen, da die Wertschätzung für die eigene Leistung fehlt. Ein Teufelskreis.

Unterlegenheitsgefühle können außerdem den Grundstock für die Selbstbezogenheit später narzisstischer Menschen legen. In ihr kommt der Wunsch nach eigener Wichtigkeit zum Ausdruck. Selbstbezogenheit heißt aber auch, anderen nicht zu vertrauen und sich nur auf sich selbst zu verlassen.

Eine andere Art, mit Unterlegenheitsgefühlen umzugehen, ist, die anderen für ihre Kompetenz zu bewundern und zu idealisieren. So, wie es das Kind tut, das die Eltern in ihrer Mächtigkeit übergroß erlebt. Vermitteln ihm die Eltern dagegen ein Gefühl für seine Stärken und Schwächen, indem sie es unterstützen, Dinge zu tun, die es kann, und ihm helfen, wenn es überfordert ist, dann wird das Kind eine realitätsangemessene Einschätzung von sich entwickeln. Es kann auf diese Weise seine Unabhängigkeit immer weiter ausdehnen und sich zugleich hilfesuchend an die Eltern wenden. Auf diese Weise werden auch die Eltern wirklichkeitsnäher eingeschätzt. Gestehen diese ihm gegenüber noch dazu ihre eigenen Grenzen und Schwächen ein und erlebt das Kind, dass auch die Eltern Bedürfnisse und Gefühle haben, kann es lernen, sie so zu sehen, wie sie sind: nicht übermächtig, aber potent und mit eigenen Stärken und Schwächen. Dadurch ist das Kind nicht gezwungen, sie zu idealisieren und sein Leben lang nach solchen überwertigen Menschen zu suchen, in deren Nähe es sich aufgewertet fühlt.

Trotz seiner vermehrten Eigenständigkeit hat das Kind in diesem Lebensabschnitt noch häufig den Wunsch, sich bei den Eltern anzulehnen. Belächeln diese diesen Wunsch als Babyverhalten, dann wird dem Kind die nötige Unterstützung verweigert, was zu Minderwertigkeitsgefühlen beitragen kann. Erfährt das Kind andererseits zu wenig Frustration, wird sein grandioses Selbstbild nicht begrenzt und auf sein normales Maß beschränkt.

Dies geschieht, wenn Kindern keine Grenzen gesetzt oder deren Leistungen überwertig gelobt werden, gleichgültig, was sie tun. In niederländischen Studien der letzten Jahre fand der Psychologe Eddie Brummelman, dass sich diese Form des Narzissmus durch elterliche Überbewertung entwickelt. Eltern sind überzeugt, dass ihr Kind einzigartiger und berechtigter ist als andere. Die Kinder werden ungerechtfertigt überhöht und idealisiert, was ihrer Grandiosität Nahrung gibt. Das erleben Lehrer häufig, wenn Eltern das schulische Versagen ihrer Kinder mit deren Hochbegabung begründen. Ein gesundes Selbstwertgefühl dagegen bildet sich auch durch elterliche Wärme und angemessene Anerkennung.[30]

Gelingt es nicht, Grandiosität und Minderwertigkeit an der Realität zu begrenzen, wird das Selbst nachhaltig geschädigt, denn es kann sich kein angemessenes Selbsterleben herausbilden. Stattdessen wird es immer zwischen Grandiosität und Minderwertigkeit schwanken. Ein Mensch mit einem solchen Selbst wird in seinem Leben danach streben, grandios zu sein, und nur in Abhängigkeit davon ein Selbstwertgefühl erleben, oder er wird immer auf der Suche nach dem idealisierten Anderen sein, ohne den er sich wertlos fühlt. In beiden Fällen, so der Psychologe Stephen Johnson, wird dieser Mensch sein Selbst außerhalb seiner selbst in Leistung oder in anderem oder in beidem suchen.[31]

Der narzisstische Erwachsene muss lernen, eine Verbindung zwischen Autonomie und Unterstützung zu schaffen. Das heißt, dass er in der Lage sein muss, sich Hilfe zu holen, ohne gleich seine Eigenständigkeit einzubüßen. Das geschieht, wenn seine Selbstständigkeit und sein Können anerkannt und unterstützt werden, gleichzeitig aber auch Raum für Hilfestellungen bleibt. Viele Frauen, mit denen ich arbeitete, haben dieses einheitliche Erleben nicht. Sie fühlen sich entweder stark, unabhängig und haben alles im Griff, oder sie fühlen sich unfähig, klein und hilflos.

Manchmal denke ich, ich kann alles, hab schon so viel erlebt und gelitten, hab schon so viel Therapie gemacht, und wenn ich Hilfe brauche, dann fühle ich mich total schwach und kann mich kaum damit zumuten. Wenn ich mich schwach zeige, dann hat der andere ein Plus, weil er weiß, wie schwach ich wirklich bin. Dann kann er sich über mich erheben, meine Schwäche ausnutzen und in die Wunde stechen. Ich habe Angst, zerstört zu werden, wenn ich mich schwach zeige. Dann bedauert der andere mich, und das will ich überhaupt nicht. Meine Mutter hat das immer gemacht, schrecklich. Ich will um keinen Preis bedauert werden, lieber sollen die anderen auf mich neidisch sein, wie gut ich mein Leben meistere. Neid ist mir lieber als Mitleid.

Bin ich ein Mädchen oder ein Junge?

Frauen mit einer narzisstischen Struktur haben in der Regel Einschränkungen ihrer Entwicklung weiblicher Identität erfahren. Sie wachsen häufig mit der Erwartung der Eltern auf, dass sie eigentlich ein Junge sein sollten. Diese oft nur unterschwellige Botschaft hat auf vielfältige Weise einen erheblichen Einfluss. Zum einen sieht sich das Kind mit der Enttäuschung der Eltern konfrontiert, weil es deren Erwartungen und Wünsche nicht erfüllt. Zum anderen kann die Entwicklung der weiblichen Geschlechtsidentität erschwert werden, wenn es zu einer Überbetonung der männlichen Werte kommt. Das Mädchen wird mehr als Junge betrachtet, und seine weiblichen Anteile werden weniger betont. Viele Betroffene berichten, dass sie später selber lieber ein Junge sein wollten und mehr mit Buben spielten und herumtobten. Da sie aber Mädchen waren, mussten sie den weiblichen Teil verleugnen. In der weiteren Entwicklung wird es dann entscheidend sein, ob das Mädchen wirklich ein Mädchen sein und sich ungestört zur Frau entwickeln darf und will oder ob es den weiblichen Teil von sich abspalten und negieren muss. Dies war bei Marlene der Fall, die als viertes Kind nach drei Brüdern zur Welt kam.

> *Ich fand mich normal attraktiv, aber zu wenig fraulich, weil ich wie ein vierter Junge erzogen wurde. Ich musste die Sachen meiner Brüder auftragen, durfte keine langen Haare und keine Kleider tragen …*

Bei den Mädchen, bei denen sich ihre weibliche Entwicklung nicht entfalten kann, wird das Frauwerden zum Problem. Häufig entwickeln sie Essstörungen, denn in der Pubertät, in der sich dieser Schritt vollzieht, brechen Magersucht und Bulimie am häufigsten aus. In diesen Esserkrankungen zeigt sich, dass eine ungestörte Entwicklung nicht stattgefunden hat. Magersucht, Bulimie und Esssucht sind Ausdrucksformen gestörter weiblicher Identität. Sie zielen darauf ab, den Körper zu verändern, entweder um ihn knabenhafter oder so dick zu machen, dass (M)man(n) nicht mehr viel von ihm wahrnimmt.

Bei Beate war die Situation anders, sie führte aber zu einer ähnlichen Verunsicherung ihrer weiblichen Identität:

Ihre Eltern waren sehr jung, als das erste Kind, ein Junge, zur Welt kam, der auch der Grund für die Eheschließung war. Sie war das erwünschte Mädchen, entsprach aber nicht der Vorstellung, die die Eltern hatten. Sie wünschten sich ein zartes, zierliches Mädchen, das dem typischen mädchenhaften Klischee entsprach. Leider war sie genau das Gegenteil. Sie war groß, stark, lebhaft, nach außen orientiert, mehr wie ein Junge. Sie fühlte sich dadurch nie richtig anerkannt, auch deshalb nicht, weil sie über ihre Schwierigkeiten, die sie damit hatte, nicht offen sprechen konnte. In dieser Familie war so gut wie kein Platz für Probleme. Der Vater stürzte sich in die Arbeit, die Mutter in den Haushalt. Beate lernte schon früh, sich nichts anmerken zu lassen und ihre Schwächen zu verstecken. Sie war, wie die anderen Familienmitglieder, nach außen hin immer guter Dinge.

Und trotzdem fiel sie auf, denn sie war nicht so schlank wie die anderen. Und Schlankheit war in dieser Familie ein hoher Wert. Schon früh wurde viel Wert auf ihr Aussehen und ihre Figur gelegt. Aß sie Schokolade, wurde sie darauf hingewiesen, dass sie das nicht tun solle, weil es dick mache. Fastete Beate, wurde sie gefragt, warum sie das tue, sie habe doch eine gute Figur. Was ihren Körper betraf, war sie schon in der Pubertät tief verunsichert. Zudem zeigte sie nicht so gute Leistungen wie ihr Bruder und hatte auch dadurch einen schweren Stand in der Familie. Ihre Haltung sich selbst gegenüber ist jetzt im Erwachsenenalter geprägt von Angst vor dem Frausein, die sie durch ein burschikoses Verhalten überdeckt. Sie vermeidet Beziehungen zu Männern und hat panische Angst, ihre Sexualität zu spüren, geschweige denn zu leben. Insgesamt hat sie wenig Zugang zu ihrem Gefühlsleben, das sie mit aller Macht abwehrt. Ihr Körpergefühl ist diffus, sie erlebt sich als massig beziehungsweise spürt sich häufig gar nicht. Das Thema Frausein macht ihr viel Angst. Sie nimmt es zwar hin, eine Frau zu sein, weil sie das nicht ändern kann, aber einen positiven Zugang hat sie nicht dazu. Mit ihrer Kleidung unterstreicht sie ihre Unweiblichkeit: Sie trägt nur Hosen und dazu am liebsten weite Pullover, die die gesamte Figur einhüllen. Keiner soll weibliche Rundungen bei ihr sehen.

Eine andere Variante im Umgang mit einer mangelnden weiblichen Identität ist der Drang, besonders attraktiv und weiblich-anziehend sein zu wollen. Diese Frauen leben dann ein sogenanntes »Zerrbild der Weiblichkeit«[32] in Form einer überstarken Identifizierung mit der weiblichen Rolle, wie es Marlene Boskind-Lodahl und Joyce Sirlin nennen. Sie überbetonen ihr Äußeres und versuchen durch Schminke, Garderobe und eine schlanke Figur anziehend zu wirken.

Bei der Ausbildung der Geschlechtsidentität spielen auch die Sexualität und der Umgang mit diesem Thema in der Familie eine Rolle. Wird es tabuisiert und mit großer Scham behandelt, entsteht daraus eine ängstlich-verklemmte Atmosphäre, in der sich keiner traut, über den Körper, seine Veränderungen, die Menstruation und Sexualität zu sprechen. Die meisten meiner Patientinnen wurden weder über den Beginn der Regelblutung noch über Sexualität aufgeklärt. Es gibt aber auch Familien, in denen dem Bedürfnis nach natürlicher Abgrenzung nicht Rechnung getragen wird. In ihnen herrscht eine Pseudo-Offenheit, die den Intimraum der einzelnen Familienmitglieder nicht wahrt. Zum Beispiel wird die Badezimmertür offen gelassen, und jeder kann ins Bad, auch wenn schon ein anderer drin ist. Das kann einem heranwachsenden Mädchen ebenso viel Angst machen wie eine verklemmte Atmosphäre. In beiden Fällen fehlen die Unterstützung und der Schutz, um eine mit Scham besetzte Entwicklung abschließen zu können.

Auch sexuelle Gewalterfahrungen führen bei Mädchen und Frauen zu Störungen der sexuellen und emotionalen Entwicklung. Sie sind in ihrer weiblichen Identität beeinträchtigt, was in der Regel auch mit einer Ablehnung des eigenen Körpers, weiblicher Rundungen und Lust einhergeht.

Die Mutter als weibliches Vorbild?

Vor dem Hintergrund einer gestörten Weiblichkeitsentwicklung stehen narzisstische Frauen später im Erwachsenenalter vor der Frage, was Frausein für sie bedeutet. Wie verhält sich eine Frau, was ist weibliche Stärke, was macht eine Frau aus? Das eigene Geschlecht kann durch die Beziehung zur Mutter negativ geprägt sein, wenn die weibliche Rolle, so wie sie die Mutter ausfüllt, abgelehnt wird.

Das weibliche Modell, das Lisas Mutter ihr bot, war für sie äußerst unattraktiv, sodass sie die ihr vorgelebten Werte ablehnte. Ihre Mutter war stark religiös und versuchte es allen und jedem recht zu machen. Der Vater überließ ihr weitgehend die Erziehung der Kinder, mit der sie jedoch oft überfordert war. Denn sie konnte sich nicht durchsetzen, auch ihren Kindern gegenüber nicht. Daher übernahm der Vater häufig abends deren Bestrafung. Da Lisa die Älteste war, musste sie für ihre jüngeren Schwestern die Verantwortung übernehmen. Und das in verstärktem Maße, da ihre Mutter sich schwach, hilfsbedürftig und konfliktunfähig zeigte. So musste Lisa früh Mutterfunktionen erfüllen, die sie jedoch sehr einschränkten. Heute glaubt sie, dass diese Erfahrung dazu beitrug, dass sie keine Muttergefühle habe und keine eigenen Kinder wolle. Sie verbindet damit hauptsächlich Arbeit und Verpflichtungen, wenig für sich tun zu können, wenig zu sagen zu haben, selber zu kurz zu kommen, immer für den Mann und andere da zu sein, zu dienen und keine eigenen Bedürfnisse haben zu dürfen.

Lisas Beschreibung erinnert an eine Karikatur der traditionellen Frauenrolle, die ihr aber in dieser Form vorgelebt wurde. Lange Zeit lehnte sie das Frausein generell ab, um nicht so zu werden wie ihre Mutter. Sie musste erst allmählich lernen, ein für sie stimmiges und positives Frauenbild zu entwickeln, mit dem sie gut leben konnte. Es gibt nämlich mehr als nur die zwei Alternativen, entweder so zu werden wie die Mutter oder die weibliche Rolle vollständig abzulehnen. Die Lösung liegt vielmehr darin, eine eigene weibliche Identität zu entwickeln, die sich an alternativen Modellen orientiert. Doch welche Vorbilder finden heranwachsende Mädchen heute vor? Die steigende Anzahl von Essstörungen schon in frühem Alter macht nicht unbedingt Hoffnung, dass hier schon eine positive Entwicklung stattgefunden hat, auch wenn wir mehr Offenheit und Flexibilität im Rollenverständnis der Frau antreffen.

Wie die Ablehnung der Figur von der Ablehnung der weiblichen Rolle abhängt und wie sie in direktem Zusammenhang mit der eigenen Mutter steht, wird an folgendem Beispiel deutlich:

Cordula, eine zweiunddreißigjährige Patientin, die ihr Gewicht immer stark kontrollierte, litt sehr unter ihrer Gewichtszunahme in den Wochen ihres stationären Aufenthaltes. Sie hatte insgesamt vier Kilo zugenommen, da sie seit Wochen normal aß. Sie war bei weitem nicht zu dick, denn sie hatte eine gute Figur und ein ihrer Größe angemessenes Gewicht. Dennoch war die Zunahme ihre größte Sorge und versetzte sie zeitweilig in Panik.

Die Gewichtszunahme war jedoch nicht das Hauptproblem, wie sich während der Gruppenarbeit herausstellte, sondern die Beziehung zu ihrer Mutter. Die Mutter war dick, und die Patientin wollte auf keinen Fall so werden wie diese. Sie hatte von ihrer Mutter das Bild einer unsicheren Frau, die mit der Erziehung ihrer Tochter überfordert war. Es habe viel Streit und Geschimpfe gegeben und oft hätte die Mutter wahllos auf Cordula eingeschlagen. »Dich kann man gar nicht mögen«, sei ein häufiger Ausspruch von ihr gewesen. In der Zeit der Pubertät habe die Patientin aus Angst vor den Reaktionen der Mutter sehr viel gelogen.

Durch die Gewichtszunahme kam Cordula in Kontakt mit ihrer unverarbeiteten Mutterbeziehung und der Angst, selbst dick zu werden und dadurch ihrer Mutter zu gleichen. Im Laufe der therapeutischen Arbeit spürte sie, wie viel Negatives sie von ihrer Mutter übernommen hatte und wie stark sie noch mit ihr verhaftet war. Cordula lebte nicht ihr eigenes Leben, sondern stellvertretend das ihrer Mutter.

Cordula wurde daraufhin sehr zornig auf diese und begann, sich ihr gegenüber abzugrenzen. Sie drückte den bisher zurückgehaltenen Ärger auf sie aus und lernte, Nein zu sagen. Allmählich begriff sie, was wirklich zu ihr, Cordula, gehörte, und was die Teile ihrer Mutter waren. Eine Frau zu werden und weibliche Formen zu bekommen, bedeutete nicht automatisch so zu werden wie die Mutter, nämlich dick, überfordert und ablehnend.

Indem Cordula das erste Mal nicht nur trotzig reagierte, sondern ihr Nein und ihre Wut direkt ausdrückte, machte sie einen wich-

tigen Schritt in Richtung Eigenständigkeit. Sie fühlte sich nach und nach nicht nur seelisch, sondern auch körperlich leichter und erlebte sich eigenständiger und abgegrenzter.

Wie eine Mutter mit ihrem Körper umgeht, ist ein Modell für die Tochter. Viele Mütter von weiblich-narzisstischen Frauen waren früher esssüchtig oder sind es heute noch. Aber auch ohne Essstörung sind sie ständig in Sorge um ihre Figur und ihr Aussehen. Ihren Körper können sie meist nicht so annehmen, wie er ist, und sie sind bemüht, ihn durch Diäten, Abführmittel oder Appetithemmer zu verändern. So ist die Tochter schon früh mit unnötigen Gewichtsproblemen und der Bedeutung, die sie im Leben einer Frau spielen, konfrontiert. »Wer schön sein will, muss leiden«, ist ein alter Spruch, der darauf hinweist, dass Schönheit trotz eines hohen Preises erstrebenswert bleibt. Im Zusammenhang mit einer narzisstischen Persönlichkeit von Mutter und Tochter sind Schönheit, äußere Attraktivität und Gefallen hohe Werte, und die Ausrichtung auf Äußerlichkeiten ist als Versuch zu verstehen, das Selbstwertgefühl zu stärken.

Auf der anderen Seite bedeutet Essen aber auch Ausdruck von Fürsorglichkeit. Eine gute Mutter sorgt für ausreichende Nahrung und erhält dadurch ihrerseits eine narzisstische Gratifikation, indem sie ihres Essens wegen geliebt und gelobt wird. Doch manchmal tun Mütter zu viel des Guten. Berichte von Patientinnen bestätigen die ständige Versorgung durch die Mutter mit Essen, gegen die sie sich kaum zu wehren wissen. Sie bekommen Fresspakete geschickt und werden wahnsinnig verwöhnt, wenn sie die Mutter besuchen. »Liebe geht durch den Magen«, besonders, wo sie sonst keinen Ausdruck findet.

»Ich fand das alles zum Kotzen«, sagte eine Betroffene, die von frühester Kindheit an die Erinnerung hat, ständig von ihrer Mutter etwas in den Mund gestopft zu bekommen. Sie konnte dieses

Überfüttertwerden nicht aushalten und fing an zu erbrechen. Darin zeigt sich die aggressive und abgrenzende Funktion, die das Erbrechen für Bulimikerinnen bekommt. Andere Frauen reagieren auf die Überfürsorge mit trotziger Verweigerung des Kontakts oder überstarker Abgrenzung.

Es gibt aber auch die umgekehrte Variante, bei der die Mutter sich nicht um die Versorgung der Kinder kümmert, was als Vernachlässigung und Entwertung erlebt wird. »Ich bin es nicht wert, dass sie für mich sorgt?«

Betrachtet man einmal die Situation, in der sich die Mutter befindet, so ist diese sowohl durch eigene Wünsche und Vorstellungen als auch durch gesellschaftliche Konventionen geprägt. Wie verträgt sich Muttersein mit eigener Berufstätigkeit? Darf sie es sich erlauben, trotz Kind ihren Neigungen nachzugehen? Ist es auf der anderen Seite nicht Luxus, beim Kind oder den Kindern daheim zu bleiben und »nur« Hausfrau zu sein? Was sagen mein Mann, meine Freundinnen dazu? Es scheint so schwierig, die richtige Form zu finden, weil die Selbstbestimmung der Rolle der Mutter viel individueller geworden ist.

Wenn sich früher viele Mütter aufgrund der Schwangerschaft gegen ihren Beruf entschieden und ihre ursprüngliche Lebensplanung zugunsten von Familie und Kindererziehung zurückstellten, gilt das heute nicht mehr zwangsläufig. Frauen neigen umgekehrt immer öfter dazu, für Beruf und Karriere auf Kinder zu verzichten oder zu versuchen, beides zu vereinen. Was für viele Mütter geblieben ist, ist die Ambivalenz jedweder Entscheidung und der Verdacht, etwas versäumt zu haben: entweder die Zeit mit den Kindern oder die individuelle und berufliche Verwirklichung. Doch auch heute gibt es noch den Typ von Mutter, die in ihrer Mutterrolle eine Kompensation für unbefriedigt gebliebene Wünsche sucht und Macht innerhalb des Familiensystems ausübt. Sie kontrolliert die Familienmitglieder durch totale Versorgung und Hilfe bei allen Entscheidungen. Da sie ganz in dieser Rolle aufgeht, ist jede Unabhängigkeitsbestrebung der Tochter für sie mit Angst und Verlust der Einflussnahme und Macht verbunden. Durch die Ablösung der Tochter wird sie sich ihrer eigenen Wert- und Funktionslosigkeit bewusst, die sie mit der Aufopferung an das Muttersein verbindet. Dieselbe Einmischung und Überfürsorge können jedoch auch Mütter zeigen, die beruflich tätig sind und darin Erfüllung finden. Sie sind nicht dagegen gefeit, ihrer Tochter Vorschriften für deren Leben zu machen oder Entscheidungen für sie zu treffen, auch wenn diese Prozesse in der Regel unbewusst ablaufen. Oft sind diese Mütter ein übermächtiges Vorbild für die Tochter, die meint, ebenso toll und erfolgreich werden zu müssen. Die Flucht in eine Essstörung oder in die Entfremdung vom eigenen Sein kann ein Zeichen für die Überforderung sein. Statt sich einzugestehen, dass sie das mütterliche Ideal nicht erreichen kann, und sich stattdessen auf ihre eigenen Stärken und Wünsche zu beziehen, verleugnet die Tochter sich und macht das Modell der Mutter zum eigenen Ziel.

Die Prägungen der Frauenrolle unterliegen kulturell-gesellschaftlichen Veränderungen. Durch die Entwicklungen in den sechziger Jahren und die Frauenbewegung wurden den Frauen neue Bereiche der Eigenständigkeit und individuellen Lebensgestaltung eröffnet. Aber diese kamen nun zusätzlich zu ihren bisherigen Aufgaben dazu, quasi als Erweiterung des herkömmlichen Frauenbildes. Nicht mehr die traditionelle weibliche Hausfrauenrolle ist gefragt, sondern die berufstätige Allround-Jobberin, die alles strahlend bewältigt, wie es die Professorin für Sozialpädagogik Petra Focks und die Soziologin Gabriele Trück 1987 formulierten.[33] Ihre Aussagen haben bis heute Geltung, da sich die Situation der Frauen in dieser Hinsicht kaum verändert hat, wie auch die Untersuchung der Professorin Margrit Stamm deutlich zeigt. Sie fand heraus, dass ein großer Teil der Frauen sich als zentrale Figur der Familie wahrnimmt.[34] Das kann zu einer Überforderung führen, weshalb Frauen besonders darauf achten müssen, ihre Bedürfnisse neben der Mutterrolle nicht zu vernachlässigen und sich nicht nur über das Muttersein zu definieren. Als Modell für die Tochter geben sie dieser die Botschaft mit, sie solle auf der einen Seite eine gute Mutter und Hausfrau werden, auf der anderen Seite die Rolle der unabhängigen Frau erfüllen, die zugleich beruflich erfolgreich ist. Nach dem Motto: »Und wenn schon kein Mann: wie wär's dann mit einer Idealfrau?«[35] wie es Schneider-Henn so treffend formulierte.

Meine Beobachtung ist, dass diese Situation auf Kosten der Weiblichkeit geht. Alles Weiche und Weibliche verleugnen narzisstische Frauen an sich, sie streben einen im Grunde unweiblichen, dünnen Körper an, haben keinen Zugang zu ihrer Hingabefähigkeit und Liebe und betonen statt dessen den männlich-leistungsbezogenen Aspekt an sich, als würde Weiblichkeit gleichsam Schwäche bedeuten, die sie auf jeden Fall abwehren müssen. Das Wissen darum, welche Stärke im Frausein liegt, ist ihnen nicht zugänglich. Diesen Zugang finden sie erst dann, wenn sie ihre weichen Seiten ebenso annehmen wie ihre körperlichen Rundungen und in Kontakt mit ihrer seelischen Tiefe kommen. Ihre beruflichen Erfolge werden dadurch ebenso wenig geschmälert wie ihre Potenz. Sogar das Gegenteil ist der Fall. Ihre Persönlichkeit wird um einen wichtigen Teil bereichert, der Voraussetzung dafür ist, befriedigende emotionale Beziehungen einzugehen. Wenn sie in einer Zweierbeziehung nicht mehr versuchen, der bessere von zwei Männern sein zu wollen, können sie Frau und gleichwertige Partnerin eines Mannes werden.

In den meisten Fällen sind die subjektiven Richtlinien des Handelns der Mutter ebenso unbewusst wie die gesellschaftlich geprägten und unterliegen daher selten einer Reflexion oder Veränderung. Veränderungen, wenn sie eintreten, streben meist das Gegenteil dessen an, was die Mutter ihrerseits als Kind erlebte. »So, wie meine Mutter das gemacht hat, so möchte ich es auf gar keinen Fall tun« oder »So, wie meine Mutter war, will ich nie werden«. Diese oder ähnliche Aussagen zeigen das Bemühen, die Fehler der Mutter nicht zu wiederholen und dem eigenen Kind bessere Entwicklungsbedingungen zu schaffen. Doch in der Regel scheitern diese Versuche und führen zum Gegenteil, weil durch eine so geartete Einstellung gerade die alten Muster stabilisiert werden.

Das erklärt sich aus der Tatsache, dass in der Beziehung zwischen Mutter und Kind eine unbewusste Wiederholung der eigenen frühen Beziehung zur Mutter stattfindet. In ihrem Säugling begegnet die Tochter dann ihrem eigenen »nie gelebten, abgespaltenen Teil ihres Selbst, dessen Durchbruch ins Bewusstsein sie fürchtet«[36], wie Miller es beschreibt. Eltern, denen selbst früher nicht genug Akzeptanz ihrer Person, Gefühle und Empfindungen entgegengebracht wurde, bleiben selber narzisstisch bedürftig, und versuchen ein Leben lang das zu erreichen, was ihnen ihre Eltern nicht geben konnten, nämlich jemand zu finden, der ganz auf sie eingeht, sie versteht und annimmt, wie sie sind. Solchermaßen emotional verunsichert, suchen sie in ihrem Kind nun diese Person für ihr eigenes narzisstisches Gleichgewicht.

Familienmuster: Mir geht es nur gut, wenn es dir gut geht

Familien von später narzisstischen Menschen liegen häufig sogenannte dysfunktionale (fehl- oder schlecht funktionierende) Regeln zugrunde, die sich negativ auf den Einzelnen auswirken. Die

Regeln beeinflussen sowohl das Verhalten der Familienmitglieder untereinander als auch das Verhalten nach außen. Sie beruhen auf unausgesprochenen Vereinbarungen, die meistens unbewusst sind und daher unhinterfragt wirken können.

So gibt es Familien, die nur unter sich leben, kaum tiefere Kontakte zu Freunden pflegen und niemanden bei sich hineinschauen lassen. Man wird von diesen Familien also lediglich den äußeren Schein wahrnehmen, sie aber nie wirklich kennenlernen. Der Eindruck, den die Familie auf andere macht, ist ihnen wichtiger als wirkliche Beziehungen. Häufig haben diese Familien, die sich nach außen hin stark abgrenzen, geringe interne Grenzen zwischen den einzelnen Familienmitgliedern.

Diese Familien sind in der Regel symbiotisch beziehungsweise auf Fusion ausgerichtet. Deutlich wird diese Fusionsneigung an der Regel: »Mir geht es nur gut, wenn es dir gut geht.« In diesem Sinne muss es jedem gezwungenermaßen gut gehen, um nicht schuld am Leid der anderen zu sein. Der Einzelne ist nicht vorrangig für seine eigenen Gefühle verantwortlich, sondern für die des anderen und umgekehrt. Daraus entsteht ein Mangel an Eigenwahrnehmung körperlicher und emotionaler Zustände, wie wir ihn häufig bei narzisstischen Personen finden. Die Mutter entwickelt eine Hypersensibilität für andere und weiß daher besser, was die Tochter braucht und fühlt, und diese wiederum lernt sehr früh zu erspüren, was die Wünsche der Mutter sind. Kommen der Tochter zusätzlich noch mütterlich-versorgende Funktionen für die eigene Mutter zu, kann sich daraus die Haltung entwickeln, es immer allen recht machen zu wollen und für deren Wohlergehen verantwortlich zu sein. Vom Partner erwartet oder verlangt die Frau dann später dasselbe Einfühlungsvermögen für ihre Bedürfnisse.

Zur Fusion gehört auch die Einstellung: »Keiner will keinem weh tun, indem alle gleich behandelt werden.« Die Eltern bekräftigen, keine Unterschiede zwischen den Kindern zu machen, und alle behaupten, es gäbe keinen Neid. Dieses Festhalten an dem Gleichheitsprinzip resultiert häufig aus einem Gefühl, früher in der eigenen Familie nicht genug bekommen zu haben. Dieser Fehler soll bei den eigenen Kindern nicht wiederholt werden, weshalb alle gerecht behandelt werden sollen. Es besteht jedoch ein unausgesprochenes Verbot, bestehende Benachteiligungen oder Bevorzugungen anzusprechen. Und dieses Tabu wirkt oft schädigender als die real existierenden Unterschiede, die natürlich bestehen, denn auch beim besten Willen können nie alle gleich behandelt werden.

Ich wollte nur einmal von meiner Mutter hören, dass sie uns Kinder unterschiedlich behandelte und liebte. Dann wäre ich zufrieden gewesen. Aber je mehr ich dies hören wollte, umso mehr versteifte sie sich darauf, keine Unterschiede zwischen uns gemacht zu haben.

Die Nichtrespektierung der Grenzen des anderen ist ein weiteres Merkmal der Fusion. Sie äußert sich in Übergriffen auf die Tochter, deren Intimsphäre oder persönliche Grenze verletzt wird. Schneider-Henn nennt es ein »eindringendes Familienklima«,[37] in dem es kaum Geheimnisse gibt. Man weiß alles voneinander, nicht einmal das Tagebuch bleibt davor verschont. Mutter und Tochter sind nicht durch eine Generationsgrenze getrennt, sondern sie sind die besten Freundinnen. Sowohl innerseelische als auch körperliche Bereiche bleiben ungeschützt.

Der hohe Grad an gegenseitiger Einmischung ist auch eine Folge der Angst vor Trennung, die zumeist aus einem Mangel an emotionalen und unterstützenden Beziehungen außerhalb der Familie resultiert. Die Eltern leben nur in und für die Familie und haben kaum tiefe Kontakte zu anderen Menschen. So konzentrieren sich die Familienmitglieder hauptsächlich aufeinander, was natürlich auch die Ablösung der Tochter stark beeinträchtigt. Obwohl die Beziehungen der Familienmitglieder auf der einen Seite eng verwoben sind, besteht auf der anderen Seite eine schmerzliche Distanz, weil sie sich gegenseitig nur mit ihrer Maske des Glücklichseins und des Erfolges zeigen. Es besteht das Verbot, über Probleme zu sprechen; vorhandene Konflikte werden geleugnet und bleiben ungelöst.

Meine Familie ist echt symbiotisch: Mutter stirbt schier ohne den Vater, dieser ohne die Mutter, beide ohne die Kinder. Und ich selbst habe auch immer geglaubt, ich kann nicht glücklich werden, wenn es meine Familie nicht auch ist. Ich half immer meiner Mutter und Schwester, wollte sie retten, litt, wenn sie litten, und ein innerer Schmerz fraß mich fast auf, wenn meine Mutter mal wieder kurz vor einem Nervenzusammenbruch stand. Ich habe nie gelernt, ohne Abhängigkeit zu leben, aber ich möchte das jetzt lernen. Ich weiß, dass ich dazu Abschied nehmen muss von meiner Retter-Rolle. Ich muss die Tür hinter meiner verzweifelten Mutter und hinter meiner vom Leben verbitterten Schwester zumachen können und es mir trotzdem gut gehen lassen. Bei diesem Gedanken fühle ich mich zwar wie eine Mörderin, aber scheinbar habe ich keine andere Wahl.

Beim Lesen spürt man etwas von dem Sog, der die Betroffene in dieser Familie festhält, und von den Qualen, die es ihr bereitet, sich abzulösen. Sie setzt sogar Ablösung mit Mörderin sein gleich, was für viele narzisstische Frauen zutrifft. Entweder befürchten sie, selbst umzukommen, wenn sie eigenständig werden, oder sie haben Angst, dass ein anderer stirbt, wenn sie sich von ihm trennen. Wenn es Leben nur in der Einheit, in der Verschmelzung gibt, wird Loslösung wie Sterben erlebt. Auch wenn die Frauen intellektuell wissen, dass sie niemanden töten können, nur weil sie sich von ihm entfernen, erleben sie es gefühlsmäßig doch als Realität. Solange sie sich nicht von diesem Gefühl frei machen, wird sie die Angst immer daran hindern, autonom zu werden und ihr eigenes Leben zu leben.

Die Delegation von Leistung, Prestige und Erfolg

Unter Delegation versteht man die Zuschreibung bestimmter Rollen an die Kinder. In Familien mit narzisstischen Strukturen handelt es sich hauptsächlich um Leistungs- und Prestigewerte, die die Tochter erfüllen soll. Schon früh in ihrer Entwicklung sieht sie sich mit Forderungen nach Leistung und Erfolg konfrontiert. Entweder soll die Tochter das verkörpern, was die Eltern selbst nicht erreichten und deren unbefriedigte Ambitionen erfüllen. Oder sie versucht, den Erfolgen der Eltern nachzueifern, um ihnen gleich zu werden. Sie wird zu Perfektionismus angehalten, was ihre Leistungen, ihr Benehmen und ihr Äußeres betrifft. Es ist wichtiger, schlank, attraktiv und perfekt zu sein, als genussvoll zu leben. Ziele zu erreichen ist erstrebenswerter als absichtsloses Tun, das lediglich Spaß macht. Verstehen und Einsicht rangieren vor den Gefühlen. Freude wird meist, wenn überhaupt, durch eine Aktivität oder besondere Leistung erreicht.

Eine solche narzisstische Ausbeutung oder narzisstische Besetzung des Kindes durch die Eltern bedeutet einen Verlust an emotionaler Zuwendung und eine Betonung der männlich fordernden

Haltung. Statt einfühlsamer Hinwendung als weibliche Qualität erfährt das Kind den Druck, Anforderungen und Erwartungen erfüllen zu müssen, was mehr einer männlichen Haltung entspricht. Ich rede hier nicht von männlichem und weiblichem Verhalten, sondern von Mustern. Das Weibliche und das Männliche sind Grundtypen des menschlichen Daseins und daher beiden Geschlechtern zugänglich. Es soll damit keine Wertung ausgesprochen werden, dass das eine besser als das andere ist. Wichtig ist die Ausgewogenheit beider Qualitäten und die Möglichkeit, beide entwickeln zu können. Das Weibliche steht dabei für eine sorgende, nährende, wachstumsfördernde Haltung, aber auch für Emotionalität, Intuition und Einfühlung. Das Männliche bezieht sich mehr auf Intellekt, Geist, Wissen, Beurteilung, Klarheit und Leistungsprinzipien.

Von Seiten des Kindes besteht eine hohe Bereitschaft und Fähigkeit, die unbewussten Erwartungen der Eltern zu erfüllen und die von ihnen gewünschte Rolle zu übernehmen. Zudem besitzen narzisstisch besetzte Kinder oft eine besondere Eigenschaft oder Begabung, die sie von anderen unterscheidet und hervorhebt. Dadurch wird ihnen die Rolle des Genies in der Familie zugeschrieben, die dazu dienen kann, den Ehrgeiz der Eltern zu befriedigen. Gleichzeitig rufen sie wegen ihrer besonderen Begabungen auch Neid und Bewunderung bei anderen hervor, oft auch bei den eigenen Eltern. Auf der einen Seite rivalisieren diese mit ihrem Kind, sind möglicherweise auch missgünstig, auf der anderen Seite unterstützen sie es, seine Leistungsfähigkeit auszubauen, um durch die Identifikation mit den Erfolgen des Kindes ein Gefühl von Stolz zu erwerben. Das Problem liegt nicht darin, dass die Eltern auf ihr Kind stolz sind, sondern dass sie ihren fehlenden Stolz auf sich selbst mit den Leistungen des Kindes ausfüllen. In dem Fall liegt eine narzisstische Ausbeutung vor, weil die Eltern sich durch das Kind aufwerten und narzisstisch erhöhen.

Das Diktat der Leistung und des Perfektionsstrebens ist für viele Frauen heute charakteristisch und äußert sich vor allem im Erwachsenenleben als Karrierebewusstsein und Erfolgsorientiertheit.

Oft denke ich, dass ich nur etwas wert bin, wenn ich etwas leiste, und kann mich dann doch über diese Leistungen nicht freuen, weil es nicht ehrlich aus mir kommt, sondern meine Überlebenskrücke ist. Immer strenge ich mich an, die Beste zu sein, besonders attraktiv auszusehen, alles schnell zu begreifen, witzig und schlagfertig zu sein, intelligent und erfolgreich, anerkannt und beliebt, charmant und kontaktfähig. Alles Sachen, die in meiner Familie ganz hoch im Kurs standen. Wer das konnte, der war jemand. Bei mir waren es zusätzlich die Schulleistungen, die zählten. Irgendwie hab' ich in der Familie die Rolle der Begabten bekommen, warum weiß ich nicht. Aber ich glaube, ich musste für meine Eltern, besonders für meine Mutter, eine höhere Bildung verwirklichen, die sie sich immer erträumte, aber nicht erreichte. Oft meine ich, etwas Besonderes leisten zu müssen, und bin mir nicht sicher, ob ich es wirklich für mich tue oder für jemand anderen.

Die Betonung der fordernden Leistungsaspekte in der Erziehung des Mädchens hängt stark von der Beziehung und der Rollenverteilung unter den Eltern ab. In der Literatur wird übereinstimmend die Abwesenheit des Vaters als Hauptmerkmal bei der Ausbildung narzisstischer Persönlichkeiten hervorgehoben. In den meisten Lebensgeschichten ist ebenfalls vom tatsächlichen oder emotionalen Verlust des Vaters die Rede. Das bedeutet, dass er entweder durch Trennung oder Tod physisch nicht vorhanden oder körperlich zwar anwesend war, aber eine distanzierte Beziehung zu dem betreffenden Kind besaß. Die tatsächliche oder emotionale Abwesenheit des Vaters verstärkt nach Asper die narzisstische Problematik in zweierlei Hinsicht. Zum einen fühlt sich die Mutter vom Partner verlassen und zu wenig unterstützt, da durch seine Randexistenz die Verantwortung für die Kinder und die emotionale Versorgung der Familie ihr zufällt. Trauer und Zorn über ihre eigene Verlassenheit verstärken die narzisstische Besetzung des Kindes. Zum anderen muss die Mutter neben ihrer Mutterrolle auch noch die Vaterrolle übernehmen und männliche Werte vertreten. Dadurch wird die mütterliche Haltung fordernder und weniger empathisch. Und das umso stärker, je weniger der Vater anwesend ist und die männliche Position mit vertritt.[38] Der Mangel an mütterlicher Empathie ist nach Kohut jedoch ein Kristallisationspunkt, um den sich die Entstehung der narzisstischen Störung bildet.[39]

Eng verbunden mit der Leistungsorientierung einer weiblich-narzisstischen Frau ist ihre konkurrierende Haltung Männern gegenüber. Beziehungen, auch private, beruhen zum großen Teil auf Konkurrenz zum Mann, dem die Frau beweisen möchte, dass sie gleich gut oder sogar besser ist als er. Daraus resultiert ein ständiger Kampf um die erste Position. Die narzisstische Frau kann es kaum ertragen, wenn der Mann ebenso fähig oder fähiger ist als sie, weil sie sich dann automatisch unterlegen und minderwertig fühlt. Um ihm zu beweisen, wie toll sie ist, glaubt sie, ihn überflügeln zu müssen, und kann es kaum ertragen, ihn als gleichwertigen Partner zu akzeptieren. Diese Einstellung ist meist unbewusst und wirkt in Beziehungen untergründig destruktiv. Eine offene Rivalität zwischen den Partnern könnte unter Umständen sogar fruchtbar sein, eine unausgesprochene Rivalität hinter einer Fassade der Anpassung dagegen vergiftet den Kontakt.

Die Beziehung zu Mutter und Vater

Die Bindung zur Mutter ist bei narzisstisch geprägten Frauen häufig intensiver als die zum Vater, auch weil er öfter abwesend ist, zugleich ist diese Bindung aber auch ambivalent. Auf der einen Seite ist die Tochter aufgrund desselben Geschlechts eng mit der Mutter verbunden, auf der anderen Seite lehnt sie sie ab, weil sie vereinnahmend und mächtig ist. Oftmals muss die Tochter einerseits Mutterfunktionen für ihre eigene Mutter übernehmen, deren Bedürfnisse befriedigen und innere Leere füllen. Andererseits entlässt die Tochter aber auch die Mutter nicht aus ihrer unterstützenden und behütenden Funktion. Die Mutter ist oft der einzige Rückhalt für die Tochter. Mutter und Tochter sind in einer gegenseitigen Verstrickung gebunden, die keiner erlaubt, sich loszulösen. Jede braucht die andere und wehrt sie gleichzeitig ab. Die gegenseitigen Erwartungen ketten sie aneinander. Im Grunde traut keine der anderen zu, ohne die andere leben zu können. Die Mutter denkt immer noch, die Tochter brauche ihre Hilfe und Unterstützung und wäre ohne diese nicht imstande, wichtige Entscheidungen für sich zu treffen. Die Tochter ihrerseits glaubt, unabkömmlich für das Wohlbefinden und das Glück der Mutter zu sein.

Die Ängste, die jede um die andere hat, sind im Grunde Ängste um sich selbst: die Angst sich loszulösen, eigenständig und selbstverantwortlich zu werden und das Leben nicht allein meistern zu können. Jede muss darin vertrauen, dass die andere ihr Leben in die eigenen Hände nehmen und unabhängig existieren kann. Aber nicht nur das. Sie muss auch sich selbst dieses Vertrauen zusprechen. Sicher ist es manchmal leichter, die Verantwortung abzugeben, aber der Preis ist in der Regel zu hoch: Unselbstständigkeit, Abhängigkeit, Sucht, Ängste, Depressionen und psychosomatische Krankheiten.

Eine Frau schreibt über ihr Verhältnis zu ihrer Mutter:

Sie lässt mich nicht los, sie mäkelt immer an mir rum, glaubt, sie hätte die Verantwortung für mich, will mir immer noch sagen, was gut für mich ist, sie akzeptiert mich nicht in meiner Andersartigkeit, sie will mich ändern, sie sieht mich nicht als erwachsen an. Ich hasse sie manchmal dafür, dass sie mich so liebt, ich hasse es, wenn sie sich Sorgen um mich macht. Und ich glaube, da ist noch ganz viel alte Wut in mir. Ich werde manchmal richtig eklig und fies zu ihr und schreie sie dann an, sie soll mich doch in Ruhe lassen. Wenn sie weint, wegen ihrem verkorksten Leben, und sich Sorgen um meine Schwester, deren Kinder und um mich macht und deswegen fast krank wird, dann möchte ich sie schütteln, weil sie so negativ ist, alles außen festmacht und nicht loslassen kann. Ich liebe und brauche meine Mutter aber auch und nütze sie zum Teil aus: Sie wäscht meine Wäsche und ist oft der Müllabladeplatz für die ganze Familie. Ja, und ich werde sogar böse, wenn sie sich mal abgrenzt und fordert: »Mach deinen Dreck selber weg.« Aber meist spielt sie die Dienstmagd der Familie, gibt sich als Märtyrerin und Opfer – und das hasse ich.

Die Beziehung zum Vater ist ebenfalls von Gegensätzen und Widersprüchen geprägt. Zum einen ist er der begehrte Andere, der anders ist als die Mutter. Er verkörpert die Bereiche von Aktivität, Erkundung, Fortbewegung und bekommt vor allem in der Zeit der Ablösung und des Eigenständigwerdens des kleinen Kindes eine große Wichtigkeit. Untersuchungen belegen, dass Kinder, denen der Vater fehlt, sich schwerer von der Mutter loslösen und länger abhängig bleiben. Ist aber ein Dritter da, zu dem eine vertrauensvolle Beziehung besteht, kann das Kind viel besser mit Frustration und Ärger gegenüber der Mutter umgehen. Es hat quasi eine gute

Ersatzbeziehung zur Verfügung, die dem Kind in Konfliktsituationen mit der Mutter zeigt, dass die Welt in Ordnung ist. Das ist eine wichtige Voraussetzung dafür, dass Spaltungen in böse und gute Menschen entbehrlich werden. Das Kind lernt auf diese Weise, dass andere Menschen sowohl gut als auch böse sind. Fehlt der Vater, lernen die Kinder nicht, mit einer Dreierbeziehung umzugehen, sondern empfinden später jeden Dritten als Eindringling und als Verrat an der Beziehung.

Zum anderen erlebt die Tochter die Abwesenheit des Vaters als Zurückweisung. Denn es sind selten nur die beruflichen Gründe, die ihn von der Familie fernhalten. Er ist in der Regel auch emotional distanziert. Wenn die emotionale Distanz in der frühen Kindheit der Tochter noch nicht bestand, dann setzt sie bei vielen spätestens mit der Pubertät ein, wenn der Vater sich von der Tochter abwendet. Das bedeutet für sie einen Schock: Zuerst war sie sein Prinzesschen, das er idealisiert hat, jetzt will er nichts mehr mit ihr zu tun haben. Den Rückzug des Vaters aus der innigen Beziehung bezieht die Tochter persönlich auf sich, obwohl sie oft im Zusammenhang mit der Geschlechtsreife der Tochter steht, die dem Vater Angst macht. Kann er nicht damit umgehen, wendet er sich lieber ganz ab.

Spürt die Tochter den Rückzug des Vaters, dann bemüht sie sich umso mehr um seine Gunst und versucht ihm vor allem über Erfolge und äußerliche Attraktivität zu gefallen. Marlene Boskind-White meint, dass dieses Beziehungsmuster zum Vater die Grundlage für das lebenslange Suchen der Frau nach Bestätigung durch einen Mann ist.[40] Auch mangelndes Selbstbewusstsein und das Gefühl von Unzulänglichkeit rühren zum großen Teil aus der Zurückweisung durch den Vater her. Das Erlebte kann dann als Modell für spätere Männerbeziehungen dienen, in der die Frau nicht das bekommt, was sie sich wünscht, unbefriedigt bleibt, oft in Konkurrenz zu einer anderen Frau steht und stets bemüht ist, durch Attraktivität oder Besonderssein die Zuwendung eines Mannes zu erringen. Im Partner sucht sie den verlorenen, idealen Vater und seine grenzenlose Liebe. Wie in der Familie kämpft sie vergebens um seine Gunst, bleibt aber am Ende verletzt zurück.

Das kokette, manipulative und verführerische Verhalten von narzisstischen Menschen bedeutet ja auch, dass sie auf dieselbe Weise als Kinder behandelt wurden. So, wie sie heute mit anderen umgehen, so ging man früher mit ihnen um. Wer verführt, ist in der Regel verführt worden. Später werden auf diese Weise verführte Frauen das verführerische Verhalten im Umgang mit Männern fortsetzen und Kontakte sexualisieren. Wahrt der Vater in der Beziehung zur Tochter nicht die Generationsgrenzen, kann es dazu kommen, dass sie in die Position der Ehefrau gehoben wird. Im schlimmsten Fall kann das in einem Inzest enden. Die Gefahr, im Erwachsenenleben Beziehungen zu sexualisieren oder von einem Mann sexuell ausgebeutet zu werden, ist dann sehr hoch.

Das Gebot der Lustfeindlichkeit und Tugendhaftigkeit

Im Gegensatz dazu kann aber auch der Fall eintreten, dass die Tochter den einschränkenden, verbietenden und moralisierenden Über-Ich-Teil der Eltern leben soll.

Dieser verbietende Aspekt ist ein wichtiger Teil der Entwicklungs- und Kindheitsgeschichte von Frauen mit narzisstischen Strukturen. Das heißt, die Tochter steht in ihrem weiteren Leben unter dem Diktat des Nicht-Dürfens. Sie soll besonders tugendhaft werden und alle Triebregungen unterdrücken. Weder Sexualität noch Aggression, Lust oder Genuss sind erlaubt. Das Gebot der Tugendhaftigkeit dient den Eltern zur Abwehr beziehungsweise Beruhigung eigener Gewissensängste. Löst die Tochter in ihnen Schuldgefühle oder Ängste aus, weil sie beispielsweise unehelich ist und die Mutter sich deswegen selbst verurteilt, oder wenn das spontane, lustvolle Verhalten des Kindes in der Mutter Angst vor ihrer eigenen Lust und Sexualität hervorruft, so sollen diese beschwichtigt werden, indem die Tochter zu besonderer Tugendhaftigkeit angehalten wird. Jede Untugend, sei es nun Aggression, Spontaneität, Wildheit usw. würde die Mutter an ihre eigenen Untugenden erinnern, die ihr verboten sind und Schuldgefühle auslösen.

Aus der Kenntnis vieler Familiengeschichten weiß ich, dass beide Aspekte elterlicher narzisstischer Projektion wirksam sind: zum einen die Betonung von Leistung und Perfektionismus, zum anderen die Erziehung zur Lustfeindlichkeit und zum Gefühlsmangel. Daraus resultiert auch die ambivalente Beziehung der weiblich-narzisstischen Frau zu Sexualität und Lust. Sie ist in vielen Fällen eine Folge der elterlichen Verbote oder deren Empörung über natürliche sexuelle Regungen des Kindes auf der einen Seite und der unterschwelligen Sexualisierung auf der anderen. Die Erwachsene wird daher all diese Regungen als schlecht, schmutzig, schambesetzt abspalten und versuchen, ein guter, reiner Mensch zu werden. In ihrem Bewusstsein ist der Geist gut und der Körper schlecht. »Faste ich«, sagte eine Studentin, »so bin ich frei von sexuellen Gefühlen ... Entweder faste ich und bin rein – aber unvollständig und angstvoll – oder ich bin fett, dumpf, gefüllt mit Schmutz und voll Scham.«

Wenn aber Sexualität, Lust und Verführung als schmutzig und schlecht gelten und tabuisiert werden, muss auch die eigene Lust etwas Schlechtes und Schmutziges sein. Es verwundert nicht, dass die wenigsten Frauen später eine ausgefüllte und befriedigende Sexualität erleben können, wenn sie mit Verboten und Scham belegt wird.

Cordula schreibt über ihre Familie:

Lust allgemein und Sexualität überhaupt waren bei uns zu Hause total tabu. Ich bekam nur die geheimnisvolle Botschaft mit auf den Weg, dass ich anständig zu sein hätte. Anständig sein war sehr diffus, eine breite Palette von sich wohlerzogen verhalten bis sich nicht mit Männern in irgendeiner Form einlassen, es sei denn, nach der Hochzeit. Lust ist überhaupt ein Kapitel, das mich ratlos und hilflos macht. Je mehr ich darüber nachdenke und sie zu greifen versuche, desto weiter ist sie von mir weg. Ich stelle es infrage, ob ich jemals wirklich Lust auf einen Mann hatte oder ob ich's mir nur vorgemacht habe, weil ich eine normale Frau sein wollte. Ich frage mich, ob ich überhaupt liebes- und bindungsfähig bin.

An dieser Stelle unterbricht sie ihren Bericht, um etwas zu essen. Danach schreibt sie weiter:

Es ist eigenartig, wie schwer es mir fällt, mich mit dem Thema Lust auseinanderzusetzen und das niederzuschreiben: Die ganze Zeit saß ich da und habe über andere persönliche Dinge ohne Unterbrechung geschrieben, aber jetzt musste ich aufstehen und etwas essen. Meine Mutter hat mich nie aufgeklärt, nie mit mir über Sexualität gesprochen, aber ich habe anscheinend früh gelernt, dass Lust verboten und schlecht ist.

Der Zusammenhang zwischen dem Lustverbot und Essen kommt in diesem Beispiel deutlich zum Ausdruck. Cordula bekommt den Drang zu essen, als sie über ihre Sexualität schreibt, als würde sie durch Essen die damit verbundene konflikthafte Spannung kanalisieren.

Der Heilige-Hure-Konflikt und das Märchen »Marienkind«

Die sexuellen Schwierigkeiten vieler meiner Patientinnen lassen sich als Heilige-Hure-Konflikt beschreiben. Sie erleben innerlich einen Widerspruch zwischen moralischem Anspruch und sexueller Lust, der unvereinbar ist. Durch das zuvor schon beschriebene Verbot ihrer sexuellen Empfindungen und Regungen, die zu einem erfüllten Leben dazugehören, leidet die Frau unter starken Schuldgefühlen, sobald sie ihren sexuellen Interessen folgt beziehungsweise sie zulässt. Da sie ihrem moralischen Anspruch nicht gerecht wird, verurteilt sie sich selbst als Hure, wie sie in vielen Fällen schon früher von der Mutter oder dem Vater beschimpft wurde.

Das Unüberwindliche des Konflikts sind die Extreme, zwischen denen die Frau hin- und hergerissen wird: entweder Heilige zu sein, also ohne Sexualität, Erotik und Lust, oder Hure. Wobei der Begriff Hure von seiner eigentlichen Bedeutung entledigt ist und nur noch für das Vorhandensein und Ausleben von sexueller Lust steht. Allein das reicht aus, um sie Hure zu nennen. Interessanterweise hört sie diesen Vorwurf später vermutlich von ihrem narzisstischen Partner, der sie einerseits sexuell begehrt und womöglich ausnutzt, sie aber anschließend als Hure beschimpft. Eine natürliche Empörung über diese Diffamierung spürt sie nicht, da er ja etwas ausspricht, von dem auch sie überzeugt ist.

Frauen mit solchen überhöhten, einschränkenden Moralvorstellungen sind sogenannte Marienkinder, deren Schicksal das gleichnamige Märchen beschreibt. Ihre Kindheitsgeschichte und die Persönlichkeit weisen große Parallelen zu dem Märchen auf. Im Anhang finden Sie den ausführlichen Text.[41]

Das Märchen Marienkind symbolisiert die Entwicklungsgeschichte einer Frau, die unter Selbstwert- und Beziehungsproblemen leidet. Dabei ist der vordergründig erscheinende religiöse Inhalt nicht das Wesentliche, da andere Autoren dasselbe Märchen mit weltlichen Symbolen erzählen und damit den eigentlichen Sinn genauso ausdrücken können. Es geht in diesem Märchen hauptsächlich um die Darstellung der Individuation zur Frau und den Kampf gegen überhöhte Moralvorstellungen.

Die Kindheit von Marienkind ist von großer Armut der Eltern geprägt, was sowohl auf materielle als auch emotionale Armut hinweist. Dadurch wird dem Kind schon von Anbeginn vermittelt, dass es eigentlich zu viel für die Eltern ist und diese es leichter hätten, wenn es nicht da wäre. Sei-nicht-Botschaften und Appelle an seine Bedürfnislosigkeit prägen sein Selbstwertgefühl nachhaltig. Das Marienkind macht den Eindruck eines lieben, angepassten Kindes. Das ist auch nicht verwunderlich, denn ein Kind, das spürt, eine Belastung für seine Umgebung zu sein, wird schnell lernen, sich anzupassen, seinen Eltern keinen unnötigen Ärger zu bereiten und durch besonderen Gehorsam, Entgegenkommen und Freundlichkeit versuchen, Zuwendung zu bekommen oder zumindest geduldet zu sein. Hinter dieser Fassade ist es aber ängstlich und verletzlich, denn es spürt die Ablehnung und leidet unter dem emotionalen Mangel.

Im Alter von drei Jahren tritt nun ein Wechsel für Marienkind ein, denn es wird von seinem Vater an die Muttergottes übergeben. Sogar in diesem Moment, als es von seinen Eltern weggeholt wird, hören wir keinen Protest oder Einwand von ihm. Es gibt sich klaglos in sein Schicksal. Später im Märchen erfahren wir nichts mehr über den Vater, was bedeutet, dass er keine weitere Rolle spielt. Die absolute Macht und Einflussnahme liegt nun bei der Mutter, die in Gestalt der Muttergottes überhöht und verklärt wird.

Die Idealisierung der Mutter und die damit zusammenhängende starke Bindung des Kindes an sie resultiert zum Teil aus der Angst, wieder verstoßen zu werden, wie es schon vorher geschah, und dann gar nichts mehr zu bekommen. Geschieht das im Alter von drei Jahren, in dem das Hauptthema die Autonomie ist und das Bedürfnis, man selbst zu sein bzw. zu werden, im Vordergrund steht, wird die Eigenständigkeitsentwicklung Schaden nehmen. Das Kind wird in Bezug auf seine Individualität ängstlich reagieren und sich unterordnen, statt ein eigenes Wesen und ein eigenes Selbst auszubilden. Durch die starke Abhängigkeit und Unterordnung unter eine idealisierte Mutter bleibt es mit dieser verhaftet. Die Mutter beschert ihm den Himmel auf Erden, wenn es nur ihr Kind bleibt und sich ihren Vorstellungen entsprechend verhält.

Hier begegnen wir wieder dem Phänomen der narzisstischen Ausbeutung: »Ich liebe dich und gebe dir alles, was du brauchst, wenn du so bist, wie ich dich haben will.« Zuckerbrot, süße Milch und goldene Kleider zeigen die verwöhnende Haltung, in der das Marienkind aufwächst. Häufig dient Verwöhnung ja der Beruhigung der mütterlichen Schuldgefühle, dem Kind zu wenig Liebe und wahre Annahme gegeben zu haben. Die Folge ist eine gegenseitige Verstrickung zwischen Mutter und Tochter, vor allem dort, wo der Vater als Korrektiv nicht vorhanden ist. Auch bekommt Marienkind etwas von dem Glanz der Mutter ab, wenn es sich in ihre Nähe und Abhängigkeit begibt. Es erlebt die narzisstische Erweiterung durch die Mutter, die ein Ausgleich ist für das Gefühl, selber nichts wert zu sein und keine Berechtigung zu haben, auf der Welt zu sein.

Im Bild der Jungfrau Maria kommt die sexualfeindliche Einstellung der Mutter zum Ausdruck. Sie lebt wie eine Jungfrau neben ihrem nicht anwesenden Mann und unterdrückt jeden Wunsch nach Intimität und partnerschaftlicher Sexualität. Die fehlende Liebe des Ehemannes versucht sie durch die der Tochter zu ersetzen, wobei ihr naturgemäß ein Großteil dessen verloren geht, was Frausein ausmacht. Aber oft ist gerade das das Ziel. Besonders dann, wenn sie Schwierigkeiten mit ihrer weiblichen Rolle hat. Die Flucht in die Beziehung zur Tochter entlastet sie. Gleichzeitig hindert sie die Tochter daran, ihre eigene Weiblichkeit und Sexualität zu entdecken. Denn was sie sich selbst verbietet, kann sie ihrer Tochter nicht erlauben.

Dann überlässt sie die Tochter sich selbst im Alter von vierzehn Jahren, also mitten in der Pubertät. Jetzt, wo die Tochter die Mutter als Unterstützung und Ratgeberin brauchen würde, ist sie allein. Auf der anderen Seite bedeutet die Abwesenheit der Mutter auch mehr Freiheit und Eigenständigkeit, in der die Tochter sich ganz auf sich selbst konzentrieren kann. Die Pubertät ist ja auch eine Zeit des Rückzugs in sich selbst, um sich einem neuen, entscheidenden Entwicklungsschritt der Frauwerdung zu stellen.

Doch so groß, wie die Freiheit in der Abwesenheit der Muttergottes zuerst scheint, ist sie nicht, denn die Mutter bleibt durch das Verbot, die dreizehnte Tür zu öffnen, gegenwärtig. Die Tochter darf sich also bis zu einem gewissen Punkt mit den aufbrechenden Fragen der Geschlechtlichkeit befassen, muss aber an einer von der Mutter bestimmten Stelle aufhören. Es ist ihr nicht erlaubt, Sexualität in ihr Leben zu integrieren, sei es durch eine reale Beziehung oder durch Selbstbefriedigung. Sie soll der Madonnenideologie nacheifern und die Sehnsucht nach Liebe unterdrücken. (Eine ehemalige Patientin von mir sollte in der Vorstellung ihrer Mutter eine Heilige werden.) Die Mystifizierung der Sexualität und der Sexualpartner in Form der Apostel scheint die einzig erlaubte Form des Erlebens zu sein. Verboten ist jeder direkte Kontakt, der über die verklärte Sicht hinausgeht. Die Engelein als Symbol der kindlichen Einstellungen und Werte untermauern das Gebäude, denn auch sie warnen vor dem letzten Schritt.

Und trotzdem geht Marienkind ihn, da es ihn zwangsläufig tun muss. Denn es hat den Schlüssel zu dieser Tür und kann nicht anders, als ihn zu benutzen. Der goldene Finger, den es zurückbehält, ist das Zeichen für die unauslöschliche Erfahrung, die es gemacht hat. Er ist auf der einen Seite ein Mal, das seine Unkeuschheit nach außen für jeden sichtbar macht, in diesem Sinne also ein Makel. Seine goldene Farbe lässt auf der anderen Seite das Schöne und Wertvolle der Erfahrung vermuten. Insofern macht er den inneren Zwiespalt zwischen Sich-hingezogen-Fühlen und Abwehr körperlich sichtbar.

Nachdem Marienkind die verbotene Tür geöffnet hat, lassen das schlechte Gewissen und die Schuldgefühle nicht lange auf sich warten. Im Laufe der weiteren Geschichte wird klar, dass die Übertretung selbst nicht so schlimm ist wie die Lüge, die sie ungeschehen machen soll. Je stärker das Gewissen in Gestalt der Muttergottes hämmert, umso tiefer verstrickt sich das Mädchen in ihre Lüge, um vor sich und der Welt bestehen zu können. Mich erinnert diese Situation sehr an eindringende Mütter, die mit jeder List versuchen, der Tochter ihr Geheimnis abzuringen, und sei es noch so kindlich und harmlos. Der einzige Schutz dagegen ist die Lüge, die die Mutter aber noch hellhöriger und misstrauischer macht, weshalb sie das Kind immer mehr unter Druck setzt. Ein Teufelskreis. Paradoxerweise tritt durch die Lüge dann genau das ein, was Marienkind am meisten fürchtet und unter allen Umständen verhindern will: verstoßen zu werden.

Die Vernachlässigung seines Äußeren und seines Körpers, die im Märchen durch das Zerreißen und Zerfallen der Kleider symbolisiert wird, geschieht auch in der Realität. Der Körper als Sitz der sexuellen Gefühle wird abgewertet oder malträtiert und stellvertretend für das sündige Verhalten bestraft. Die Übertretung der moralischen Gebote führt Marienkind in eine tiefe Verzweiflung, Einsamkeit, passiv-depressive Stimmung und Sprachlosigkeit. Es lebt wie eine Verdammte, weit weg von anderen Menschen, unfähig, gegen sein Schicksal zu kämpfen und sich mitzuteilen, um sich so von seiner Schuld zu befreien.

Viele Verhaltensweisen und Merkmale, die Marienkind zeigt, treffen auch für Frauen zu, die als Kinder sexuelle Gewalt erlebten: die Abwertung und Bestrafung des Körpers, der Rückzug in die Isolation mit dem Gefühl, schlecht und böse zu sein, der Aufbau eines scheinbar unüberwindlichen Grabens zur Außenwelt, die hohe moralische Verurteilung (Opfer sexueller Gewalt fühlen sich schuldig) und die Sprachlosigkeit in Form des Verbots, über sexuelle Gewalt zu reden. Des Weiteren die spätere Beziehungsstörung und die Unfähigkeit, die Sexualität zu genießen, sondern sie nur als leidige Pflicht anzusehen.

Marienkinder leiden unter einem sogenannten Madonnenkomplex, das heißt, das strenge Urteil der Muttergottes verstellt jede eigene Gedanken- und Gefühlsäußerung und untersagt den Weg zu sich ebenso wie zu den anderen. Die Dornenhecke als Symbol des falschen Selbst in Form eines Gedankengestrüpps aus eigenen Abwertungen, Ängsten, Lügen und Misstrauen wirkt wie ein Gefängnis, aus dem sich die Frau die Befreiung von außen erhofft. Doch auch wenn der König sich in mühevoller Arbeit den Weg zu ihr erkämpft hat und sie auch noch aus lauter Liebe heiratet, so ist das nicht das ersehnte Happy End. Denn zum einen scheint der Mann wenig einfühlsam und eher brutal zupackend (der Verdacht auf eine erneute Vergewaltigung drängt sich auf), und zum zweiten bleibt Marienkind weiterhin vom eigentlichen Leben abgeschnitten. Es ist zwar versorgt wie in den Kindertagen, bleibt aber stumm. Es wird sich von einem Mann, der sich nicht die Mühe macht, es wirklich kennenzulernen (er findet sich zum Beispiel ohne Nachfragen mit seiner Stummheit ab), nicht in seinem Wesen erkannt fühlen. Ihm wird es seine alte Rolle der angepassten und nach außen hin zufriedenen Ehefrau vorspielen, aber sie werden sich nie wirklich nahekommen. Andere Personen sehen eher, dass die Frau in Not ist, als er es tut, beziehungsweise es dauert sehr lange, bis er reagiert. Sie sucht derweilen Ersatz in ihren Kindern, von denen sie das Verständnis und die Liebe erhofft, die sie vom Ehemann nicht bekommt.

Damit lebt aber ihr eigenes Kinderschicksal erneut auf, da sie ihre Kinder so behandelt, wie sie selbst behandelt wurde: sie unterwirft sie demselben Madonnendiktat auf Kosten ihrer Individualität und Lebendigkeit. Unterdrückte Sexualität stört auch nachhaltig den Kontakt zu den eigenen Kindern, etwa beim Stillen oder beim Austausch von Zärtlichkeiten. Der emotionale Mangel, den ihre Kinder erfahren, wird wie in ihrer eigenen Kindheit durch besondere Fürsorge und Sorgfalt ausgeglichen. Was sie nicht merkt, ist, dass sie anfängt, ihre Kinder zu verschlingen und dem Leben zu entreißen. Sie werden von ihr narzisstisch besetzt und dürfen nur so sein, wie die Mutter sie haben möchte. Das Drama nimmt erst ein Ende, als die Schuldgefühle so massiv werden (der Prozess, der ihr gemacht wird), dass das Leid für die Frau schlimmer ist als wahrhaftig zu werden. Dieser Tiefpunkt bringt die Wandlung, indem die Lüge aufgedeckt wird und sie vor ihrem eigenen rigiden Über-Ich kapituliert. Es ist das, was ich narzisstische Abrüstung nenne: Nicht mehr der Unmenschlichkeit des falschen Selbst zu folgen, sondern menschlich, das heißt fehlerhaft zu werden. Dazu muss der innere Stolz überwunden und der Weg durch das Fegefeuer angetreten werden. Die Tränen sind Zeichen des Schmerzes auf diesem Weg und die Rückgabe der Kinder aus den Händen der Madonna ist der Lohn. Symbolisch stehen die Kinder der Königin für ihr inneres Kind, ihre wahren Gefühle und Bedürfnisse, ihre Lebendigkeit und Spontaneität. Sie waren bisher dem strengen Diktat der Moral und des Über-Ich allein unterstellt, nun dürfen sie wieder leben und ein Teil der Person werden. Darin besteht im Grunde die Überwindung einer narzisstischen Persönlichkeitsstruktur. Dass sie zugunsten der freien Gefühle und Bedürfnisse von überhöhten Perfektions- und Moralvorstellungen abrüstet, die alles Lebendige in ihr abtöten.

Der Bericht einer ehemaligen Patientin über ihre Beziehung zu Männern, zu ihrer Mutter und zur Sexualität, geprägt durch negative Erlebnisse, erinnert an eine Marienkindgeschichte. In ihr wird besonders der Widerspruch in der Einstellung der Mutter deutlich, die Heiligkeit predigt, aber im Suff selber ihre Sexualität auslebt.

Meine Beziehung zu Männern ist ein heikles Thema. Ich kann ja eigentlich gar nicht mitreden, denn ich hatte nie eine richtige Beziehung. Die längste dauerte drei Monate, dann ging ich ins Ausland und war froh, dass die Beziehung zu Ende war. Die Beziehung war nur auf Sex fixiert, da war nichts Gemeinsames, kein Gefühl, nichts. Ich habe mich von ihm einwickeln lassen, das war alles.
Im Grunde habe ich ein ganz verkorkstes Verhältnis zu Männern und Sex. Männerhass, Angst vor Männern und Sexualität, das hängt alles irgendwie zusammen. Ich sehe Sexualität als Schande an, »So was tut man eben nicht« war der Spruch meiner Mutter. Sie ist sowieso der Hauptpunkt in meinem Leben. Sie ist Quartalstrinkerin und fing damit an, als ich zwei war. Sie ist außerdem esssüchtig, tablettenabhängig und nach meinem Gefühl schizophren. Sie hat mir in Sachen Sex und Männer sehr viel vermiest. Wenn sie betrunken war, hatte sie immer andere Typen da. Meistens waren alle betrunken, und ich hörte, wenn sie zusammen schliefen, und sah es teilweise und fand es widerlich.
Meine Mutter hat mich als Hure beschimpft, als ich meine volle Oberweite und eine mehr frauliche Figur bekam. Ich durfte auch keine Jungs angucken. Ich hatte mich früher mit Jungs auf dem

Spielplatz getroffen, nur um zu spielen. Wenn sie mich da sah, beschimpfte sie mich wieder: »Hure, was treibst du dich mit Jungs rum.« Das hat sie mir immer eingebläut. Ich hab daran geglaubt. Auf der anderen Seite, wenn sie nicht getrunken hatte, sagte sie, das ist doch ein netter Junge, warum ich noch keinen Freund hätte. Wie kann ein Kind unterscheiden, was nun richtig ist? Dass ich eine Hure bin oder nicht? Das Ende war, dass ich mal für eine Woche einen Freund hatte, so mit vierzehn, und ich machte dann Schluss mit vielen Ausreden, aber der eigentliche Grund war meine Mutter. Ich hab lieber einen Jungen, den ich nett fand, sausen lassen, als den Stress mit meiner Mutter zu haben. Mit dreizehn haben mich drei Jungens aus meiner Klasse überwältigt, im Gang, und sich über mich hergemacht. Vergewaltigt haben sie mich nicht, aber ich hatte wahnsinnige Angst. Ich hätte schreien können, aber meine Mutter hat es mir ausgetrieben. Schreien gab es nicht. Also habe ich meinen Mund gehalten. Auch hinterher habe ich niemandem davon erzählt. Ich denke heute, ich hätte es tun sollen, aber meiner Mutter konnte ich es nicht erzählen, sie hätte mich dann wieder als Hure bezeichnet. Ich habe mir das erspart und einfach damit gelebt. Seit diesem Erlebnis habe ich mich mehr zurückgehalten, wenn Jungen in der Nähe waren, weil ich gerne auch ein bisschen kokett und kess bin.

Die Bedeutung von Geschwistern

Im familientherapeutischen Denken, in dem nicht eine Einzelperson therapiebedürftig ist, sondern die ganze Familie Gegenstand der Beratung und Veränderung ist, ist die Rolle und Bedeutung von

Geschwistern unumstritten. Umso mehr erstaunt es mich, dass es relativ wenig Literatur und Untersuchungen über den Einfluss von Geschwistern auf die Persönlichkeitsentwicklung gibt. In den Berichten von Betroffenen taucht dieses Thema jedoch immer wieder auf. Es ist dabei von Brüdern oder Schwestern die Rede, die ihnen entweder das Leben schwer gemacht haben oder die häufig als Bundesgenossen erlebt wurden und von denen sie Zuwendung, Unterstützung und Schutz bekamen.

Die Position innerhalb der Geschwisterreihe spielt dabei ebenso eine Rolle wie die Anzahl der Geschwister, deren Geschlecht und der Altersabstand. So identifizieren sich die Erstgeborenen in stärkerem Maße mit ihren Eltern und übernehmen versorgende Funktionen für die kleinen Geschwister, egal, ob der Erstgeborene ein Junge oder ein Mädchen ist. Sie übernehmen Verantwortung, beschützen die Kleinen und leiten sie an, wie es der Psychologe Walter Toman beschrieben hat.[42] Dabei bekommen sie in vielen Fällen eine ausgleichende Funktion für die Geschwister, wenn sie Defizite der elterlichen Erziehung ausgleichen.

Vor allem in Familien, in denen Streit, Unfrieden oder sogar Gewalt herrschen, ist die unterstützende Beziehung unter den Geschwistern wesentlich. Welche Wichtigkeit dabei ein Bruder bekommen und welche Folgen eine Trennung von ihm haben kann, beschreibt Kerstin:

Wenn meinem Bruder was passieren würde, würde es mir wahnsinnig wehtun, es wäre für mich vernichtend, weil mein Bruder ein Teil von mir ist. Er ist immer für mich da gewesen und ich habe seinen Schutz immer gebraucht. Er hat mich schon beschützt, als er drei Jahre alt war und ich gerade geboren wurde. Er ist immer dazwischen gegangen, wenn meine Mutter auf mich losging. Er hat mir den eigentlichen Schutz geboten und war sehr wichtig, weil er immer für mich da war und so zu meinem zweiten Ich wurde. Deshalb fühlte ich mich dann auch von ihm so verlassen. Ich war knapp dreizehn Jahre alt, und da zog mein Bruder für ein halbes Jahr zu meinem Vater, der woanders lebte. Ich wusste das nicht und traf ihn morgens auf der Treppe. Er sagte mir Tschüss, nahm mich in den Arm und kam nicht wieder. Abends rief er an und sagte, dass er jetzt bei unserem Vater lebt. Es war so ungerecht, dass er mir nicht vorher sagte, dass er weggeht und dass er mich nicht mitnahm. Das tat sehr weh. Das Schlimmste war, dass er mich allein bei meiner Mutter ließ, vor der ich doch am meisten Angst hatte. Gerade von meinem Bruder und meinem Vater brauchte ich Schutz. Obwohl sie wussten, wie brutal sie sein konnte, taten sie nichts und ließen mich einfach mit ihr allein.

Kerstins Beziehung zu ihrer Mutter war durch deren Alkoholabhängigkeit geprägt, von Wegstoßen im Suff und Überfürsorge in nüchternen Zeiten. Auch ihr Vater war durch seine Trennung von der Familie, als Kerstin zehn Jahre alt war, kein zuverlässiger Partner mehr. In diesem seelischen Chaos bot ihr Bruder einen stabilen Halt für sie. Sie nennt ihn heute noch ihr zweites Ich. Es liegt mit ihm eine symbiotische Verstrickung vor, die sich in Kerstins Vernichtungsangst äußert, wenn sie sich vorstellt, es könnte ihm etwas zustoßen. Das heißt, sie entlehnt sich bei ihm ein Stück Identität. Nur über eine emotionale Loslösung von ihm könnte Kerstin eine autonome Persönlichkeit aufbauen.

Eine negative Assoziation zu Geschwistern tat sich für eine andere Patientin auf. Brigitte, Anfang dreißig, kam hauptsächlich wegen Beziehungsschwierigkeiten in die Klinik und hatte zu Beginn der Therapie sehr große Mühe, sich auf die therapeutische Gemeinschaft einzulassen:

Wie habe ich das anfangs in der Klinik gehasst: die große Gemeinschaft, die vielen gemeinsamen Gruppen, das Zusammensein mit vielen Menschen, sogar meine Fluchtburg, mein Zimmer, hatte ein Loch in der Wand zum Nachbarraum (Zwischentür). »Dieses ganze Rudel macht mich wahnsinnig! Ich geh' unter! Ich will hier raus!«
Das Bild vom Rudel hatte ein Vorbild in meiner Erinnerung: Wenn ich mich in die Vergangenheit hineinfühle, sehe ich ein Rudel Schlittenhunde (meine Geschwister und mich). Tagsüber werden sie zusammen in ein Geschirr gespannt und ziehen einen Schlitten in Hetze durch Schnee- und Eiswüsten, einen Schlitten, auf dem ein Mann steht und die Peitsche schwingt (mein Vater). Am Abend werden sie losgemacht, kriegen ein paar Fleischbrocken, um die sie sich beißen und balgen. Sie haben nichts miteinander zu tun, jeder lebt und leidet für sich.
Meine heftige Abwehrreaktion gegen die große Gemeinschaft ist darin begründet, dass ich zwar das Funktionieren in einem Rudel gelernt habe, vor allem die Anpassung, dabei aber keine Beziehung untereinander möglich war. Mein erster Impuls in der Klinik war daher: »Ich trete nicht mit euch in Beziehung ... und wenn ich dabei draufgehe.«

Durch Brigittes Auseinandersetzung mit den Menschen in der Gemeinschaft wurde aus dem anonymen Rudel eine Gruppe unterschiedlichster Personen. Sie begann, Kontakte zu Einzelnen aufzunehmen und erlebte so die Gemeinschaft immer weniger bedrohlich. Circa zwei Wochen später schrieb sie:

Ich fühle mich wie ein Schwamm, der aufsaugt, was in verschwenderischer Fülle hier zusammenfließt: Nähe, Zuwendung, Austausch, Teilhaben und -nehmen und die Erlaubnis, da zu sein. Ich spüre mehr und mehr, wie gut mir das Leben-Teilen tut. In den einzelnen Begegnungen spüre ich inzwischen deutlicher, mit wem ich mehr, mit wem ich weniger Verbindung möchte.

Die anfängliche Angst und Bedrohung durch die Gemeinschaft waren die Folge einer Reinszenierung ihrer Kindheitssituation, die unverarbeitet und daher beängstigend in ihr weiterwirkte. In ihrem bisherigen Leben ist sie einer Konfrontation mit diesem Teil ihres Lebens immer ausgewichen, indem sie sich nicht auf Beziehungen einließ. Sie war dann zwar allein, musste sich aber nicht den alten Erinnerungen stellen. In der Klinik konnte sie weder sich noch ihrer Vergangenheit davonlaufen, und das ermöglichte es ihr, den Schmerz über die entsetzliche Einsamkeit in ihrer Kindheit wahrzunehmen und zuzulassen. Die Nähe und Zuwendung, die sie durch die anderen erlebte, unterstützten sie und vermittelten ihr das Vertrauen, sich immer mehr auf andere einzulassen. Sie erfuhr dadurch, dass Beziehungen zu Menschen ganz anders sein können, als sie es als Kind daheim gelernt hatte: nährend, unterstützend und warm, nicht wie Schnee- und Eiseskälte.

Eine solche korrigierende Erfahrung, wie sie Brigitte mit Hilfe der Gemeinschaft machte, ist sehr hilfreich, um sich von alten gelernten Mustern zu lösen, die oft die Ursache aktueller Schwierigkeiten sind. In ihrem Fall war es die Angst vor anderen Menschen, die sie aufgrund ihrer Geschwisterbeziehung aufgebaut hatte, und die sie heute hinderte, Bindungen aufzubauen. Es stand immer die – oft sogar unbewusste – Angst dahinter, heute würde sich dasselbe wiederholen wie damals.

Das Schönheitsideal

Das Schönheitsideal, an dem wir uns orientieren, steht mit dem Weiblichen Narzissmus in einem engen Zusammenhang. Viele Frauen glauben, sich an das Diktat von Mode und Schönheitsnormen völlig anpassen zu müssen, um attraktiv zu sein, unabhängig davon, ob es auf Kosten ihrer Gesundheit und vor allem ihres Wohlbefindens geht. Sie tun dies, weil sie ihre Einstellung zum weiblichen Körper und dessen Aussehen mehr an den gesellschaftlichen Normen orientieren als an ihrer individuellen Körperlichkeit und eigenen Bedürfnislage.

Die Psychoanalytikerin Marilyn Lawrence spricht von Frauen als dem »angestarrten Geschlecht«[43], weil sie den Blicken der Öffentlichkeit mehr ausgesetzt sind als Männer. Die Frau steht, wo immer sie hinkommt, im Blickpunkt und wird sowohl von Männern als auch von anderen Frauen aufgrund ihres Äußeren eingeschätzt. Vielleicht sehen sich Frauen dadurch stärker gezwungen, den gesellschaftlichen Anforderungen an Attraktivität und Schönheit nachzukommen, um sich akzeptiert zu fühlen. Ein solcher Trend zeichnet sich allerdings allmählich auch bei den Männern ab, deren Körper von der Werbung immer häufiger vermarktet werden. Es bestehen bereits klare Vorgaben, wie ein schöner Mann auszusehen hat. Die Anpassung an diese Normen treibt auch immer mehr Männer in die Bulimie.

Das Schönheitsideal, das in der heutigen Zeit zum Maßstab erhoben wird, ist ein Schlankheitsideal, das nur wenige Frauen auf natürlichem Wege erreichen. Die Folge ist ein Diätverhalten, mit dem der Körper in eine bestimmte Form gehungert werden soll.

Der Trend zum Abnehmen verwundert nicht, wenn die schönsten Frauen der Welt ein schlankes Maß vorgeben: die Größe Zero, also Kleidergröße 32, entspricht den Maßen eines zwölfjährigen Mädchens. Vorgegeben wird sie von vielen Hollywoodgrößen, weshalb diese Ausgezehrtheit auch »red carpet anorexia« (Roter-Teppich-Magersucht) genannt wird.

Zeitgleich zu diesem Trend werden die Menschen aber immer dicker. Laut des Robert Koch Instituts sind über die Hälfte aller Deutschen übergewichtig (BMI 25-30), fast ein Viertel ist sogar krankhaft übergewichtig (adipös = BMI 30 und darüber). Besonders unter Kindern, Jugendlichen und jungen Frauen fällt auf, dass sie entweder sehr dick oder sehr dünn sind. Laut Mikrozensus des Statistischen Bundesamtes sind in Deutschland etwa vier Prozent der Frauen und ein Prozent der Männer untergewichtig. Beides kann Folge des Diätwahns sein und ihn zugleich unterstützen.[44]

In der heutigen Zeit hat die Diätwelle fast alle Frauen erfasst, Essgestörte in noch größerem Maße. Diese kennen die meisten Diäten und haben schon etliche ausprobiert. Zeitschriften wie Online-Magazine und Influencerinnen werben mit dem Versprechen, sich schlank zu essen, ohne zu hungern, und für Körpertrainings, die jede Frau noch attraktiver werden lassen. Die dazu gezeigten Frauen scheinen so dünn, dass sie von Magersüchtigen als Ihresgleichen betrachtet werden. Zum einen werden in der Modeindustrie nach wie vor kleiderständerähnliche Frauen bevorzugt engagiert, weil ihre Figur weniger von den getragenen Modellen ablenkt, zum anderen soll ihr Anblick aber auch versprechen, dass jede Frau ebenso aussehen kann, wenn sie nur die richtige Garderobe trägt.

Einem Vergleich mit den makellos aussehenden, in der Regel untergewichtigen Fotomodellen, deren Bilder sowohl im Internet als auch in den Zeitschriften zusätzlich digital bearbeitet wurden, können die meisten realen Frauen nicht standhalten. Dennoch werden diese Modelle zum angestrebten Vorbild erkoren. Busen und Po sind dabei noch erlaubt, der Bauch ist aber streng verpönt, die Oberschenkellücke mittlerweile begehrtes Modeaccessoire auf Instagram und anderen sozialen Medien.

Der Weg zu einer Modellfigur der Größe Zero führt über strenge Diäten, übermäßigen Sport oder bulimisches und magersüchtiges Essverhalten. Normalgewichtige und regelmäßig essende Frauen besitzen dagegen meist Figuren, die weibliche Rundungen auch an Stellen zeigen, die in dieser Scheinwelt dafür nicht vorgesehen sind.

Dank der Hinweise vieler Ärzte und Psychologen auf die negativen Folgen von Diäten und der Aufklärung über Essstörungen durch Bücher, Zeitschriftenartikel, Fernseh- und Onlineberichte scheinen Diäten kritischer beurteilt zu werden. Bei näherer Betrachtung jedoch wird deutlich, dass das Geschäft mit Schlankheitskuren immer noch lukrativ ist. In der Realität sieht es dann so aus, dass zum Beispiel eine Zeitschrift mit der Überschrift über die Gefahren von Diäten wirbt, am Ende der Ausgabe jedoch schon wieder die neuesten Rezepte zum Schlankwerden anpreist.

Aufgrund von Todesfällen untergewichtiger Models begann die Modeindustrie in den letzten Jahren, extrem dünne Modells vom Laufsteg zu verbannen. Auch eine bekannte Modezeitschrift wollte Vorreiterin sein, indem sie sogenannte normale Frauen als Fotomodelle einsetzte. Im Lauf der Zeit glichen jedoch auch diese immer mehr den herkömmlichen Models.

Dennoch zeichnet sich eine Wende ab, die mit der Kampagne einer Kosmetikfirma begann. In Zusammenarbeit mit Psycholog*innen entwickelte sie ein Format, bei dem normalgewichtige Frauen auf den Plakaten in Unterwäsche abgebildet wurden. Sie hatten keine besonders gestylten Figuren, dafür konnten sich aber die Betrachterinnen leicht mit ihnen identifizieren. Die Bewertung dieser Models als zu fett, schrecklich, unperfekt oder als schön, in Ordnung und als Erleichterung, endlich normal sein zu dürfen, hing sehr davon ab, wie die Frauen zu ihrem eigenen Körper standen. Je mehr sie sich in den dargestellten Körpern wiederfanden, umso heftiger war die emotionale Reaktion sowohl in positiver als auch negativer Hinsicht. Wer will sich schon selbst auf einem Plakat sehen, das dem eigenen ungeliebten Körper ähnelt? Trotzdem sind Curvy- oder Plus-Size-Models, also korpulente bis übergewichtige Frauen, heute in der Modebranche keine Seltenheit mehr, auch wenn sie noch nicht völlig akzeptiert werden. Dass sie aber auf dem Laufsteg, in Modezeitschriften und auf deren Covers zu sehen sind, ist etwas Neues.

Dieser Trend findet seine Fortsetzung in der Body-Positivity-Bewegung, die versucht, Menschen davon zu überzeugen, dass ihr Körper schön ist, auch wenn er nicht dem von der Gesellschaft diktierten Schönheitsideal entspricht. Ihr Ziel ist, dass jeder Körper akzeptiert wird, unabhängig von seinem Aussehen, seiner Hautfarbe, Unversehrtheit und sexueller Ausrichtung. Die Bewegung bekämpft die herrschenden unrealistischen Schönheitsideale und will das Selbstwertgefühl der Einzelnen stärken, indem sie deutlich macht, dass Schönheitsstandards gesellschaftliche Konstrukte sind, die wenig mit den individuellen Personen zu tun haben und das Vertrauen der Menschen in ihr Aussehen und ihr natürliches Körpergefühl untergraben. Diese Zielsetzung ist zuerst einmal positiv zu bewerten. Es wird jedoch auch Kritik an dieser Bewegung laut, weil sie unkritisch stark Übergewichtige und Adipöse ebenso einbezieht wie Normalgewichtige. Wenn beispielsweise ein Model bei einer Größe von 1,65 m 120 Kilo wiegt, dann hat das Krankheitswert und muss genau so differenziert betrachtet werden wie massives Untergewicht.

Die Diskussion um das »richtige« Schönheitsideal und den »richtigen« Umgang mit dem Körper wird sehr kontrovers geführt. Wie ich schon bei der digitalen Spiegelung erwähnte, werden in sozialen Medien wie Youtube, Instagram, Snapchat, Flickr u.v.a. bestimmte körperliche Ideale dargestellt. Mit Photoshop wird das Aussehen so lange verändert, bis es dem Optimum entspricht. Zurzeit gehören große Augen, ein herzförmiges Gesicht und ein großer Hintern zum Schönheitsideal. Eine immer größere Bedeutung für das schöne Aussehen bekommt auch der Sport, durch den der Körper gestylt und die Muskeln definiert werden. Nichts gegen Sport, doch auch er kann für das narzisstische Bedürfnis, schön, anerkannt und perfekt zu sein, ausgebeutet werden. Das führt dann häufig zu exzessivem Training bis hin zur Sportsucht oder ist Begleiterscheinung einer Bulimie oder Anorexie. Mit dem Aspekt der Gesundheit für Leib und Seele hat das dann nichts mehr zu tun.

Um dem Diktat durch äußere Normen zu entkommen, wird mittlerweile eine »Body Neutrality« propagiert, die einen neutraleren Umgang mit dem eigenen Körper postuliert. Das bedeutet, dass das Äußere nicht alles ist, wir uns auch nicht zwangsläufig immer in unserem Körper wohlfühlen müssen und der Körper mehr ist als ein manipulierbares Aushängeschild. Keine wirklich neuen Erkenntnisse, aber dennoch ein Hoffnungsschimmer. Sollte sich dieser Trend durchsetzen, hätten wir alle eine große Chance, unsere Seh- und Bewertungsmuster zu verändern.

Ob das jedoch auch Frauen mit narzisstischen Strukturen helfen kann, ist fraglich, da im narzisstischen System das Perfekte und Ideale angestrebt wird und nicht das Normale. Im Gegenteil, normal auszusehen wird vermieden, denn wie kann die Frau Anerkennung einheimsen, wenn sie nicht auffällt? Die Angst, nicht wahrgenommen zu werden oder nicht schön genug zu sein, führt direkt zur alten Wunde, ungeliebt und nicht »richtig« zu sein. Das nährt den Drang zur optimalen Selbstdarstellung, zum Perfektionismus und der täglichen Anstrengung, die gesellschaftlichen und individuellen Erwartungen erfüllen zu müssen.

Ein Beispiel für diese Art der Wahrnehmung der eigenen Attraktivität und für das entsprechende Selbstwertgefühl ist die Geschichte einer jungen Frau, die einen sehr begehrten Modelwettbewerb gewann. Als sie die Juryvorsitzende Jahre später unerwartet in ihrem Fitnessstudio sah, lief sie vor ihr davon, weil sie sich an diesem Tag nicht schön und attraktiv genug fand, um ihr zu begegnen. Was würde diese denken, sie so zu sehen? Sie konnte nicht zulassen, sich so unschön zu zeigen, sie war zu unsicher. Die Erinnerung und das Wissen darum, dass sie als Schönste aus einer großen Gruppe von Mitbewerberinnen hervorgegangen war, hatte keinen Einfluss auf ihr Selbstbild und Selbstbewusstsein. Sie hatte das Positive nicht internalisieren und zu einem Teil von sich machen können, sondern hielt immer noch am Bild des Aschenputtels fest. Daher die große Unsicherheit um ihre Wirkung.

Was wir daran sehen können, ist, dass eine äußere Anerkennung in Form eines Preises, einer Auszeichnung oder Lobes keine nachhaltige Wirkung erzeugen kann, wenn nicht auch das Innere bereit ist, das Positive anzunehmen und das eingetrübte Selbstbild zu korrigieren.

Ob die obige Geschichte nun wahr ist oder nur ein gelungener PR-Gag, ist dabei unerheblich. Sie zeigt nämlich genau das, was viele weiblich-narzisstische Frauen erleben: Nur wenn ich perfekt bin, bin ich so, dass ich mich zeigen kann. Nur das perfekte Äußere hat die Macht, das Minderwertigkeitsgefühl vorübergehend zum Schweigen zu bringen.

III.

Ein Leben in Extremen

Im Spannungsfeld zwischen Minderwertigkeitsgefühl und Grandiosität

Am Ende ihres stationären Aufenthalts in der Klinik schrieb Cordula, die schon in früheren Kapiteln zitiert wurde, folgenden Abschlussbericht als Fazit ihrer Therapie. Ich stelle diesen Bericht als Leitbild an den Anfang dieses dritten Teils des Buches, weil er die Hoffnung dokumentiert, die darin besteht, dass es einen Weg aus dem inneren Gefängnis gibt.

In den letzten zwölf Wochen habe ich einiges gelernt. Ich habe erfahren, dass ich wieder lebendiger bin, und habe gelernt, mit den positiven und negativen Seiten, die sich in mir auftun, umzugehen. Ich muss mich weniger verstecken. Ich habe widergespiegelt bekommen, dass Heimlichkeit ein großer Teil von mir ist. Dazu gehören zum Beispiel meine unterschwelligen Forderungen an andere. Nur langsam lerne ich, meine Wünsche zuzulassen, zu spüren, was ich will, und es zu äußern, auch wenn es mir unberechtigt erscheint.

Ich habe – auch ganz langsam — gelernt, mit einem Nein umzugehen, ohne mich total infrage gestellt zu fühlen. In den vergangenen zwölf Wochen sind mir meine Beziehungsschwierigkeiten sehr deutlich geworden. Mir ist das Ausmaß an Schwierigkeiten, das ich mit Nähe und Bindung habe, vorher nicht so bewusst gewesen. Ich fühle mich unfähig, eine Bindung einzugehen. Ich muss aufpassen, nicht in das alte Denken zurückzufallen, indem ich glaube, dass es mit mir sowieso niemand aushält, weil ich nicht liebenswert bin.

Der andere wesentliche Punkt, auf den ich während der Therapie immer wieder gestoßen bin, ist meine Unfähigkeit, mich selbst

anzunehmen, mit allem, was zu mir gehört. Zu mir gehört auch jener Teil, der sich an ein gedachtes Ideal annähern will. Ich merke, wie schwer es mir fällt, mir Hilfe zu holen.
Kurz gesagt, habe ich in der Therapie einen großen Schritt dahingehend gemacht, dass ich nun weiß, dass ich Entscheidungen fällen kann, dass ich sie fällen und dann zu den Entscheidungen stehen muss. Und aus dem »muss« wird ein »will«.

Der Weg der Veränderung ist zwar lang, die Einsichten erfolgen langsam und die Veränderung braucht Zeit, aber die Mühe lohnt sich.

»Der Weg ist wichtiger als das Ziel.« Gemäß diesem alten chinesischen Weisheitsspruch von Laotse liegt das Ziel nicht darin, endlich den erwünschten Zustand, die Heilung, zu erlangen. Der Sinn liegt schon vor dem Erreichen des Ziels im Beschreiten des Weges dorthin.

In einer Welt, in der Entfernungen in immer kürzerer Zeit überwunden werden können, das Streben dahin geht, noch schneller und besser als andere zu sein, und Reisen bedeutet, von Erlebnis zu Erlebnis zu hetzen, und keiner mehr Zeit zu haben scheint, ist es unter Umständen schwierig, diesem Satz im Alltag Bedeutsamkeit zu schenken. Wenn wir es jedoch tun, werden wir merken, dass sich in dem Getriebensein die narzisstische Haltung der Grandiosität ausdrückt.

Anhand des folgenden Modells möchte ich das narzisstische System beschreiben. Ich nenne es das »narzisstische Spaltungsmodell«. Es besteht aus insgesamt drei Elementen:

1. der Minderwertigkeit/Depression und
2. der Grandiosität, die zusammen das falsche Selbst bilden, und
3. dem wahren Selbst.

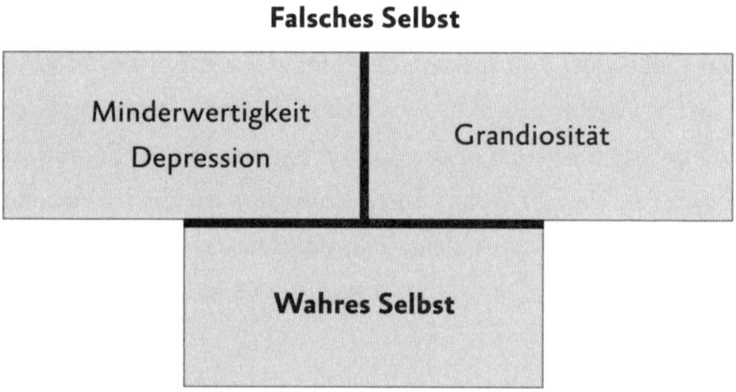

Die Minderwertigkeit und Grandiosität bedeuten keine wirkliche Minderwertigkeit oder Grandiosität der Frau, sondern ihr Erleben von Minderwertigkeits- beziehungsweise Grandiositätsgefühlen. Sie fühlt sich klein, unbedeutend, schlecht oder besonders und toll, sie ist aber als Mensch weder minderwertig noch besser als andere. Der Einfachheit und der begrifflichen Konvention halber schreibe ich nur von Minderwertigkeit und Grandiosität beziehungsweise benutze die Bezeichnungen Minderwertigkeits- und Größensegment, was dasselbe bedeutet. Auch der Begriff Depression bezeichnet nicht das psychiatrische Krankheitsbild, sondern steht synonym für eine depressive Verstimmung, für das Erleben des Niedergedrücktseins und Sich-unbedeutend-Fühlens. Alle drei Elemente, die Minderwertigkeit, die Grandiosität und das wahre Selbst sind durch Barrieren voneinander getrennt, die im Modell als schwarze horizontale und vertikale Balken dargestellt sind. In der Fachsprache heißen sie horizontale und vertikale Spaltung.

Der Begriff Spaltung ist ein psychoanalytischer Fachausdruck und beschreibt einen psychischen Abwehrmechanismus, also einen Bewältigungs- und Schutzmechanismus für die Psyche, der verhindern soll, dass unangenehme Gefühle wie Angst, seelischer Schmerz oder Schuldgefühle ins Bewusstsein dringen. Durch die

Abwehr wird zwar zunächst eine gewisse Entlastung erreicht, der Konflikt, der diese Gefühle auslöste, wird jedoch nicht gelöst, sondern wirkt unbewusst weiter und kann deshalb nicht verarbeitet werden.

Mit der Spaltung sollen konträre, also sich widersprechende Inhalte auseinandergehalten werden, um Angst und Bedrohung abzuwehren. Das zeigt sich im Verhalten dadurch, dass immer nur eine Seite des Konflikts in den Vordergrund tritt, während die andere Seite verleugnet wird.

Nehmen wir das Beispiel von Minderwertigkeit und Grandiosität: Im Gefühl der Grandiosität existieren für die narzisstische Frau nur ihre Größenvorstellungen, ohne Erinnerung an die Minderwertigkeit. Wird sie kritisiert, schlägt ihre Stimmung in Depression um, sie fühlt sich klein, schlecht, minderwertig und spürt in diesem Zustand nichts mehr von ihrer Grandiosität. Sie hat einfach keine bewusste Erinnerung mehr daran, wie es ist, sich groß und überlegen zu fühlen. Die Grandiosität wird in diesem Moment also abgespalten. Das heißt, die Betreffende erlebt sich innerlich wie zwei Personen, die nichts miteinander zu tun haben: eine selbstbewusste und eine hilflos-minderwertige.

Aber auch das Außen wird in gute und böse Menschen gespalten. Dabei geht die Betroffene davon aus, dass die guten Menschen immer gut sind und die bösen immer böse. Diese Bewertung kann aber in kurzer Zeit umschlagen. Eine Person, die bisher zu den guten gehörte, wird plötzlich zu einer bösen, wenn sie sich als enttäuschend erweist. Ebenso kann ein vormals abgelehnter Mensch plötzlich zu einem netten werden, wenn er sich unerwartet freundlich und zugewandt verhält. So können Erzfeinde zu dicken Freunden werden und umgekehrt. Der Übergang von einer Bewertung in die andere erfolgt ganz abrupt, ohne Vorwarnung und Zwischenschritte, von einer Minute auf die andere, und ist nicht stabil, sondern wechselt immer wieder. Diese plötzliche und schnelle Wandlung in der Bewertung eines Menschen ist für die Beziehungsdynamik weiblich-narzisstischer Frauen kennzeichnend.

»Um die Spaltung aufrechtzuerhalten, muss man große Teile des eigenen Selbst, der anderen und der Situation verleugnen«[45], sagt Stauss. Denn es werden ja immer nur Teile von sich oder der Welt wahrgenommen und die anderen abgespalten und verleugnet. In Bezug auf einen Konflikt, der diese Spaltungsdynamik anregt, ist das problemlösende Denken stark eingeschränkt oder gar nicht vorhanden. Zum Beispiel wird eine Betroffene auf Kritik immer unspezifisch mit Selbstabwertung und starken Minderwertigkeitsgefühlen reagieren statt mit einem konstruktiven Nachdenken, was sie aus der Kritik lernen könnte.

Die Spaltung ist zwar ein psychischer Mechanismus, er bildet sich jedoch auch körperlich ab in Form von Verspannungen. Solche muskulären Blockaden befinden sich vorwiegend im Becken-, Zwerchfell-, Brust- und Halsbereich und verhindern das Auftauchen, Spüren und Ausdrücken von Gefühlen. Das äußert sich in einer oberflächlichen Atmung, die ein tiefes Empfinden verhindert, im Zusammenziehen des Brustkorbs und in Verspannungen des Halses, sodass kein Ton rauskommt, sondern nur ein Druck oder Kloß gespürt wird. Die körperlichen Blockierungen verhindern ein intensives gefühlsmäßiges Erleben und den Kontakt zum wahren Selbsterleben.

Durch die Spaltungen spüren die Betroffenen keine stabile Mitte, da sie zwischen den Polen hin- und herschwanken. In Beziehungen sind sie zuerst sehr offen und zugewandt, ziehen sich aber ohne Vorwarnung zurück oder brechen den Kontakt ab, wenn sie sich gekränkt fühlen. Für das Gegenüber ist dieses Verhalten meist nicht nachzuempfinden, vor allem, weil die Reaktionen mit einer Heftigkeit einsetzen können, die der Situation nicht angemessen sind.

Unverständlich für andere wirkt auch der Gegensatz zwischen äußerer Selbstsicherheit und innerer Unsicherheit.

Im Glanz der Grandiosität

Wenn ich versuche, die weiblich-narzisstische Struktur mit Hilfe eines Modells zu erläutern, dann ist mir natürlich bewusst, dass ich das seelische Geschehen dadurch vereinfache. Seelische Vorgänge sind – wie im Wort schon enthalten – bewegliche Abläufe und keine festen, schematischen Strukturen. Ein Modell wie das hier beschriebene ist fest und unbeweglich. Es kann also die seelischen Abläufe nicht vollständig abbilden, sondern ist quasi eine Momentaufnahme des Erlebens. So wie eine Fotografie auch keine Bewegungsabläufe erfassen kann, aber trotzdem einen Eindruck wiedergibt. Das soll auch das folgende Modell auf der nächsten Seite tun, das eine Erweiterung des vorhergehenden ist.[46]

Im zweiten Kapitel habe ich bereits von Grandiosität als einer Seite der seelischen Medaille gesprochen. Immer schneller, immer besser, immer aufregender ... ist gelebte Grandiosität. Ich will damit nicht gegen Fortschritt und Entwicklung argumentieren, sondern gegen die Auswüchse, deren Folgen wir alle mittragen müssen, sei es durch die immer stärkere Zerstörung der Umwelt oder durch den Verlust an Zeit. Das heißt nämlich nichts anderes als Verlust seiner selbst. Statt auf sich zu hören, in sich zu gehen und gemäß seinen Vorstellungen zu handeln, werden wir angetrieben, Standards zu erfüllen, ob uns danach ist oder nicht.

Betrachten wir die Grandiosität im Rahmen des Weiblichen Narzissmus, so finden wir zwei Ausprägungen: eine rigide und eine

Narzisstisches Spaltungsmodell

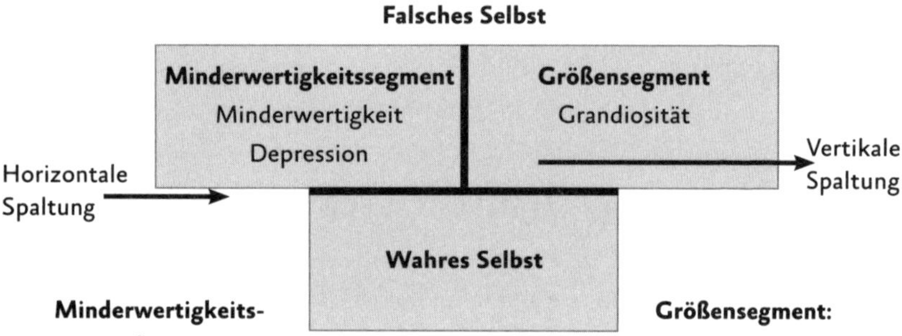

Minderwertigkeitssegment:

- Minderwertigkeitsgefühle
- Nichtigkeit
- Selbstabwertung
- Scham-, Schuldgefühle
- Bedürfnis nach ständiger Spiegelung

Größensegment:

rigid:
- Perfektionismus
- Pseudounabhängigkeit und Bedürfnislosigkeit
- Leistung, Starksein
- Überanpassung
- Besonderssein
- ständiges Agieren
- Fehlen von Normalität

oral:
- Anspruchshaltung
- Euphorie

Wahres Selbst:

- echte Gefühle und Bedürfnisse
- Bedürfnisse nach Geborgenheit, Vertrauen, Sicherheit, Angenommensein und Bindung
- Ambitionen, Ideale, Fähigkeiten
- Identität, Integrität
- Lebendigkeit / Lebensenergie
- Störung des körperlichen Wohlbefindens und Wunde der Verlassenheit
- Vernichtungs- und Verlassenheitsangst bzw. -krise
- Symbiotische Verschmelzungswünsche
- Kränkung und Wut
- Leere, Panik, Hohlheit, schwarzes Loch, Schwäche, Zerfall

orale. Die Begriffe rigid und oral, wie ich sie hier verwende, stammen aus der Körpertypologie des Psychotherapeuten und Begründers der Bioenergetischen Analyse Alexander Lowen und beschreiben eine bestimmte Haltung und Einstellung des Menschen.[47] Kurz gesagt, versucht der rigide Typus über Leistung, Erfolg, Sich-Zusammenreißen und Starksein Zuwendung und Anerkennung zu erhalten. Der orale ist eher bedürftig und saugend. Er wird im nächsten Kapitel erläutert.

Dem rigiden Typus fällt es überaus schwer, sich fallen zu lassen und seine liebevollen Gefühle zu zeigen, da er befürchtet, dann seine Stärke zu verlieren. Er macht sich bedürfnislos, wirkt starr, zusammengehalten, ist aber dabei sehr leistungsfähig und erfolgreich.

Ich habe die rigiden Inhalte des Größensegments in sieben Kategorien geordnet, wobei ich keinen Anspruch auf Vollständigkeit erhebe:

- Der Perfektionismus
- Die Unabhängigkeit im Sinne einer Pseudoautonomie
- Männliche Qualitäten wie Macht, Leistung, kognitive Durchsetzungsfähigkeit, Starksein. Das Wort männlich wählten die Frauen zur Beschreibung dieses Teils ihres Ich-Ideals selbst.
- (Über-)Anpassung an vorgestellte Erwartungen und Manipulation
- Besonders sein, überheblicher Stolz
- Ständiges Agieren und Auspowern
- Was alle Punkte gemeinsam haben, ist das Fehlen von Normalität, das im Anspruch des Besonderen schon angelegt ist.

Perfektionismus, Pseudounabhängigkeit, Leistung, Starksein, Manipulation, Überanpassung, überheblicher Stolz und ständiges

Agieren dienen der narzisstischen Frau dazu, ihre Minderwertigkeitsgefühle auszugleichen. Dabei hat sie das gesunde Maß verloren, denn ihr reicht nicht eine gute Leistung, sondern sie muss besonders gut sein, sie muss die Beste sein. Sie legt einen überhöhten Maßstab an sich, da sie sich keine Fehler und kein Lernen erlaubt, sondern immer schon alles können muss.

Perfektionismus

Der Perfektionismus drückt sich aus in der Absolutheit der Eigenschaften, die die Frau glaubt, besitzen zu müssen. Diese Forderungen sind hemmend, da sie durch ihre Bedingungslosigkeit keinen Spielraum für Individualität lassen.

Sowohl andere Menschen als auch ihre eigenen Tätigkeiten und ihr Aussehen beurteilt sie gemäß diesem sehr hohen, nicht erreichbaren Ideal. Nie wird sie zufrieden sein, weil weder sie noch die anderen dieses Ideal erfüllen können. Auf diese Weise wird sie immer von sich, den anderen und ihrem Leben enttäuscht sein. Den Grund dafür lastet sie ihrer Unfähigkeit oder der Unzulänglichkeit der anderen an, statt zu erkennen, dass er in ihrem eigenen überhöhten Ideal liegt. Die Folgen sind Selbst- und Fremdabwertung, Gefühle von Frustration und Minderwertigkeit sowie Beziehungsabbrüche. Sie verstärken das Erleben von Inkompetenz, das ja die Ursache des Perfektionsstrebens ist. Das Besonderssein und die Perfektion sind nach Hans-Peter Hartmann ein »Kompensationsversuch nicht gehabter und ersehnter Bewunderung und Anerkennung der eigenen Individualität ... sowie ... ein Versuch, jene Bewunderung doch noch zu erhalten.«[48]

Pseudounabhängigkeit

Die Pseudounabhängigkeit bedeutet so viel wie »Ich tue so, als brauche ich niemanden«. In ihrem Idealbild sehnen sich narzisstische Menschen nach absoluter Autonomie, also völliger Unabhängigkeit von anderen Menschen, von Gefühlen und Bedürfnissen. Was andere zum Leben brauchen, nämlich Nähe, Zuwendung und Liebe, das erklären sie als nicht notwendig für sich selbst. Die Fähigkeit, sich wirklich von einem anderen abhängig zu fühlen, ist ihnen weitgehend verstellt oder mit viel Angst besetzt. Sie beziehen sich lieber auf das Ideal des anderen als auf den Menschen selbst. Deshalb kann ihnen manchmal der Beruf oder das Prestige des Partners wichtiger sein als sein Charakter, über den sie leichter hinwegsehen können. Mit vernünftigen Argumenten denken sie ihre Gefühle weg und lassen keine Wünsche und Regungen aufkommen. Dieser Mechanismus setzt so schnell ein, dass er von den Betroffenen kaum bewusst wahrgenommen wird. Das Verbot zu fühlen, zu spüren und zu wünschen sitzt so tief, die Angst vor Gefühlen und Bedürfnissen ist so groß, dass es besser ist, gar nichts mehr zu wollen und zu brauchen.

Viele Frauen erleben dieses pseudounabhängige Verhalten wie eine Maske, hinter der sie eine andere Person verbergen, die sie nicht ausdrücken und zeigen wollen und können. Fällt die Maske weg, befürchten sie, verletzbar, ausgeliefert und schutzlos zu sein. Also lieber nichts von sich zeigen, um sich nicht in Gefahr zu bringen, ausgenutzt zu werden.

Leistung und Starksein

Im Ich-Ideal schlagen sich sowohl eigene Wünsche und Vorstellungen als auch gesellschaftliche Normen nieder. Vor allem der Leistungsbereich ist für narzisstische Menschen ein Feld, um Anerkennung und Bewunderung zu ernten. Einerseits leben wir in einer leistungsorientierten Gesellschaft, die Einsatzkraft honoriert. Zum anderen haben die Erwachsenen in ihrer Herkunftsfamilie gelernt, dass nur besondere Leistungen positive Reaktionen zur Folge haben, was sie antreibt, immer die Besten sein zu wollen oder sogar zu müssen. Im Kapitel *Die Delegation von Leistung* weiter vorne im Buch habe ich dieses Thema schon ausführlich dargestellt.

Überanpassung

Da weiblich-narzisstische Frauen davon überzeugt sind, dass Menschen sie nur dann mögen, wenn sie besser, attraktiver, erfolgreicher, spritziger und geistreicher sind als andere, versuchen sie, sich dementsprechend zu zeigen. Sie sind dabei nicht mit sich selbst in Kontakt, sondern mehr mit den vermeintlichen Erwartungen des Gegenübers. Vermeintlich deshalb, weil es sich in den meisten Fällen um vorgestellte oder eingebildete Erwartungen handelt und nicht um offen ausgesprochene. Somit richten sich die Frauen nur indirekt nach dem anderen. Im Grunde ist ihr Handlungsmaßstab ihre eigene Vorstellung davon, wie sie glauben sein zu müssen, die sie dem anderen unterstellen. Anpassung ist eine Beziehungsfähigkeit, die Fähigkeit, sich wirklich auf einen anderen Menschen einzustellen. Überanpassung dagegen bedeutet, sich nur so zu erleben, als würde man sich ganz dem anderen anpassen und nur seinetwegen dies oder jenes tun oder unterlassen. Die Vorstellung des anderen spielt hierbei keine Rolle, es ist ein beziehungsloses Denken und Verhalten. Die Frauen wissen nämlich gar nicht, was der andere von ihnen will, denn sie fragen auch nicht nach, und gehen damit aus dem Kontakt zu ihm. Das einzige, was ihnen bleibt, sind Vermutungen über die Erwartungen des Gegenübers. Der grandiose Hintergedanke ist: Ich brauche mich nur perfekt genug (über)anzupassen, dann erreiche ich alles! Das ist trügerisch, denn meist erreicht man dadurch genau das Gegenteil.

Besonderssein

Gundi, eine ehemalige Patientin, fühlt sich von dem Thema Grandiosität stark angesprochen:

Grandiosität ist mein spezieller Punkt. Meine Grandiosität ist, dass ich von jedem geliebt werden will. Ich halte es nicht aus, wenn jemand ärgerlich auf mich ist oder mich nicht kennenlernen will. Ich muss oft Sachen besonders schön machen, ich muss immer besser sein und andere überflügeln. Ich muss die Beste, Liebste und Schönste sein, um geliebt zu werden. Wenn ich normal bin oder wie der Durchschnitt, kann ich mir nicht vorstellen, geliebt zu werden. Normale Leute werden normal geliebt, überragende Leute werden überragend geliebt. So stell ich mir das vor.

Das Größensegment beinhaltet ein Ideal, das für die Frau zum Maßstab ihrer Zufriedenheit wird. So wie ihr Ideal von sich ist, so möchte sie werden. Fordert man sie auf, ihr Ideal zu beschreiben, wird schnell deutlich, dass es sich um Vorstellungen handelt, die im Wesentlichen unerfüllbar sind. Ihre Ideale hängen unmittelbar mit Konzepten des Besonderen zusammen, die zum Großteil von den Eltern übernommen wurden. In der Frage einer Patientin kommt das zum Ausdruck. Als ich sie aufforderte, ihr Ich-Ideal zu schildern, wusste sie nicht genau, was sie tun sollte: »Soll ich mich so beschreiben, wie ich glaube, sein zu wollen, oder wie meine Mutter wollte, dass ich bin?« Es stellte sich heraus, dass beides miteinander fast identisch war. Doch das, was eine Frau sein will, ist oft genau das Gegenteil dessen, was sie ist und wie sie sich erlebt.

Ständiges Agieren, grandioses Getriebensein

Bin ich mit jemandem zusammen, dann fällt mir Schweigen sehr schwer, auch wenn es nur kurz ist. Ich meine dann immer, ich müsste irgendwas Interessantes erzählen, damit sich der andere nicht mit mir langweilt. Ich habe immer das Gefühl, ich müsste irgendwas bringen, damit der andere überhaupt Interesse hat, mit mir zusammen zu sein.

Mit den Mitteln, mit denen die Frau früher in der Familie oder Schule Aufmerksamkeit und Bewunderung erhielt, versucht sie es heute auch, obwohl sie eigentlich Zuwendung sucht. Sie hat das Gefühl, dass einfach nur da zu sein, wie sie ist, nicht ausreicht, und sie daher etwas produzieren muss. Dass sie damit andere Menschen überfordert, spürt sie nicht.

Die Grandiosität beinhaltet ein dauerndes Getriebensein in Form von ständiger Unruhe, Tätig-sein- und Leisten-müssen sowie der Optimierung des Äußeren. Dies ist auf Dauer so erschöpfend, dass die Betroffene ein Bedürfnis nach Ruhe entwickelt, das sie sich jedoch nicht eingesteht, denn es käme einem Versagen gleich. Stattdessen stellt sie sich zum Beispiel durch Krankheit ruhig. In diesem Fall ist sie von außen gezwungen, sich hinzulegen und auszuruhen, ohne dass sie sich eingestehen muss, nicht mehr zu können. Wird sie während der Psychotherapie krank, so ist das nicht nur ein körperlicher Vorgang, sondern häufig auch ein Signal der Psyche. Es kann ein Zeichen dafür sein, dass sie sich überfordert hat und Ruhe braucht. Es kann aber auch Ausdruck eines ungelösten Problems sein, eines ungelebten Gefühls von Hilflosigkeit oder Traurigkeit oder eines Schutzbedürfnisses. Während der Krankheit kommt sie dabei mit ihrer Sehnsucht nach Versorgt- und Bemuttertwerden in Kontakt. Gleichzeitig spürt sie ihre Angst, sich fallen zu lassen und Zuwendung ohne Gegenleistung anzunehmen. Sie hat große Mühe, um Hilfe zu bitten, denn sie fürchtet, von der sorgenden Person abhängig zu werden. So liegt sie in einem inneren Kampf zwischen dem Wunsch nach Versorgung und seiner Abwehr.

Eine andere Form, Ruhe zu bekommen, ist das Essen, das voll, satt und unbeweglich macht und erlaubt, sich für eine Weile nicht mehr anstrengen zu müssen. Aber auch andere Suchtmittel können dem Ausstieg aus dem Grandiositätskarussell dienen.

Abrüsten von der Grandiosität, worin ein Teil der Genesung besteht, bedeutet, von dem grandiosen Verhalten Abschied zu nehmen und die Angst auszuhalten, was passiert, wenn man nicht mehr besonders ist und agiert. Erst die Erfahrung wird die Betroffene lehren, dass es ausreicht, so zu sein, wie sie ist, und dass sie so gemocht wird. Nicht um ihrer Erfolge und Leistungen willen wird sie angenommen, sondern weil sie ein liebenswerter Mensch ist. Es ist sehr schmerzhaft, diese Erfahrung zu machen, denn viele Zweifel, ob dies stimmt, tauchen immer wieder auf. Sie hat aber auch eine unendlich große Sehnsucht danach, einfach um ihretwillen geliebt zu werden, ohne etwas dafür tun zu müssen. Und wenn sie endlich das bekommt, wonach sie sich schon lange sehnt, wird sie sich nicht nur freuen, sondern auch ihrem Schmerz begegnen, so lange darauf verzichtet zu haben. Doch es ist ein heilsamer Schmerz.

Im Streben nach dem Ich-Ideal kann sich auch der Wunsch ausdrücken, etwas in sich entfalten zu wollen, das bisher fehlte, um sich ganz zu fühlen. Denn das Ich-Ideal hat auch eine positive Seite, nämlich ein Potenzial, das dem Menschen grundsätzlich zur Verfügung steht, wenn er Zugang dazu bekommt.

Das Ich-Ideal ist an sich nichts Schlechtes und auch nicht das eigentliche Problem, sondern seine Absolutheit und Gnadenlosigkeit machen es zum Problem.

Ich will alles, und zwar sofort

Die Grandiosität hat einen zweiten Aspekt, den oralen. Hierunter ist gemäß der Körpertypologie nach Alexander Lowen eine Haltung gemeint, die auf eine tiefe Bedürftigkeit hinweist. Der früh erlittene Mangel und die Verlassenheitserfahrungen in Form ungenügender

Annahme und Spiegelung äußern sich später in einer untergründigen Anspruchshaltung, zu wenig bekommen zu haben und deshalb heute ein Recht auf die Erfüllung aller Wünsche zu haben. Man nennt sie auch die orale Anspruchshaltung, die sich darin äußert, alles sofort haben zu wollen, ohne aktiv etwas dafür zu tun. Sie ist die Illusion, vom anderen alles zu bekommen. Denn Frauen mit einer oralen Struktur haben nicht gelernt, ihre Bedürfnisse ernst zu nehmen, sie zu vertreten und zu erfüllen. Sie erwarten deshalb, dass der andere ihnen sagt, was ihnen guttut und es ihnen dann gibt.

Diese orale Bedürftigkeit ist im Grunde unstillbar, weil sie mit dem falschen Selbsterleben verbunden ist. Hier hat die Unersättlichkeit ihre Wurzeln, die auch für Essgestörte charakteristisch ist. Ob es Beziehungen betrifft, Liebe, Zuneigung, Lob, Erfolg, es ist nie genug, sie werden nie satt. Sie füttern ihr falsches Selbst, brauchen die Zuwendung und Einverleibung, um ihre Grandiosität zu stärken, haben aber kein Fundament, auf dem die körperliche und emotionale Zufuhr, die sie von anderen bekommen, aufbauen kann. Sie sind wie ein Fass ohne Boden, und die Bedürftigkeit kann süchtige Züge annehmen.

Wenn mir jemand sagt, dass er mich lieb hat, dann werde ich ganz euphorisch, aber das dauert nicht lange an, das rutscht durch. Ich hab das Gefühl, wenn derjenige weg ist, dann öffnet sich eine Tür und das Gefühl, geliebt zu werden, rutscht durch und ist weg, so wie der Mensch.

Gefühle der Unzulänglichkeit und des Verlustes aus der mangelhaften Versorgung oder Überfürsorge der ersten Lebensmonate sollen durch Euphorie und Erregung wettgemacht werden. Narzisstische Frauen leben in einem ständigen Wechsel zwischen Minderwertigkeitsgefühlen und Euphorie. Werden sie gelobt und beachtet oder haben sie sich verliebt, dann sind sie euphorisch, sozusagen total gut drauf. Durch ihre Sprache und ihre euphorische Stimmung spüren die anderen, dass sie regelrecht abgehoben sind, nur sie selbst nehmen es nicht wahr.

In jeder Euphorie liegt die Gefahr der leichten Kränkbarkeit und schnellen Desillusionierung. Denn die Realität kann nie so wunderbar sein, wie sie im Gefühl des Abgehobenseins erscheint, und so muss es zwangsläufig zu einer Enttäuschung kommen, die die Frauen dann tief trifft. Auch ihre Vorstellung von Alles oder Nichts birgt die Enttäuschung in sich: entweder ich kriege alles und das sofort, oder ich will gar nichts. Wird ihrem Anspruch nach grenzenloser Erfüllung ihrer Wünsche nicht entsprochen, reagieren sie zuerst mit Abwertung des anderen, dann mit dem Zusammenbruch ihrer Grandiosität und dem Gefühl der Nichtig- und Wertlosigkeit. Doch danach schwören sie sich: »Beim nächsten Mal mache ich es besser, strenge mich noch mehr an, und dann wird es mir gelingen.« Sie werden versuchen, ihrem Idealbild von sich noch gerechter zu werden, noch perfekter auszusehen, noch etwas mehr abzunehmen, um eine Traumfigur zu bekommen, um damit alle ihre Probleme zu meistern. Die Grandiosität dabei ist der Glaube, alles über noch mehr Anstrengung erreichen zu können und zu meinen, einen vollkommenen Einfluss auf den eigenen Körper, andere Menschen und deren Verhalten zu besitzen und damit die Welt manipulieren und kontrollieren zu können.

Gelingt ihnen das nicht, kann ihre Stimmung schnell, manchmal nur durch geringe Versagungen ausgelöst, in tiefe Verzweiflung, Leere und Verlassenheitsgefühle umschlagen. In dieser Phase sind sie gefährdet, den Weg in die Sucht als letzte Möglichkeit der Kompensation zu begehen. So abgehoben, wie das Hoch ist, so bodenlos ist auch das Tief, in das sie abstürzen. Aufgrund ihres schwachen Identitätsgefühls können sie sich nicht selber auffangen und erleben den Absturz als bedrohliches Fallen in ein Nichts.

Die orale Haltung zeigt sich auch daran, dass selbstunsichere Frauen das Äußern von Wünschen mit Wünsche-erfüllt-Bekommen gleichsetzen. Sie zensieren ihre Wünsche daher und lassen nur die zu, die erfüllbar sind. Die anderen, von denen sie glauben, dass sie zu groß und unverschämt sind, gestatten sie sich kaum zu denken, geschweige denn mitzuteilen. Daraus resultiert aber eine untergründige Form der Manipulation und Kontrolle anderer Menschen, die darauf abzielt, indirekt das vom anderen zu bekommen, was man sich nicht traut, offen auszusprechen. Erfüllt werden kann der tiefe Wunsch nach Annahme in einer vertrauensvollen Beziehung zu einer Partner*in, Freund*in oder Therapeut*in, wenn man sich anlehnen und einfach sein darf. Diese seelische Nahrung anzunehmen liegt jedoch allein in der empfangenden Person. Das kann ihr keiner abnehmen.

Ich bin nichts wert

Bricht die Grandiosität zusammen, treten Minderwertigkeitsgefühle und depressive Stimmungen auf. Das geschieht in den meisten Fällen in Kränkungssituationen wie bei Kritik oder Zurückweisung. Die vormals grandiose Stimmung kippt nun übergangslos in negatives Erleben. Die Frau beginnt, sich abzuwerten, indem sie sich bemängelt und ihre eigene Person entwertet: »Ich bin zu dick, hässlich, abstoßend, dumm, eine Versagerin, ich kann nichts.« Die Frau stellt sich in diesen Momenten in ihrer ganzen Wertigkeit und Existenz infrage und leidet unter starken Scham- und Schuldgefühlen, weil sie ihrem Anspruch an sich nicht gerecht wurde. Ein weit verbreitetes Beispiel ist die Reaktion auf Kritik: Wenn nur eine von zehn Kritiken negativ ist, dann sieht die narzisstische Frau nur diese eine negative und übersieht die restlichen neun positiven. Auf diese Weise entstehen Minderwertigkeitsgefühle.

Ihre interne Abwertung beschreibt Gundi während ihrer Therapie folgendermaßen:

Ich hatte arge Schwierigkeiten, mich diese Woche mit meinen diversen Mängeln angenommen zu fühlen. Das heißt, dass ich mich von den anderen regelrecht kontrolliert gefühlt habe. Ich habe mir Fantasien gemacht, einzelne aus der Gemeinschaft finden mich zu laut, zu geschwätzig, zu lebendig usw. Ich mache mir Gedanken darüber, was die anderen jetzt wohl von mir denken. Dieses schlimme Gefühl, ich bin nicht liebenswert, fehlerhaft, schlecht, hässlich, kann nichts, keiner liebt mich, ich weiß nicht, was ich bin und will, lässt mich immer wieder eine Art von Getrennt-Alleinsein und Einsamkeit fühlen. Ich kann es mir nicht mal vorstellen, wie es sich anfühlt, sich für wirklich liebenswert zu halten, mit sich einverstanden zu sein und auch seine Mängel zulassen zu können. Ich nehme mich selbst nicht an, empfinde mich als Zumutung und vermeide tiefe Beziehungen.

Narzisstische Frauen fürchten die Ablehnung durch die anderen, merken aber nicht, dass sie sich selbst nicht akzeptieren. Der Psychiater Hans-Joachim Maaz nennt das daher auch das Größenklein, das eine Haltung von Menschen beschreibt, die ihre Selbstwertproblematik kultivieren und sich hilfloser und bedürftiger machen, als sie sind.[49] Wenn sie schon in der Kindheit gelernt haben, durch Unterordnung und Passivität Unterstützung zu erfahren, verstärkt das die Opferhaltung und Selbstentwertung.

Die Abwertung bezieht sich nicht nur auf die eigene Person und ihre Kompetenzen, sondern auch auf ihren Körper, den die Frau nur dann akzeptieren kann, wenn er ihrem Ideal entspricht. Aber sie erreicht diesen Zustand nur selten und hat meist ein unangenehmes Körpergefühl. Oft werden dem Körper Schuld und Verantwortung zugeschrieben, die eigentlich nicht zu ihm gehören. Geht zum Beispiel eine Beziehung auseinander, glaubt die Frau, es sei wegen ihres Körpers. »Wenn man so dick und hässlich ist wie ich, dann ist es klar, dass ich nicht geliebt werde.« Der Körper muss manchmal aber auch als Grund für berufliches Versagen herhalten: »Ich habe den Job nicht bekommen, weil ich nicht attraktiv genug bin.«

Die Verbindung von körperlicher Schönheit und Erfolg beziehungsweise körperlicher Unattraktivität und Versagen ist jedoch nicht allein das Ergebnis von neurotischem Denken. Auch die Medien stellen diesen Zusammenhang immer wieder her. In Filmen und in der Werbung wird Frauen suggeriert, dass mit äußerlicher Attraktivität fast alles im Leben zu erreichen sei. In diesem Sinne ist es ein allgemein gesellschaftliches Thema, unter dem viele Frauen leiden. Ich halte es daher für wichtig, diese Zusammenhänge kritisch zu hinterfragen, statt sich davon abhängig zu machen.

Neben der Abwertung gibt es nach Johnson auch die hypochondrische Besetzung des Körpers, also die ständige Sorge um die physische Gesundheit: »Die psychosomatischen und hypochondrischen Beschwerden geben der Betroffenen einen Grund, sich fallenzulassen und als bedürftig zu erweisen.«[50] Körperliche Beschwerden, Krankheit und Depression können als Begründung für das Nicht-einlösen-Können des Perfektionsanspruchs dienen und einen Ausdruck von nicht eingestandenem seelischem Schmerz bedeuten. Da weiblich-narzisstische Frauen große Angst vor ihren echten Gefühlen haben, zeigen sie nicht, wenn es ihnen schlecht geht oder sie traurig sind, sondern tun so, als sei alles in Ordnung. Eher kümmern sie sich um andere, denen es noch schlechter geht.

Das körperliche Leiden ist dann ein Ventil, über das sie ihr seelisches Leiden leben und ausdrücken.

Ständige oder häufige Schamreaktionen sind ein weiteres Merkmal für das Vorliegen eines geschwächten Selbst. Für Johnson sind die extremen »Gefühle von Wertlosigkeit, Demütigung und Scham, die durch jedes Versagen und jede Blamage ausgelöst werden, symptomatisch für die Weigerung, sich von dem überheblichen Selbstkonzept zu trennen, das keine menschliche Fehlbarkeit zulässt.«[51]

Das Spüren und vor allem der Ausdruck von Bedürfnissen und Wünschen ist mit viel Scham besetzt, besonders wenn es um Nähe und Zuneigung geht. Und weil das so beschämend ist, verleugnen narzisstische Frauen diese Wünsche lieber und warten ab, was ihnen der andere von sich aus gibt. Auch wenn sie nicht das bekommen, was sie im Moment brauchen, trauen sie sich nicht, es vom anderen zu erbitten. Diese Scham hat mit dem Verlust des wahren Selbsterlebens zu tun. Denn wenn sie ihre Wünsche nach Zuneigung mitteilen, zeigen sie einen Teil von sich, den sie sonst verbergen. Sie werden nun sichtbar und erleben sich schutzlos. Ersteres beschämt, Letzteres macht Angst.

Scham bedeutet die Angst vor der Ablehnung durch andere, sich bloßzustellen, gesehen zu werden und zu sehen. Die Angst, die mit der Bloßstellung verbunden ist, ist die Furcht, gekränkt und verachtet zu werden und als liebenswerte Person zu verschwinden. Da weiblich-narzisstische Frauen auf die Spiegelung und Bestätigung anderer angewiesen sind, um ein einheitliches Selbsterleben zu empfinden, ist die große Angst vor der Bloßstellung zu verstehen. Denn in dem Moment verlieren sie ihr Selbstgefühl und erleben sich wie ein Nichts.

Scham hat immer etwas mit Eindringen und Überwältigung zu tun und dem Versuch, dies abzuwehren. Die Schamreaktion, also das Verstecken und Nichthinsehen, wird als letzte Möglichkeit der

Wiederherstellung der Grenzen angesehen. Dieser Mechanismus setzt ein, wenn die Person aufgrund ihres geschwächten Selbst keine anderen Möglichkeiten besitzt, sich zu schützen. Wenn die Abgrenzung nach außen nicht gelingt, weil die Grenzen durchlässig sind, wird jede Form des Eindringens zu einer Bedrohung. Sehen und Gesehenwerden werden als Eindringen erlebt und sind sowohl mit aggressiven als auch sexuellen Inhalten verbunden. Deshalb können viele Frauen es so schwer aushalten, angeschaut zu werden. Kerstin formuliert eine typische Situation:

> *Wenn ich mich mal in meinem Körper wohlfühle und mich dann jemand anstarrt (sie schreibt »anstarrt«, nicht »anschaut«), gerade Männer, dann werte ich mich ab, finde mich hässlich, fett und widerlich. Es ist nicht das Gefühl: toll, die gucken mich an, sondern ich werde dann ganz unsicher und schäme mich.*

Es ist fast so, als würden die Blicke etwas mit ihr machen, wogegen Kerstin sich nicht schützen kann. Sie treffen sie tief, dringen in sie ein, ohne dass sie sie abwehren kann. Aber nicht nur das Angesehenwerden, sondern auch das Angesprochen-, Eingeladen- und Geliebtwerden, das Annehmen von Liebe, Zuneigung und positiver Kritik und Sexualität können Beschämung auslösen, wenn sie als bedrohliche Invasion erlebt werden. In dem Moment muss sie die Liebe und Zuneigung zurückweisen, um sich zu schützen, obwohl sie sie sich sehnlich wünscht. Das ist tragisch, denn das narzisstische Streben ist auf Liebesbekundungen angelegt, vereitelt es aber im selben Moment.

Wer bin ich wirklich?

Das wahre Selbsterleben ist bei narzisstischen Menschen in großem Maße unzugänglich geworden. Die Person selbst ist mit ihm kaum in Kontakt und erlebt sich hauptsächlich im Wechsel zwischen den beiden Polen des falschen Selbst. Oft wird das von den Betroffenen folgendermaßen beschrieben: »Warum fühle ich mich so klein und schlecht, obwohl ich doch auf andere einen selbstbewussten und erfolgreichen Eindruck mache? Wer und was bin ich nun wirklich? Der mickrige Zwerg meiner Angst oder die große Heldin meiner Allmachtsfantasien?«

Sie sind weder nur das eine noch das andere. Sie sind von beidem etwas, aber auch noch etwas anderes. Wer sie wirklich sind, ahnen sie bestenfalls.

Das wahre Selbsterleben umfasst neben den echten Gefühlen und Bedürfnissen auch jene kindlichen, die unerfüllt blieben oder unerwünscht waren. Wie wir bereits sahen, handelt es sich um unerfüllte Wünsche nach Sicherheit, Geborgenheit, Angenommensein, Vertrauen und Bindung. Des Weiteren um Störungen im Erleben von Hunger und Sattheit, körperlichem Wohlsein, wärmender Berührung und körperlicher Nähe. Teil des wahren Selbsterlebens sind auch die Ängste, die damals herrschten, als das falsche Selbsterleben aufgebaut wurde. Dies sind vor allem Vernichtungs- und Verlassenheitsängste.

Aus der defizitären Selbstentwicklung blieben der Wunsch nach Verschmelzung mit einem idealen anderen Menschen (Partner, Freundin oder Therapeutin), der Wunsch nach ständiger und vollkommener Spiegelung und Bewunderung sowie das Drängen auf Erfüllung. Begleitet werden diese Ansprüche von starken Gefühlen der Kränkung und Wut, weil sie unerfüllbar sind. Das Selbst ist sehr schnell verletzbar, unsicher und instabil. Daraus ergeben sich

Gefühle der Leere, Panik und Hohlheit, verbunden mit dem Erleben von Schwäche und Zerfall.

Erlebt wird die Annäherung an das wahre Selbsterleben dementsprechend als tiefe Verunsicherung. Denn mit der Berührung des wahren Selbst werden auch jene Gefühle ausgelöst, die bisher unterdrückt wurden und die mit der frühen Kindheit, der Verlassenheit, Kränkung und Verletzung zusammenhängen. Es ist daher kein Wunder, dass bei der Annäherung an das wahre Selbsterleben Zustände von tiefer Angst und Panik mit Zeiten abwechseln, in denen sich die Betroffenen gut fühlen. Die Rolle der Therapeut*innen besteht darin, den Patienten zu helfen, die »unwillkommenen Gefühle willkommen zu heißen«[52], wie es Johnson nennt, ihren Ausdruck zu fördern und Blockierungen aufzulösen.

»Ich weiß überhaupt nicht mehr, was mit mir los ist, ich bin ganz durcheinander.« So erleben sich die Frauen, wenn sie beginnen, ihr wahres Selbsterleben zu spüren. Sie haben das Gefühl, dass nichts mehr an seinem alten Platz ist, ehemalige Ausweichmanöver des falschen Selbst ihre Wirkung verlieren, eine vorübergehende innere Stabilität von vehementen Gefühlen abgelöst wird und sie selbst sich nicht mehr so vorhersagbar wie früher erleben. Diese Verunsicherung ist begleitet von Angst, was mit ihnen geschieht. Die Frauen versuchen, wieder Ordnung und Gleichmäßigkeit in ihr Erleben zu bringen, aber das gelingt im Moment nicht. Gleichzeitig erleben sie auch neue, positive Gefühle der Verbundenheit, der körperlichen Entspannung und Zufriedenheit.

Gutes und böses Essen

Das Ess-Brech-Symptom hat im Rahmen jedes einzelnen Segments, also der Minderwertigkeit, der Grandiosität und des wahren Selbsterlebens, eine andere Funktion und Bedeutung. Ganz allgemein dient es, ebenso wie das falsche Selbsterleben, der Abwehr von echten Gefühlen und Bedürfnissen, die im wahren Selbst liegen.

Die Bedeutung des Essens und Erbrechens im Zusammenhang mit dem Minderwertigkeitssegment ist mehrschichtig. In erster Linie ist es eine Form der Selbstabwertung, durch welche sich die Bulimikerinnen beweisen können, wie minderwertig und verabscheuungswürdig sie im Grunde sind. Sie bestätigen sich ihr negatives Gefühl von sich, indem sie sich selbst der erniedrigenden Situation der Ess-Brech-Anfälle ausliefern. Die Patientinnen erleben sich wie gierige Tiere, abartig, nicht normal und verachtenswert.

Das Essen/Erbrechen ist aber auch eine Form der Selbstbestrafung für die eigene Minderwertigkeit und Schlechtheit. Diese hängt unter anderem mit sexuellen Gefühlen, Lust und Gier zusammen, die von den Frauen als schmutzig und böse bezeichnet werden. Sie bestrafen sich dafür durch Überessen, Askese oder Erbrechen. Weil sie sich schuldig gemacht haben, indem sie aßen, müssen sie sich bestrafen und Buße tun. Weil sie meinen, ein schlechter Mensch zu sein, haben sie es nicht verdient, dass es ihnen gut geht. Und mit Überessen und Erbrechen erreichen sie es, sich wertlos zu fühlen und verstärken so ihre vermeintliche Minderwertigkeit. Es ist ein Teufelskreis.

Innerlich erleben sich Bulimikerinnen zweigeteilt in einen bösen Teil, der ungezügelt frisst, erbricht, der pervers, willenlos, abartig, lustvoll und schmutzig ist. Von der Journalistin und Sachbuchautorin Maja Langsdorff befragte Frauen bezeichneten ihn als den

Die Bedeutung des Ess-Brech-Symptoms im Rahmen des narzisstischen Spaltungsmodells

Symptom bedeutet:

- Essen/Brechen ist eine Form der Selbstabwertung
- Selbstbestrafung für die eigene Minderwertigkeit, Schlechtheit, Gier und Lust
- Erbrechen als Reinigungsritual; Befreiung vom bösen Teil in sich
- Essen als Abwehr sexueller Wünsche und Ängste

Symptom bedeutet:

- Essen/Brechen, um Idealbild aufrechtzuerhalten (schlank, problemlos)
- Abwehr von Enttäuschung und Kränkung
- Spannungen und Konflikte werden »weggegessen«
- Ruhe finden im Essanfall
- Erbrechen als Ungeschehenmachen des Fressens

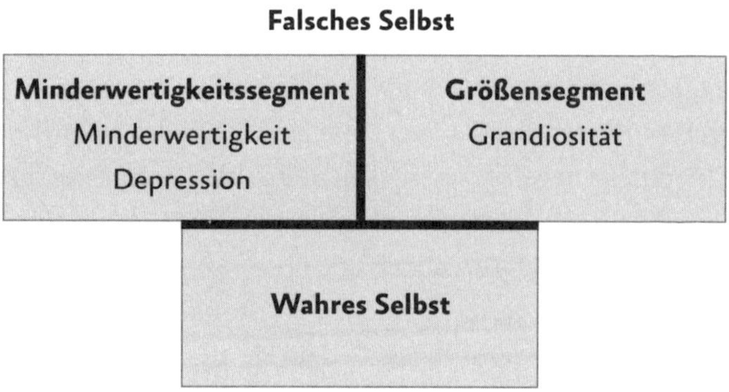

Symptom bedeutet:

- Abwehr echter Bedürfnisse und Gefühle
- Abwehr des Gefühls der Verlassenheit bei Alleinsein und Trennung
- Abwehr von Schmerz, Wut, Hilflosigkeit, Panik
- Abwehr des Bedürfnisses nach Nähe und Sexualität
- Tröstung im Essen finden
- Abwehr von Identität und Autonomie

Teufel in sich.[53] Wenn sie sich ihren Gelüsten hingeben, verunreinigen sie sich. Der gute Teil in ihnen ist der saubere, reine, überangepasste, kontrolliert essende, der die Unarten des anderen durch besonders nettes Verhalten ausgleichen soll. Erbrechen hat in diesem Kontext die Bedeutung eines Reinigungsrituals, um sich vom bösen Teil zu befreien und sauber zu werden.

Im Zusammenhang mit dem Größensegment hat das Ess-Brech-Symptom den Zweck, sich den aktuellen Problemen nicht stellen zu müssen, Spannungen, Enttäuschungen, Konflikte wegzuessen und auf diese Weise der Welt und sich selbst vorzumachen, dass es keine Probleme gibt.

Um schön zu sein, muss die Bulimikerin schlank sein, um Probleme zu vermeiden, muss sie fressen, um nicht dick zu werden, muss sie erbrechen. Auf diese Weise versucht sie, ihr Idealbild aufrechtzuerhalten, indem sie schlank, attraktiv und zugleich ohne Probleme ist. Das Erbrechen ist der Versuch, das Fressen ungeschehen zu machen, als könne man einfach seine Probleme in die Kloschüssel werfen und dann runterspülen. Die narzisstische Getriebenheit findet vorübergehend Ruhe durch Essen und Erbrechen.

Bezogen auf das wahre Selbsterleben dient das Ess-Brech-Symptom der Abwehr der echten Bedürfnisse und Gefühle, der Verlassenheitsgefühle und dem Wunsch nach Nähe, Ruhe und Angenommensein. Zugleich dient es der Abwehr und Kontrolle sexueller Wünsche und Ängste. Den Zorn auf die Behinderungen, sie selbst sein zu dürfen, richtet sie gegen sich selbst und hält ihn mit Fressen nieder. Besonders in Situationen von Alleinsein und Trennung, die narzisstische Frauen als Verlassenwerden und Kränkung erleben, kommen sie ihrer Sehnsucht nach anderen Menschen, ihrem Bedürfnis nach Nähe und dem Schmerz und der Wut über die Verlassenheit besonders nahe. In ihrer Hilflosigkeit und panischen Angst diesen Gefühlen gegenüber reagieren sie mit Essen und Erbrechen, weil sie nicht den Mut und die Sicherheit haben, diese Gefühle zuzulassen. Dazu brauchen sie therapeutische Unterstützung oder den Beistand von Selbsthilfegruppen, die ihnen Halt und Sicherheit geben. Aufgrund früherer mangelnder Fürsorge fehlt ihnen die Fähigkeit zur Selbsttröstung und Selbstannahme, die ihnen in diesen Momenten helfen würde, die Situation zu meistern. Das Essen kann als Versuch einer Tröstung angesehen werden.

So wie die Persönlichkeit von Bulimikerinnen gespalten ist, finden wir auch in Bezug auf das Essen wieder eine Spaltung: Essen ist schlecht, Fasten und dünn sein sind gut. Dementsprechend werden die Esswaren auch in gute und böse eingeteilt. Die guten machen nicht dick, sind gesund, fett- und kalorienarm wie Magerjoghurt und Chiasamen. Sie sind außerdem die erlaubten Nahrungsmittel. Die bösen sind die gehaltvollen, wohlschmeckenden Speisen wie Pizza, Nudeln, Sahnesoße, Pudding, Schokolade usw. Sie sind im Grunde die Gerichte, die ihnen besser schmecken, die zu essen sie sich jedoch nicht erlauben, oder nur unter der Bedingung, hinterher wieder zu erbrechen oder sie mit extremem Sport abzutrainieren.

Die Begründung heißt: »Ich habe Angst, dick zu werden.« Diese Angst hängt meiner Meinung nach mit der Grandiosität und dem überhöhten Ich-Ideal der Bulimikerin zusammen. Wenn sie dicker ist, als ihr Ideal es zulässt (und diese Spanne ist sehr gering), gerät sie in Gefahr, dass ihre grandiose Kompensation zusammenbricht, sie sich minderwertig fühlt und in Kontakt mit dem wahren Selbsterleben kommt: dem Wunsch, normal sein zu dürfen und trotzdem geliebt zu werden. Normal sein hieße, bezogen auf den Körper: Ich muss nicht einem niedrigen Idealgewicht hinterherhungern oder brechen, sondern darf mich satt essen, einige Kilo mehr wiegen und dennoch angenommen und geliebt werden. Diese Vorstellung, so schön sie ist, macht große Angst, weil das Vertrauen fehlt, dass die Welt nach diesem Prinzip funktioniert. Für die Bulimikerin bedeutet die Erfahrung, existenzberechtigt zu sein und Zuwendung zu erhalten, auch ohne perfekt zu sein, ein großes Wagnis. Lässt sie sich darauf ein, erlebt sie panische Angst und Zweifel, begleitet von Gefühlen der Verlassenheit und Vernichtung. Sie begegnet also frühen Ängsten und alten Ablehnungen, ihrem dementsprechenden Misstrauen anderen gegenüber und ihrem damit verbundenen Hass.

Verbotene Lust und Gier

Lust und Gier sind für weiblich-narzisstische Frauen verboten und werden mit Fasten und Askese niedergedrückt. Dadurch werden sie jedoch noch stärker, weniger kontrollierbar und beängstigender. Gier und Fasten gehören zusammen wie Licht und Schatten und haben zuerst einmal noch nichts mit einer Essstörung zu tun. Jeder Mensch, der längere Zeit nichts isst, entwickelt einen gierigen Hunger. Es ist ein einfaches physiologisches Gesetz, nach dem der Körper reagiert. Frauen, die fasten, um schön zu sein, versuchen, sich über diesen natürlichen Ablauf hinwegzusetzen, indem sie gerade dann nichts essen, wenn sie Hunger haben. Statt dem Körper zu folgen, wollen sie ihm ihre Gesetze aufzwingen, was aber nicht lange gut gehen kann. Die Natur lässt sich nicht unter Kontrolle bringen. Und je mehr sich die Betroffenen kasteien, umso größer wird der Heißhunger. Im Kontakt mit Essen bricht dann die Gier durch. Als würde der Staudamm brechen, den sie so lange und verzweifelt gegen die Lust, den Hunger und die Gier gebaut haben. Es gibt in ihrem Erleben auch in diesem Kontext nur ein Entweder-oder: entweder Kontrolle oder ungezügelte Gier.

Die Gier kann aber auch im Rahmen der Grandiosität als Versuch verstanden werden, nach immer mehr zu streben und sich nicht mit normalen Mengen abzufinden. In der Gier liegt die Grenzenlosigkeit, die Allmacht des Alles-haben-Wollens, sich nicht mit weniger zufrieden zu geben, wenn mehr möglich ist. Ausgeglichen werden sollen dadurch die Angst und das mangelnde Vertrauen darin, dass genug für jeden da ist. Diese Haltung zeigt aber auch, dass die Betroffenen sich nicht mit der Beschränkung versöhnt haben und sie als Teil des Lebens akzeptieren.

Gundi spürt zu Beginn ihrer stationären Therapie ihre Unersättlichkeit und Unruhe, die sie durchs Leben treibt und nicht satt werden lässt.

Ich mache mir großen Druck, so viel als möglich an mir zu arbeiten, lasse mir kaum Zeit anzukommen, sondern habe ständig das Gefühl, ich müsse so schnell wie möglich alles machen: Gleich alle Leute kennen, ihnen nah sein, meditieren, Gespräche führen usw. So lebe ich: Immer so viel wie möglich von allem! Und so schnell es geht! Es ist, als würde ich mich regelrecht durchs Leben hetzen. Ich erlaube mir nicht zu rasten und kann weder ruhen noch genießen – so, als wär ich ständig auf der Durchreise. Ich möchte so gerne mal bleiben können, so richtig da sein. Ich weiß ja, dass ich mir die Hektik selber mache, aber ich weiß einfach nicht, wie ich es anders machen könnte – mein ganzes Leben geht das nun schon so, und langsam habe ich das Gefühl, ich betrüge mich selbst um das Schöne im Leben. Selbst wenn ich mich mal dazu zwinge, etwas zu tun, was mir Spaß macht, habe ich den Druck, es schnell zu machen, sodass ich noch meine Pflichten erledigen kann. Ich habe überhaupt bei allem, was ich tue, das Gefühl, ich müsse mich beeilen, ich müsse es schnell machen, damit ich schnell ans Nächste kann – so bringe ich mich um jeden Ge-

nuss. In meinem Kopf ist eine Tafel, da steht immer drauf, was ich noch alles erledigen muss – und ich werde nie fertig.

So etwa sieht's in mir aus:

Arbeit, Pflicht	*Genuss, Vergnügen*
ICH MUSS	ICH DARF NICHT

Ich bin gerade total traurig, mir wird das alles erst jetzt richtig bewusst, wo ich es aufschreibe. Ich komm mir vor wie der Hund, der hinter der Wurst herläuft und sie nie erreicht.

Allein beim Lesen spürt man die Getriebenheit dieser Frau, die typisch ist für die grandiose Abwehr. Damit rennt sie vor sich selbst weg, spürt zwar in Ansätzen ihre wirklichen Bedürfnisse nach Ruhe, Ankommen und Normalität, kann aber noch nicht stehen bleiben und ihnen nachgehen. Sie rennt noch einem Ideal hinterher, das sie nie erreicht und das sie auf Dauer nicht glücklich macht, aber sie rennt weiter. Den ersten Schritt zum Stehenbleiben hat sie getan, indem ihr die Dynamik bewusst geworden ist und sie traurig wird. Doch dieser Erkenntnis muss eine Verhaltensänderung folgen, sonst ist sie nur eine Marginalie.

Das Beziehungsdilemma

Dilemma bedeutet *Klemme; Wahl zwischen zwei unangenehmen Dingen; Zwangslage, Zwangsentscheidung*. Und so stellen sich Beziehungen von narzisstischen Frauen dar. Sie haben die Wahl zwischen Nähe und Distanz. Wählen sie die Nähe, dann bekommen sie Angst, verschlungen zu werden. Wählen sie die Distanz, dann fürchten sie das Alleinsein und die Depression. Wie sie sich auch entscheiden, sie sind nie glücklich. Kommen sie einem Mann nahe, müssen sie bald für Distanz sorgen, weil sie die Nähe fast erdrückt. Sind sie in der Distanz, fühlen sie sich alleingelassen und einsam und tun alles, um ihm wieder nah zu sein. Dieses Beziehungsmuster führt entweder dazu, sich bei zu großer Nähe vom Partner zu trennen und dasselbe Muster mit dem nächsten Mann zu praktizieren; oder sie werden mit immer demselben Partner in ständigem Wechsel zwischen Nähe und Distanz hin- und herpendeln, verbunden mit den dazugehörigen Gefühlen der Angst, Panik, verzehrenden Sehnsucht und dem Wunsch, wegzurennen.

Denn die Beziehungen von narzisstischen Menschen sind auf Verschmelzung angelegt: Wir machen alles zusammen, wollen immer dasselbe, lieben uns gleich stark und so weiter. Es wird eine Einheit angestrebt, die die Eigenheit und Individualität jedes Partners verhindert. Keiner darf mehr so sein, wie er ist, sondern muss so sein, wie es die Beziehung erfordert. Die Eigenständigkeit des Partners wird oft sogar geleugnet. Seine Aufgabe ist es, nur für sie da zu sein. Möglicherweise wird der Partner sogar beschimpft und gehasst, sobald er sein Recht auf Eigenständigkeit verwirklicht. Bei einem solchen Fall von Verschmelzung spricht man auch von Konfluenz, von Zusammenfließen. Veranschaulichen lässt sich dies durch das Bild des Milchkaffees: Es gibt Milch und es gibt Kaffee, verschmelzen sie, wird daraus Milchkaffee. Dadurch geht die Eigenheit des Kaffees ebenso verloren wir die der Mich, es entsteht zwar etwas Neues, aber die Besonderheiten jedes einzelnen Elements wird vernichtet. Übertragen auf die Beziehung heißt das, es gibt weder eine Grenze zwischen den Partnern noch ist eine Unterscheidung möglich, als seien sie eine Person. Häufig hängt die weiblich-narzisstische Partnerin an diesem verschmelzenden Ideal, das mit der Illusion verbunden ist, nicht unabhängig werden zu müssen. Dabei fehlt ihr das Bewusstsein, dass die Voraussetzung für eine gute Beziehung die Eigenständigkeit beider Partner ist. Stellt nun der Mann die Forderung danach an sie, zerbricht ihre Illusion, endlich den grenzenlos gebenden Menschen gefunden zu haben. An diesem Punkt bricht der Kontakt zwischen den Partnern häufig ab, weil sie sich durch seine Eigenständigkeitsbestrebungen verlassen fühlt und er mit ihren kindlichen Gefühlen nicht umgehen kann. Und damit kann sie sich wieder bestätigen, nicht genug wert zu sein, weil niemand bei ihr bleibt.

Die Beziehungsgeschichte von Marlene macht das typische Muster deutlich:

Meine erste feste Beziehung dauerte fast drei Jahre. Die Zeiten ohne meinen Freund konnte ich vor Leere, Unlust und Langeweile kaum aushalten. Es war, als ob ich mich überhaupt nur noch über ihn erleben konnte, die Beziehung war zum Lebensinhalt geworden. Und die war sehr chaotisch. Wir stritten uns immer, wenn wir zusammen waren, und konnten uns erst in der Versöhnung nahe sein.
Ich reizte ihn bis zum Schlussmachen, dann bekam ich starke Verlassenheitsängste und legte alle Energien darein, um ihn wieder zurückzubekommen, was mir immer gelang – egal zu welchem Preis und mit welchem Aufwand an Selbstverleugnung. Es war, als würde ein Ende der Beziehung mich mit abtöten, einen Abgrund vor mir entstehen lassen und eine schwarze Wand. Wenn er sich wohlfühlte, inszenierte ich ein neues Chaos, weil ich dachte, wenn er sich wohlfühlt, wird's langweilig und er geht. Im letzten Jahr der Beziehung war er mir immer fremder geworden, weil er etwas mit einer anderen Frau hatte. Wir trennten uns dann.

Die nächste Beziehung war sehr ähnlich. Ich war von diesem Mann genauso enttäuscht wie von dem anderen. Ich war gekränkt, weil der Partner besser für sich sein konnte, nicht ständig mit mir zusammen sein wollte, mir selten sagte, dass er mich mag, viel weniger Initiative ergriff, als ich es mir gewünscht hätte. Seine Abgrenzung empfand ich als Zeichen, dass er mich nicht genügend mag. Ich tat viel für ihn, in der Hoffnung, er würde merken, was ich mir für mich wünschte. Bedürfnisse auszusprechen war mir vollkommen fremd, da ich davon überzeugt war, es sei die Aufgabe des Partners, mich so gut kennenzulernen, dass er alles selber merkt. Ja, das war wohl meine innerste Überzeugung von Liebe: Wenn er mich genügend liebt, dann merkt er alles.
Es erinnert mich an eine Mutter-Kind-Beziehung. Die Mutter ist stets verfügbar, kennt das Kind gut, merkt, was mit ihm los ist und welche Bedürfnisse es gerade hat und ist nur dazu da, sich um das Kind zu sorgen. Wenn sie geht, ist das Überleben des Babys gefährdet. Was mich verblüfft, ist, dass ich ja zwischen den Beziehungen die Erfahrung gemacht habe, ohne diese lebensfähig zu sein, und doch erlebte ich in der zweiten Beziehung wieder dieselbe Angst bei der Vorstellung, der Partner würde sich von mir trennen. Ich konnte also nicht auf die zwischenzeitliche Erfahrung zurückgreifen.
Die zweite Beziehung war geprägt von sexuellen Schwierigkeiten. Die erste Zeit hatte er keine Lust und ich dadurch sehr große. Ich dachte wohl, wenn ich ihm dazu verhelfe, Mann zu werden, dann ist er mir so verbunden, dass er mich nie verlassen wird. So ließ ich ziemlich alles mit mir machen, nur damit es ihm gut ging. Als er dann nach etwa einem Jahr seine Lust entwickelt hatte, kippte ich weg. Die alte Panik und das Beengtheitsgefühl waren da, sobald jemand was von mir will.
Ich entzog mich ihm immer mehr, konnte keine Berührung mehr

ertragen. Er fing an, sich in meinem Beisein für andere Frauen zu interessieren, und ließ mich nicht mehr spüren, dass er mich mag. Ich glaube, danach begann mein Komplex, nicht nur zu dick zu sein, sondern eben einfach auch zu hässlich. Ich erklärte seine Abwendung von mir nur aufgrund der Äußerlichkeiten, zumal er mir auch immer mitteilte, welche Frauen ihm gefielen. Er hatte sich auch nahezu in jede meiner Freundinnen verguckt, sodass ich immer mehr das Gefühl bekam, so wie ich bin, habe ich keine Chance, seine Aufmerksamkeit zu bekommen.

Bis zu dem Punkt, an dem er begann, sich anderen Frauen zuzuwenden, war ich überzeugt, dass meine Vorstellungen und Erwartungen richtig waren, dachte nie über mich nach, nur darüber, warum er sich nicht so verhält, wie ich es gerne hätte. Mein Ziel war es, die Partner dahin zu bekommen, so zu sein, wie ich sie haben will. So, wie früher meine Mutter meine ganze Aufmerksamkeit in Anspruch nahm und mein Mich-Fühlen bestimmte, so waren es jetzt die Partner.

Nach dem Ende der zweiten Beziehung hatte sich dann grundlegend etwas geändert. Irgendwie war ich angeknackst, merkte, dass mein Leben nicht so funktionierte, wie ich immer dachte. Ich ging dann in eine Frauentherapiegruppe. Das war gut. Wie so ein Aha-Effekt: »Was will ich?« Es war Neuland, mich auf mich zu besinnen, über mich nachzudenken. Irgendwie fühlte ich mich wie ein verschüchtertes Häschen, das aus einem langen Albtraum aufwacht. Ich hatte das Bild, dass Beziehungen wie ein reißender Strom sind. Sobald ich nur meinen Zeh reinsetze, zieht es mich rein, und ich muss nur noch kämpfen, es ist nur noch anstrengend und chaotisch. Sobald ich mich einlasse, so dachte ich, bin ich ausgeliefert, spüre mich selber nicht mehr, ist Unruhe im Leben. Heute kenne ich das Gegenmittel: meine Wünsche und Bedürfnisse zu spüren und auszudrücken! Zu sagen, was ich will und was ich nicht will.

Ich habe auch die Erfahrung gemacht, dass ich in den früheren Beziehungen durch das »er soll merken« davon abgelenkt habe, dass es mir schwerfällt, meine Wünsche auszusprechen.
Meine Aufgabe wird es sein, auch in nahen Beziehungen autonom zu bleiben, das heißt für meine Bedürfnisse und Grenzen einzutreten. Das wird mir schwerfallen, denn ich hatte immer das Bild, irgendwann, als Belohnung für alle meine bisherigen Mühen, aus dem Chaos in den sicheren Vater-Mutter-Hafen fahren zu dürfen, und dann würde das Leben endlich einfach, dann müsste ich mich nicht mehr anstrengen.
Ich habe auch gemerkt, dass ich Angst vor Nähe habe. Ich wetteifere zwar immer danach, ob jemand mir nah sein möchte, wenn es dann aber so ist, bekomme ich sehr schnell Angst, verschlungen zu werden. Ich habe Angst, meine Grenzen zu verlieren, wenn ich einmal Ja sage. Am liebsten wäre mir, wenn ich in einer Beziehung vollkommen dirigieren dürfte, der andere keine eigenen Bedürfnisse hätte, außer natürlich, mich zu mögen.

In Marlenes Beschreibung wird deutlich, wie sie eine Illusion von Beziehung aufbaut, die zu leben unglaublich anstrengend ist und letztendlich nicht gelingen kann. Man kann die Angst spüren, die mit der Vorstellung von Beziehung zusammenhängt: Die Furcht, dass jede Beziehung immer wieder in derselben Weise endet, und die Angst vor dem Sog, wenn sie einmal in den Strudel der Gefühle geraten ist.

Ihr untergründiger Wunsch ist der nach einem »Vater-Mutter-Hafen«, also einer beständigen Beziehung, in der sie geachtet, angenommen und wahrgenommen wird und wichtig ist. Sie selbst hat als Kind eine solche Beziehung weder zu ihrer Mutter noch zu ihrem Vater aufbauen können. Dieser Mangel setzt sich in ihren heutigen Beziehungen fort und bleibt bestehen. Denn wendet der

Mann sich ihr zu und bietet er ihr eine Beziehung an, dann geht sie innerlich weg. Sie gibt ihm und sich nicht die Chance für eine nährende Bindung, sicherlich auch, weil sie nie erfahren hat, was eine gute Beziehung ausmacht, wie sie aufgebaut wird und wie man sie erhält. Ihre Unsicherheit und ihre Ängste überwiegen und bestimmen ihr Verhalten.

Fehlende gute Beziehungserfahrungen drücken sich entweder in häufigem Partnerwechsel aus oder in längerfristigen, aber ständig schwankenden Beziehungen, deren Existenz durch Krisen schnell bedroht wird. Die Partner stellen sich in Streits immer wieder die grundlegende Frage, ob sie zusammenbleiben wollen oder ob sie sich doch lieber trennen. Am Ende bleiben sie zusammen, bis sie sich die Grundsatzfrage im nächsten Streit wieder stellen. So, als hätten sie Angst, dass eine Beziehung Konflikte nicht aushält und dass es am Ende nur eine Lösung gäbe: die Trennung.

Eine weitere Quelle für das Beziehungsdilemma ist der Widerspruch zwischen dem äußerlichen Selbstbewusstsein der Frau und ihren starken Abhängigkeitstendenzen in Beziehungen. Sie tritt unabhängig, erwachsen und selbstständig auf, in Beziehungen dagegen wird sie abhängig, unselbstständig, anklammernd und kindlich. Nicht nur die Betroffenen leiden unter dieser Diskrepanz, sondern auch die Partner, die nicht wissen, auf welche Art von Frau sie sich einstellen müssen. Sie lernen eine selbstbewusste Frau kennen und wollen auch mit dieser eine Beziehung eingehen, begegnen dann aber plötzlich einer ganz anderen Partnerin: einer Frau, die sich stark an den Mann anpasst, nur noch an ihn denkt und nichts mehr allein unternehmen will. Die Überanpassung an den Partner kann bis zur Aufgabe ihrer Identität gehen. Sie verliert sich dann ganz im anderen und spürt sich nicht mehr als unabhängige Person mit eigenen Grenzen und Bedürfnissen. Alles Fühlen und Denken kreist nur noch um den Mann, sie gerät in Panik, wenn er nicht anruft oder zu spät kommt, und löst sich scheinbar ganz in ihm auf. Entfernt er sich, werden die Anklammerungsversuche umso stärker, was den Partner nur noch mehr nach Unabhängigkeit streben lässt. Mit jedem Stück Distanz steigen die innere Angst, verlassen zu werden, und die Bemühung, den Partner nicht zu verlieren. Im Erleben und Verhalten der Frau ist von der vorherigen Unabhängigkeit und Sicherheit nichts geblieben. Sie reagiert schnell mit Kränkung und Rückzug, wenn sie vom Partner kritisiert wird, stellt sich vollkommen infrage, bis sie nichts Gutes mehr an sich findet. Über Schlanksein und äußere Attraktivität versucht sie zu gefallen, ist aber nur noch selten mit sich zufrieden. Durch die große Verunsicherung kommt es zu einem inneren Druck, der sich in Suchtverhalten oder in Streit entlädt.

Manchmal setzt hier der Mechanismus ein, den anderen entweder räumlich oder innerlich zu verlassen und alles zu zerstören, wie auch Marlene es beschrieb. Dies führt in der Regel zur Trennung. So schmerzlich diese auch ist, sie wird zugleich von einem Gefühl der Erleichterung begleitet, endlich wieder allein zu sein, sich auf sich selbst verlassen zu können und nicht mehr anpassen zu müssen. Interessanterweise würde diese Einstellung in der Partnerschaft die Beziehung erhalten. Aber Autonomie kann eine narzisstische Frau nur allein leben. Im Alleinsein fühlt sie sich unabhängig, ist sie zu zweit, dann wird sie abhängig, symbiotisch und klammernd.

Die Unabhängigkeit erleben viele Frauen im Berufsleben und sie dient der Bewältigung des Alltags. Sie ist ein Zeichen von Ich-Stärke und Kompetenz, die ihnen jedoch in einer intimen Beziehung verloren geht. Zu Beginn einer Beziehung kann die Frau die Nähe noch genießen, spürt noch eine Grenze zwischen sich und dem anderen, doch nach einiger Zeit gelingt die Abwehr gegen den Wunsch nach Verschmelzung nicht mehr. Es ist fast so, als würde die starke, unabhängige Fassade durch die menschliche Nähe schmelzen oder abbröckeln.

Der Wunsch nach Verschmelzung mit dem idealisierten Partner äußert sich in dem Anspruch, den Mann ganz für sich haben zu wollen, kein Teilen zu akzeptieren und völliges Auf-sie-Eingehen zu verlangen. Ihr starker Wunsch nach Spiegelung drückt sich in dem Verlangen aus, ständig hören zu wollen, dass sie eine tolle Frau ist, dass er sie liebt und dass sie alles richtig gemacht hat. Sie sucht nach Bestätigung ihrer Person und braucht Antwort auf ihre zweifelnde Frage: »Bin ich gut genug?« Es ist verständlich, dass jede kleine Kritik oder Enttäuschung in diesem Zustand des fantasierten Paradieses katastrophale Folgen hat. Sie bringen nämlich die Ansprüche der Realität in die Beziehung hinein und damit die Notwendigkeit für die Partner, sich erwachsen und situationsangemessen zu verhalten. Diesen Wechsel schafft die Frau aber nicht. Lieber verzichtet sie auf die Beziehung als auf ihren Traum. Vielleicht wird sie ihn eines Tages mit einem anderen, besseren Mann leben können – hofft sie nach jeder Trennung.

Kommt es zur Trennung, dann ist damit fast immer auch ein Beziehungsabbruch zu diesem Menschen verbunden. Er hat sich als unfähig herausgestellt, ihre Wünsche zu erfüllen und ist damit nichts mehr wert. Sie will deshalb nichts mehr mit ihm zu tun haben. Trotz dieser Abwertung des Partners bleibt sie noch lange innerlich an ihn gebunden und sehnt sich nach der anfänglichen Zeit der Beziehung zurück, in der alles so toll war, so, wie es noch nie war und nie mehr sein wird. Es ist die nachträgliche Idealisierung des Mannes und der Beziehung, wodurch sie noch lange an der unglücklichen Begegnung festhält, statt Abschied zu nehmen und sich durch Trauern aus ihr zu lösen.

Wird das Alleinsein nach einiger Zeit schmerzlich und sehnsuchtsvoll, wird die Frau versuchen, wieder eine Beziehung mit diesem Mann einzugehen. Sie wird dann alle Register ihrer Verführungskunst ziehen, um abermals geliebt zu werden. Sie gibt sich vernünftig, selbstbewusst, kokett, ist die tollste Frau, verspricht, ihn glücklich zu machen, und glaubt auch, dass nur sie das kann. Sie macht sich besonders schick und fühlt sich ganz stark, nun eine reife Form der Beziehung eingehen zu können. Daran glaubt sie fest und kann sich gar nicht mehr vorstellen, so abhängig und kindlich gewesen zu sein. Gelingt diese Verführung, dann beginnt das Drama von Neuem, denn es dauert auch diesmal nicht lange, bis sie wieder fusionistische Ansprüche stellt und die normale Distanz, die jede Beziehung benötigt, nicht toleriert.

Der Mangel an einem stabilen, guten inneren Bild des anderen führt dazu, dass der Mann nie zu einem festen Liebespartner wird. Die Frau wird immer Zweifel und Ängste haben, verlassen zu werden. Durch individuelle Ansprüche des Partners, bei vorübergehenden Trennungen oder Alleinsein-müssen, wird die Situation für sie unerträglich. Erschwerend kommt die Eifersucht hinzu, die in jeder Bemerkung einen Verdacht schöpft, dass der Mann eine andere Frau begehrt. Liebe setzt sie gleich mit bedingungsloser und ständiger Hingabe und Bewunderung.

Ihre Verschmelzungswünsche, die sie selbst als kindliche Bedürfnisse erlebt, versucht sie abzuwehren, aber ohne Erfolg. Sie bestehen weiter und werden in jeder neuen Beziehung reaktiviert. Aber sie werden nie offen ausgesprochen, sondern unterdrückt. Denn zu dieser Art der Beziehungsdynamik gehört auch, dass die Bedürfnisse nicht erfüllt werden. Denn wäre ein Mann bereit, auf die symbiotischen Wünsche einzugehen, dann könnte sie es nicht ertragen. Sie würde Angst vor Vereinnahmung bekommen und befürchten, aufgefressen und vernichtet zu werden. Ebenso ist es mit ihrer Hoffnung auf intensive Nähe. Droht diese Wirklichkeit zu werden, leben alle Ängste des Manipuliert- und Verschlungenwerdens wieder auf. In diesem Moment bricht sie die Beziehung ab. Der Partner, der bleibt und sie auch noch liebt, ist unerträglich. Er verliert dadurch seine Anziehung, wird abgewertet und ausgestoßen. Der Mann wird in dem Moment vertrieben, in dem er sich als Beziehungspartner anbietet. Dahinter steht die große Angst vor Nähe und Intimität, die auch die Furcht vor der Verpflichtung und vor möglicherweise ebenso maßlosen Wünschen des anderen beinhaltet. Was bleibt, ist die Hoffnung, irgendwann den richtigen Partner zu finden, durch den sie die ersehnte Geborgenheit findet, bei gleichzeitigem Offenhalten aller Hintertüren und Fluchtwege. Nur ist das eine Illusion, denn sie selbst ist es ja, die immer wieder die symbiotische Nähe fordert, vor der sie sich zugleich fürchtet.

Es verwundert deshalb auch nicht, dass viele Frauen oft über lange Zeit Beziehungen zu verheirateten oder liierten Männern führen. Hier wiederholt sich zum einen die ungelöste Familiensituation. Die Dreiecksbeziehung bietet aber auch genug Schutz vor der Angst, vereinnahmt zu werden oder sich wirklich einlassen zu müssen. Andererseits beinhaltet sie den andauernden Schmerz, nicht genug zu bekommen, verzichten zu müssen. Die Frauen klammern, um wenigstens ein bisschen Zuwendung zu erhalten, lassen aber vollständig los, wenn sie wirklich eine Beziehung angeboten bekommen (siehe die folgende Abbildung).

Das Beziehungs-Spaltungsmodell

Abwertung:

Partner: ist klein, nichtig, unbedeutend

sich selbst: nichts wert sein, zu dick, hässlich, Versagerin, nicht liebenswert

Idealisierung:

Partner: ist der tollste Mann, nur dazu da, sie glücklich zu machen

sich selbst: Prinzesschen der Kindertage. Nur sie liebt ihn wirklich, er braucht sie. Tollste Frau, hübsch, schlank

Falsches Selbst

Minderwertigkeitssegment	**Größensegment**
Minderwertigkeit Depression	Grandiosität

Wahres Selbst

Wunsch nach DISTANZ:
- Alleinsein wollen
- Kontrolle der Beziehung
- ich brauch Dich nicht

Abwehr von:
- Bedürfnis nach Geborgenheit und Wärme
- existenziellen Ängsten
- (Sei nicht)

Verhalten:
- Machtkämpfe
- nörgelig
- vorwurfsvoll

Folge:
- Verlassenheit
- Depression

Wunsch nach SYMBIOSE:
- Fusion mit dem idealisierten Anderen
- Suche nach Gleichgearteten (dasselbe denken, fühlen, wollen)
- Wunsch nach ständiger Spiegelung
- Panik bei Distanz oder Eigenständigkeit des Partners

Abwehr von:
- Angst vor Autonomie und Getrenntheit
- existenziellen Ängsten (Sei nicht)

Verhalten:
- abhängig, unselbstständig, anklammernd, kindlich
- Denken und Fühlen kreist um den Partner
- beansprucht den Mann für sich allein
- Überanpassung, keine eigene Meinung, Identitätsverlust
- perfekte Partnerin sein
- Manipulation durch Altruismus und Bedürfnislosigkeit

Folge:
- Angst vor Ich-Verlust
- Angst vor Verschlungenwerden
- Angst vor Zusammenbruch der Grandiosität durch Gefühl der Minderwertigkeit bzw. kein Recht auf Liebe zu haben

Distanzierungsarbeit:

Hass, Streit, Kritik, Wut, Ablehnung, Entwertung

Wiederannäherung:

verführen, vernünftig sein, selbstbewusst sein, kokett, schick, schlank, stark, alles wieder gut machen, besonders lieb, noch angepasster

Wir können nicht miteinander, aber auch nicht ohneeinander

Für die Beziehung habe ich ein ähnliches Spaltungsmodell entwickelt wie für die narzisstische Selbstwertstörung. Es erläutert den inneren Spaltungsmechanismus und das Verhalten dem Partner gegenüber (siehe die Abbildung *Das Beziehungs-Spaltungsmodell*). Die rechte Seite stellt das symbiotische Segment dar, das durch folgenden Inhalt charakterisiert ist: Das Streben nach Verschmelzung mit dem idealisierten Partner, die Suche nach einem gleichgearteten Partner, der dasselbe will, denkt und fühlt, und den Wunsch nach ständiger Spiegelung. Es ist ein Abbild der Grandiosität des narzisstischen Modells.

Zur Konfluenz gehört die Idealisierung der eigenen Person und der des Partners. Lernt die weiblich-narzisstische Frau einen Mann kennen, der ihr gefällt, dann ist er gleich der Mann fürs Leben, mit dem alles ganz toll läuft und alles total anders ist. Die Frau fühlt sich großartig, wie das Prinzesschen der Kindertage, und meint, alle Wünsche erfüllt zu bekommen. Ihr Partner ist ebenso wunderbar, eigentlich der tollste Mann der Welt, der alles kann, aber selbst nichts braucht. Er ist im Grunde nur dazu da, ihr alles zu geben und sie glücklich zu machen. Negative Seiten an ihm werden ausgeblendet und verleugnet. Er ist in ihren Augen toll, auch wenn das real gar nicht so bedingungslos der Fall ist.

Im Verhalten passt sich die Frau stark an, sie will alles, was er will, hat keine eigene Meinung mehr, sagt nie nein und will ihm alles recht machen. Sie orientiert sich dabei mehr an dem, was sie glaubt, das sie tun müsste und was der Mann von ihr als idealer Partnerin erwartet, statt an dem, was sie will, fühlt und braucht. So meint sie oft, cool wirken zu müssen und sich unabhängig zu zeigen, obwohl sie sich nach Nähe und Anhänglichkeit sehnt. Umgekehrt vermutet sie in anderen Situationen, sich anschmiegen zu müssen, obwohl sie lieber auf Distanz gehen würde.

Die Grandiosität liegt hier einerseits in der Idealisierung beider Personen, aber auch in der Vorstellung, die ganze Beziehung und den Partner durch Überanpassung kontrollieren zu können: »Wenn ich ganz toll bin, sehr gut aussehe, alles richtig mache und keine Probleme verursache (zum Beispiel durch eigene Wünsche), dann wird er mich lieben und bei mir bleiben.«

Sich so zu zeigen, wie sie ist, gelingt ihr nur in seltenen Fällen. Meist versteckt sie sich hinter der Fassade der perfekten Partnerin. Was allerdings so selbstlos aussieht, nämlich bedürfnislos zu sein und keine eigenen Ansprüche zu stellen, ist eigentlich ein Instrument der Manipulation. Denn die Überanpassung dient hauptsächlich dem Ziel, etwas zu bekommen, und zwar die Aufmerksamkeit und Liebe des Partners. Die Frau selbst ist sich ihrer Manipulation in den seltensten Fällen bewusst. Im Gegenteil, sie erlebt sich als aufopfernd und durch die Anpassung innerlich beschnitten. Was der Mann also als Manipulation erlebt, ist für sie Aufopferung. Irgendwann hat sie aber den Eindruck, dass der Lohn für ihr Opfer nicht groß genug sei. Der Partner müsse sich mehr um sie kümmern und mehr auf sie eingehen. Der Mann beginnt jedoch allmählich, sich vor der Manipulation zu schützen, indem er sich zurückzieht. Nun setzt das verstärkte Klammern ein, das meist zu Streit oder sogar zur Trennung führt.

Zieht der Partner sich jedoch nicht zurück, kommt es zu einer nahen Begegnung. Diese ist für die Frau mit dem Gefühl von Ich-Verlust begleitet, der Angst, verschlungen zu werden, keine Luft mehr zu bekommen. Die Distanz muss die Frau nun selbst herstellen, wenn es der Partner nicht tut. Diese Distanzierungsarbeit hat viele individuelle Ausprägungen: sie kann im Anzetteln von Streit bestehen, in Kritik am Partner, im Ausagieren von Wut und Hass, in Ablehnung und Entwertung. Dadurch entsteht ein Abstand zwischen den Partnern, der die Angst vor zu großer Nähe verringert.

Bezogen auf das Beziehungs-Spaltungs-Modell befinden wir uns nun auf der linken Seite, dem Distanz-Segment, das die Abwertung der eigenen Person und des Partners beinhaltet. So toll, unfehlbar und allmächtig, wie er zu Anfang war, so klein, nichtig und unbedeutend erscheint er nun. Alles Negative, was sie zuerst leugnete, kommt nun zutage, aber in massiver Form. So, wie sie zuerst die positiven Seiten überbewertete, nimmt sie nun die negativen verzerrt wahr. Die positiven sind nicht mehr vorhanden.

Geprägt ist der Kontakt zum Mann nun durch Machtkämpfe und kontrollierendes Verhalten. Die Frau hält es nicht aus, dass der Partner anderer Meinung ist und versucht, ihm ihre aufzuzwingen. Oft streitet sie um Kleinigkeiten, als gehe es um ihr Leben. Mit diesen Machtkämpfen versucht sie, ihre Unabhängigkeit zu demonstrieren beziehungsweise sich selbst zu beweisen, dass sie ja gar nicht abhängig ist. Und sie ist es im Innersten auch nicht. Sie verschmilzt, hat aber keine Vorstellung davon, was eine gute Form der Abhängigkeit in einer Beziehung bedeutet.

Die Distanzierung vom Partner schafft zunächst Erleichterung, einige Zeit später setzt dann jedoch eine Verlassenheitsdepression ein, ein Gefühl von Verlassensein verbunden mit dem Wunsch, wieder jemandem oder demselben Partner nah zu sein. Die Frau beginnt nun eine Wiederannäherung, indem sie versucht alles wiedergutzumachen, zum Beispiel die Verletzungen, die sie dem Partner im Streit zugefügt hat, sie ist besonders lieb und angepasst, um ihm nahe zu kommen. Sie beginnt auch wieder, ihn zu idealisieren, er erhält dieselbe überhöhte Bedeutung wie vor der Distanzierung. Dann beginnt das Beziehungsspiel von Neuem.

In der Idealisierung wie in der Entwertung des Partners und der eigenen Person ist ein echter Kontakt mit dem Mann und mit sich selbst nicht möglich, sie bietet aber die einzige Möglichkeit, die Bedrohung in der Beziehung zu minimieren. Nähe, Liebe, Angenommensein, Akzeptiertwerden führen zum wahren Selbsterleben und damit zu den bedrohlichen Gefühlen, die alte, negative Beziehungen hinterlassen haben. Die Angst, verschlungen zu werden, resultiert aus der Erfahrung, die eigene Identität aufgeben zu müssen, um geliebt zu werden. Jede Nähe aktiviert diese Angst von Neuem, die nur durch Distanz kontrolliert werden kann.

»Wir können nicht miteinander, aber auch nicht ohneeinander«, heißt das Motto dieser Art stabil-instabiler Beziehungen. Stabil sind sie, weil sie oft Jahrzehnte lang halten können, instabil sind sie, weil ihnen die Stetigkeit einer tragenden Bindung fehlt. Je intimer die Beziehungen sind, umso intensiver ist dieses Muster. Mit anderen Menschen, Freundinnen oder Kollegen, gelingt es den Frauen oft besser, stabile Kontakte aufzubauen, in denen die Spaltungsdynamik nicht in dieser ausgeprägten Form zum Tragen kommt.

Momentan schaue ich mir gerade meine Beziehungen zu Männern an, wie ich sie gestalte. Ich bin sehr überrascht, wie schnell und fast automatisch ich immer wieder in dem Spiel drin bin: Ich flirte, will aber eigentlich gar nichts – bekomme Aufmerksamkeit, werde gemocht und verehrt, ich genieße das und sobald ich merke, der Mann wird weich oder beginnt, sich in mich zu verlieben oder zu zerfließen, bin ich absolut in Habachtstellung, nehme Abstand und fange an, ihn innerlich abzuweisen. Quasi: Welch unmännlicher, schlapper Mann, der sich so schnell um den Finger wickeln lässt.

Bisher hatte ich zwei intensive Männerbeziehungen in meinem Leben. Beim ersten war ich der verletzbare und schutzsuchende und er der harte, starke, abweisende Teil. Bei meinem jetzigen Freund bin ich die Starke, Harte, Abweisende und er der Wei-

che, Verletzbare. Und wenn ich ihm gegenüber auch weich und offen bin, merke ich, wie ich sofort verschwimme, mich aufgebe, er mich in Besitz nehmen will und klammert.

Die Rollen sind vertauschbar, die Muster dieselben: Es geht weniger um den Partner, auf den sie sich einlässt, als mehr um sie selbst, ihre Ängste und das, was sie durch den Partner bekommen kann.

Eine andere Variante der Beziehungsinstabilität ist der Typ der wechselnden Beziehung, bei der nach jeder Trennung die Hoffnung im nächsten Partner liegt. Nach dem Wahlspruch: »Beim nächsten Mann wird alles anders!« Statt sich immer wieder demselben Partner zuzuwenden, versuchen diese narzisstischen Frauen ihr Glück bei einem anderen Mann, von dem sie hoffen, dass er besser sei.

Jedes Ende einer Beziehung oder einer kurzen Verliebtheit ist von Enttäuschung, Traurigkeit und manchmal auch Verzweiflung gekennzeichnet. Dies erklärt sich durch den Verlust eines Menschen, aber auch dadurch, dass wieder ein erneuter Beziehungsversuch scheiterte. Die Frau beginnt irgendwann an sich zu zweifeln und wertet sich als unfähig ab. Aber auch die Abwertung des Mannes wirkt auf sie zurück, denn jede Entwertung des Partners, der nicht nur Inhalt ihrer Liebe war, sondern auch der Aufwertung ihres Selbstbildes diente, wirkt als Abwertung der eigenen Person zurück. Der neue Mann, in den sie sich verliebt, wird zum neuen Ideal, soll die narzisstische Kränkung ungeschehen machen und das Selbstwertgefühl wiederherstellen.

Der häufige Partnerwechsel stellt oftmals den Versuch dar, sich autonom und unabhängig zu fühlen und trotzdem die unentbehrliche Bestätigung durch einen Mann zu erhalten. In den häufigen, lockeren Beziehungen kommt aber auch die Abwehr von Bedürfnissen nach Geborgenheit und Wärme zum Ausdruck. Dies unterstreicht meine Ansicht, nach der die Vermeidung der intimen

Nähe vor Bedürfnissen und Gefühlen aus dem wahren Selbsterleben schützen soll.

Gundi versteht erst nach vielen Jahren, was sie eigentlich bei den häufig wechselnden Partnern suchte: nicht Sex, sondern Nähe.

Nach der Trennung von meinem Freund wollte ich unbedingt wissen, wie andere Männer sind, und hoffte, endlich das zu finden, was ich immer suchte: Erfüllung. Ich hab die Männer dann gewechselt wie die Hemden. Ich ging abends aus, extra um einen Mann zu finden. Das ging sicher zwei Jahre lang. Ich hatte sehr viele Männer, brauchte aber auch Alkohol. Denn wenn mir einer gefiel, so war er doch ein Fremder. Es war meist sehr schön, aber die Befriedigung blieb aus. Heute weiß ich, dass ich etwas ganz anderes gesucht habe: Nähe, Körperkontakt und Zärtlichkeit.

Die Suche nach immer neuen Partnern kann, ebenso wie die Beziehung selbst, Suchtcharakter annehmen. Der Rausch besteht in der Ekstase der Verliebtheit. Dabei geht es weniger um den Partner als Mensch, sondern um das tolle Gefühl. Der Partner wird dabei zur Droge, die eingeworfen wird, um high zu werden.

Die Tragik dieser Beziehungen liegt neben den Dramen, die sich in ihnen abspielen, auch darin, dass die Betroffenen nicht erkennen können, dass ihr Verhalten die Begegnung entscheidend beeinflusst. Die Frauen erleben sich als Opfer der bösen Männer, die sie nicht verstehen, die herzlos sind und sie immer wieder verlassen. Sie haben es doch so gut machen wollen und sich noch mehr angestrengt als beim letzten Mal. Daran, also an ihnen, könne es nun nicht liegen, dass die Beziehung wieder scheiterte. Die Frauen haben aufgrund dieser Einstellung keine Möglichkeit, ihr Beziehungsmuster zu hinterfragen und zu verändern.

Oft müssen sie jahrelang eine Enttäuschung nach der anderen erleben, bis sie an einen Tiefpunkt gelangen und daraufhin ihr Beziehungsverhalten infrage stellen. Tiefpunkt bedeutet zu spüren, dass das bisherige Beziehungsmuster trotz aller Anstrengungen nicht funktionierte und mehr Leid brachte, als die Frau weiterhin bereit ist auszuhalten. Da Tiefpunkterlebnisse individuelle Erfahrungen sind, werden sie auch unterschiedlich wahrgenommen. Bei der einen Frau kann der Tiefpunkt schon nach zwei gescheiterten Beziehungen eintreten, bei anderen erst nach Jahren und vielen missglückten Beziehungsversuchen. Da gibt es keine Regel. Aber dass eine Frau am Tiefpunkt angekommen ist, spürt sie dadurch, dass sie so nicht mehr weitermachen will. Und das reicht meist aus, um eine Veränderung einzuleiten

Immer suche ich mir den Falschen

Mit der Partnerwahl beginnt jede Beziehung. Sie bestimmt aber auch häufig schon ihr Ende. Viele Frauen haben bestimmte Männertypen, auf die sie immer wieder mit unfehlbarer Sicherheit abfahren und daraufhin jedes Mal dasselbe Beziehungsdrama erleben, bei dem am Ende Trennung oder Enttäuschung steht. Die Männer müssen nicht alle nach dem Macho-Muster gestrickt sein. Was sie aber gemeinsam haben, ist die Unfähigkeit, das Desinteresse oder die Angst, sich auf eine feste Beziehung einzulassen. Gundi berichtet aus ihrer Therapie:

> *Ich habe mich diese Woche doch fast in Roland verliebt, der hatte mit seiner Macho-Masche bei mir exakt den richtigen Knopf gedrückt. Er ist genau der Typ, auf den ich immer abfahre: Narzisstisch, abwertend, charmant, hübsch, distanziert, von sich einge-*

nommen, überheblich, jagt Frauen nach, und wenn er sie hat, lässt er sie sitzen – kurz, ein Wolf im Schafspelz. Genau der Mann, bei dem ich mich wie ein Nichts fühle, nicht mehr ich selbst bin, jeden Satz, den ich sage, kontrolliere, und leide.
Es macht mich betroffen zu erkennen, dass ich von solchen Typen geradezu magisch angezogen werde. Und langsam erkenne ich, wie zerstörerisch ich dabei mit mir umgehe, weil es jedes Mal in einer Katastrophe beziehungsweise im Leid endet. Warum fliege ich hauptsächlich auf Männer, die mir nicht guttun, auf coole, harte Typen, die keine feste Beziehung wollen? Bei der Liebe muss ich ständig Sehnsucht haben, leiden. Wenn ich aber einen Freund habe, der es ehrlich mit mir meint und der mich wirklich liebt, wird es mir langweilig. Da fehlt dann das Prickeln.
Ich weiß, dass ich bisher noch keine harmonische und erfüllte Liebesbeziehung hatte, sondern immer erst im siebten Himmel bin und dann nur noch leide. Und ich habe es satt. Ich weiß jetzt, dass ich in Zukunft Hilfe brauche, wenn es um Männer geht, weil ich alleine damit nicht zu Rande komme – es sei denn, ich halte jeden Mann auf zehn Meter Abstand.

Das Grundthema bei narzisstischen Beziehungen ist die Frage, ob Liebe und Beziehung gleichbedeutend sind mit Selbstaufgabe für den Partner oder ob Abgrenzung und Eigenständigkeit erlaubt sind. Wird der Partner als eigenständiges Wesen akzeptiert oder dient er nur dazu, das Selbstbild der Partnerin zu stärken?[54]

Der folgende eindrückliche Bericht von Brigitte macht die Form der Ausbeutung deutlich, die narzisstische Menschen an ihren Partnern begehen.

Zu dem Zeitpunkt, als ich M. kennenlernte, war ich einunddreißig und fühlte mich bezüglich meines Frauseins insgeheim als völlige

Versagerin. Bis auf eine einjährige Beziehung während meiner Studienzeit hatte ich keinen Freund, und meine sexuellen Erfahrungen beschränkten sich auf einige flüchtige Affären. Zwar hatte ich mir immer sehnlichst einen Mann fürs Leben gewünscht, schließlich aber die Hoffnung aufgegeben und statt dessen begonnen, meine unfreiwillige Einsamkeit mit einem Schulterzucken abzutun, um meine Beschämung darüber zu verbergen, die sitzengebliebene Frau zu sein, die halt keinen Mann abgekriegt hat.
Ich habe M. verführt, als ich ihn zu einem gemeinsamen Wochenende einlud. Und dabei hat mir vieles einfach nur gutgetan. M. war alkoholabhängig, arbeitslos, ohne Ausbildung – eine Randexistenz unserer Gesellschaft –, ohne Ansehen. Für mich war er ein Mensch, vor dem ich mich nicht zu fürchten brauchte. Irgendwo fühlte ich mich genauso elend, irgendwie brauchte ich ihm nichts vorzumachen. Ich konnte ihm die verschämte, unglückliche, wunde und ängstliche Gestalt in mir zeigen, die sich nicht berechtigt fühlte, sich Frau zu nennen. Körperliche Nähe spielte in unserer Beziehung eine große Rolle – ich hätte ihn mit Haut und Haaren verschlingen mögen – und konnte niemals genug bekommen nach all den Hungerjahren.
Gleichzeitig gab es in mir einen Riss zwischen Kopf und Körper. Mit großer Klarheit und mit sofort unterdrückter Selbstanklage war mir vom ersten Augenblick an klar: Ich missbrauche diesen Menschen als Notnagel in meinem kargen Leben. Aus meiner gesicherten sozialen Position heraus war ich ihm überlegen, konnte vielleicht sogar etwas geben an Zugang zum Leben der sogenannten gutbürgerlichen Gesellschaft. Im Zusammensein mit mir reduzierte M. seinen Alkoholkonsum, versuchte aufzuhören, dennoch blieb das Verhältnis immer wie bei Lady Chatterly's Lover. Ich diktierte die Bedingungen unseres Zusammenseins, indem ich zu ihm kam und wieder ging, so wie es mir passte – und ich

genoss dabei das Gefühl: Endlich bin ich nicht mehr alleine, ich kann sogar in begrenztem Ausmaß ausgehen und dabei einen Mann an meiner Seite vorweisen. Endlich bin ich daseinsberechtigt, weil ein Mann neben mir hergeht. Freilich, ein Glück mit vielen Schatten, weil dieser Mann ja in meiner Welt nicht vorzeigbar war.

Für mich war die Beziehung bald vergleichbar mit M.'s Sucht: Obwohl ich genau wusste, dass die Sache nicht stimmte und irgendwie krank war, konnte ich nicht davon lassen, wieder und wieder zu ihm hinzufahren. Einmal – nachdem ich M. im Zustand schlimmster Betrunkenheit gesehen hatte, schwitzend und stinkend – hatte ich fluchtartig und angeekelt seine Wohnung verlassen und blieb drei Wochen weg. Und dann, als ich selber völlig am Ende war nach einem schweren Besäufnis, ging ich wieder hin und drängte mich ihm auf.

Bald darauf wurde mir dann klar: M. lebt genau wie ich in dem Land, wo Hungersnot herrscht. Und auch die Missbrauchssituation konnte ich mit meinem Gewissen nicht mehr vereinbaren. Ich beendete die Beziehung schließlich.

Brigitte weist auf den süchtigen Charakter hin, den diese Beziehung angenommen hat: Sie ist schädigend für beide, weil sie ausbeuterisch ist, sie wird aber trotzdem weitergeführt. Wie mit dem Suchtmittel soll mit dem Partner die innere Leere ausgeglichen werden. Das kann nicht gut gehen, weil Sucht immer im Leid endet.

Wie schon im Kapitel *Narzisst und Komplementärnarzisst* erwähnt, sucht sich ein Narzisst einen Komplementärnarzissten zum Partner, wobei der Frau meist letztere Rolle zukommt. In der Regel sind dies Frauen, die kein positives weibliches Selbstbild besitzen und sich daher einen idealen Partner wünschen, durch den sie ihren Selbstwert verbessern.

Der Narzisst seinerseits hat den Wunsch, dass sich die Komplementärnarzisstin ganz für ihn aufgibt, damit er sich nicht für sie aufgeben muss. Die Beziehung wird von Anfang an mit einem Gefälle zwischen den Partnern angelegt, zum Beispiel durch die Wahl einer wesentlich jüngeren Frau oder eines behinderten Partners. Dieses Gefälle erwähnt auch Brigitte in ihrem Bericht. Sie sucht sich einen Außenseiter der Gesellschaft, bei dem sie ihre eigenen Defizite nicht mehr so vernichtend erlebt.

Ein solches Gefälle zeigt sich auch bei der Wahl eines depressiven Partners, der stellvertretend für den anderen grandiosen Partner die Depression auslebt und ihn damit entlastet. Das Beschützen des depressiven Partners stärkt das Selbstwertgefühl des Grandiosen und wehrt seine eigenen kindlichen Gefühle ab – wie bei Brigitte, die durch ihr Sorgen für den Partner die Stärkere bleiben konnte.

Solange das narzisstische Thema den Beziehungspartnern unbewusst bleibt, werden sie, wie unter einem Wiederholungszwang, die alten Bedingungen der Kindheit immer wieder herstellen: Sie wählen sich erneut einen Menschen, der sie in ihrem Wunsch nach Spiegelung und Angenommensein nicht versteht und um dessen Zuwendung und Anerkennung sie sich wie früher bemühen müssen. Sie folgen dem alten Muster, das Miller so formuliert: »... sich immer ein verständnisloses Gegenüber zu suchen oder es sich zu konstellieren und sich als von ihm hoffnungslos abhängig zu erleben. Die Faszination solcher quälenden Beziehungen gehört zum Zwang, ganz frühe Enttäuschungen mit den Eltern immer neu zu wiederholen.«[55]

Eine ehemalige Patientin schrieb mir dazu folgenden Brief:

Der dickste Brocken sind halt immer noch meine Beziehungskisten. Nach dem letzten Drama versuchte ich es mal mit einem netten, überall beliebten Mann. Ich dachte, ich könnte mich mit dem Verstand verlieben. Es war eine völlig ruhige, katastrophenlose, lang-

weilige Beziehung. Er hatte gerade eine Trennung hinter sich, und ich hatte dauernd das Gefühl, er benützt mich, um seinen Selbstwert aufzubauen und einen Abladeplatz für seine Depressionen zu haben. Ja, und dann kam die Sache mit Robert, einem Frauentypen, der gerade mich unter zig attraktiven Frauen herauspickte. Es schlug ein wie ein Blitz, ich war ihm von der ersten Umarmung an verfallen. Er erzählte mir von sich und wie aus ihm, dem harten Mann, ein weicher wurde. Dabei sah er mich an, als sei ich die einzige Frau auf der Welt. Ich wusste es gleich, das ist mein »Suchtmann«, er ist Gift für mich, weil ich total auf ihn abfahre, ich leide danach. Aber ich fasste den Entschluss, mir zu nehmen, was da war, mit der Konsequenz, die Rechnung zahlen zu müssen. Und sie kam. Wir erlebten eine wunderschöne, traumhafte Woche. Ich habe alles bekommen, nach dem ich mich seit langer Zeit sehnte, viel Liebe, Nähe und vor allem Annahme meines echten Wesens. Wir gingen gut miteinander um. Ich merkte, wie mich seine »Horror-Vergangenheit« (er hatte eine Alkoholkarriere hinter sich) noch mehr in seinen Bann zog, weil ich sah, wie ein Mensch sich verändern kann. Diese ganzen Extreme, die er gelebt hat, auf der einen Seite dieser »Windhund«, knallhart, gewalttätig, cool, verdorben, und auf der anderen Seite liebevoll, verletzlich, weich, zart, gut – das faszinierte mich dermaßen an diesem Mann, dass ich vor Liebe hätte platzen können.

Nun bin ich wieder daheim und leide! Ich heule nur noch, weil ich weiß, dass er nicht für mich bestimmt ist. Der Unterschied ist, dass er seine Gefühle durch den Verstand in Schach halten kann und ich nicht. Er sieht es lockerer, und ich leide. Ich habe mich abhängig gemacht, entwurzeln lassen, bin nicht mehr ich selbst. Ich lachte, wenn er lachte, war depressiv, wenn er es war usw. Es war ein Trauerspiel. Ja, und dann habe ich meine warnende innere Stimme gehört und bin einen Tag früher abgefahren und das war schon ein Fortschritt.

Was in dieser Beschreibung besonders auffällt, sind die Extreme, in denen beide Partner leben. So vehement, wie sie sich in die Beziehung stürzen, so schnell kommen sie darin um. Der Partner ist das genaue Gegenstück von ihr, reserviert, distanziert und kopfgesteuert. Auf die intensive Nähe folgt die Distanz, in diesem Fall sogar das Ende der Beziehung. Weder ist sie fähig, sich auf ihn einzulassen, ohne sich zu verlieren, noch kann er dauerhaft Nähe zu ihr aufbauen.

Wird die Nähe zu eng, versucht der Narzisst die Partnerin wegzustoßen, was jedoch sehr schwierig ist. Die Komplementärnarzissten sind in hohem Maße anhänglich, auch noch weit über die Trennung hinaus und in wahnhafter Weise mit ihren Erwartungen an den Partner verflochten. Sie leugnen lange das Scheitern der Beziehung, wohl auch, weil sie existenziell darauf angewiesen sind, »im Partner die Verkörperung eines Ideal-Selbst zu bewahren«[56], wie der Paartherapeut Jürg Willi es beschreibt. So halten sie oft loyal zu ihm, auch wenn er sie schlecht behandelt und abwertet.

Co-Abhängigkeit, Beziehungssucht und Sexsucht

Co-Abhängigkeit, Beziehungssucht (Liebessucht) und Sexsucht sind drei Bereiche, die in engem Zusammenhang mit der hier beschriebenen narzisstischen Selbstwert- und Beziehungsdynamik stehen.

Das Konzept der Co-Abhängigkeit wurde zuerst im Zusammenhang mit dem Verhalten von Angehörigen von Alkoholikern - beschrieben. Co-Abhängigkeit ist ein starkes Bezogensein auf den Partner, mit dem Ziel, ihn von der Sucht wegzubringen. Die gut gemeinte Hilfe erreicht jedoch das Gegenteil, weil sie die Krankheit verstärkt, da die co-abhängige Partnerin die Rettung des Partners zu ihrem Lebensinhalt macht. Sie macht sich mehr Sorgen um ihn als um sich.

Co-Abhängigkeit ist aber nicht allein auf einen alkoholkranken Partner beschränkt, sondern wird im Zusammenhang mit jedweder Sucht oder Beeinträchtigung verwendet. Co-Abhängige suchen sich hilfsbedürftige Menschen, die sie unterstützen können, sie haben es verlernt oder vielleicht auch nie gekonnt, für sich selbst zu sorgen und übernehmen stattdessen die Verantwortung für den anderen.

Sie machen sich unabkömmlich und ziehen daraus ihre Wichtigkeit, die sie glauben, auf andere Art und Weise nicht zu erfahren. Wird der Partner gesund oder eigenständig, geraten sie in Not, da nun ihr Hilfsimpuls ins Leere läuft und sie auf sich selbst zurückgeworfen sind. Sie leiden unter der Alkoholabhängigkeit oder der Beeinträchtigung des Partners, ohne zu merken, wie abhängig sie von ihm sind. Im Grunde können sie schwer einsehen, dass andere für ihr Leben selber verantwortlich sind und sie für ihr eigenes. Dasselbe gilt natürlich auch für Männer süchtiger oder anders hilfsbedürftiger Partnerinnen.

Mit ihrem Helferverhalten und ihrer Aufopferung machen sie die anderen von sich abhängig und üben auf diese Weise Kontrolle aus. Co-Abhängige glauben, alles unter Kontrolle haben zu müssen, die Situation, die Ereignisse, die anderen Menschen und deren Reaktionen, sogar deren Wahrnehmungen und Gefühle. Ihnen obliegt es, andere glücklich zu machen und alles in Ordnung zu halten. Sie sind für andere da, brauchen aber scheinbar selbst nichts. Als Nebenprodukt des Helfens erhalten sie etwas Wärme und Nähe, mit dem Vorteil, nicht darum bitten zu müssen.

Ein gutes Beispiel für Co-Abhängigkeit ist die Ablenkung von eigenen Gefühlen durch das Kümmern um andere:

Eine Patientin ging aus der Gruppe und war sehr traurig, weil sie in der Sitzung mit einem schmerzlichen Thema in Berührung kam. Eigentlich hätte sie selbst Trost gebraucht, sich gerne bei jemand angelehnt und geweint und die Nähe gespürt. Da es ihr aber sehr schwerfiel, um Unterstützung und Trost zu bitten, blieb sie mit ihrem Schmerz allein. Auf einmal sah sie eine Mitpatientin im Aufenthaltsraum sitzen, die weinte, und sofort rannte sie zu ihr, nahm sie in den Arm und fragte, was denn mit ihr los sei. Sie hörte interessiert zu, tröstete sie, gab Ratschläge und war ganz bei der anderen. Ihre eigenen Gefühle spürte sie kaum noch. Sie hatte durch ihr Helferverhalten wieder Stärke und Kraft bekommen, aber auch indirekt etwas Wärme, als sie die andere in den Arm nahm. Ihr eigener Wunsch nach Trost und Unterstützung musste jedoch unbefriedigt bleiben. Denn es ist erlebnismäßig etwas anderes, ob sie jemand in den Arm nimmt und tröstet oder ob sie selber umarmt und getröstet wird. Im zweiten Fall ist sie die Annehmende und kann sich fallen lassen. Im ersten Fall ist sie wieder die Aktive und Verantwortliche. Das heißt, dass sie den Kontakt zum wahren Selbsterleben (Wunsch nach Unterstützung und Trost) aufgab zugunsten des falschen Selbsterlebens (stark sein, anderen helfen, verantwortlich sein).

Anderen zu helfen wirkt selbstlos und edel, kann aber in extremen Formen krank machen: Co-Abhängigkeit ist eine Suchtform, die zu psychosomatischen Erkrankungen, Depressionen und Versagenszuständen führen und das Leben gefährden kann.

Frauen mit einem Selbstwertdefizit haben eine Co-Abhängigkeitsstruktur im Sinne von: »Lieber helfe ich anderen und bin die

Starke. So muss ich mir nicht eingestehen, dass ich Unterstützung brauche.« Es ist dasselbe Denken und Handeln, wie ich es bei der Grandiosität beschrieb.

Der Schritt in die Beziehungsabhängigkeit ist klein: Wenn eine Frau auf einen Partner angewiesen ist, um durch ihn ihren Lebensinhalt zu finden oder ihr Selbstwertgefühl zu stärken, dann ist sie von ihm und ihrer Beziehung zu ihm abhängig. Dabei ist es unwichtig, ob sie sich einen schwachen, hilfsbedürftigen Mann sucht, den sie dann retten kann, oder einen tollen, grandiosen, durch den sie aufgewertet wird. In jedem Fall ist sie auf die Beziehung angewiesen, um sich wertvoll zu fühlen. Aus diesem Grunde stellt die Frauenrechtlerin und Psychotherapeutin Anne Wilson Schaef in ihrem Buch *Die Flucht vor der Nähe* die Frage, ob nicht das, was lange Zeit Co-Abhängigkeit genannt wurde, eigentlich Beziehungssucht sei. Denn viele Co-Abhängige seien auch beziehungssüchtig.

Bei der Beziehungssucht werden zwei Formen von Abhängigkeit unterschieden: die, bei der ein Mensch generell nach einer Beziehung süchtig ist, und die, bei der er von einer bestimmten Beziehung abhängig ist. Im ersten Fall geht es darum, unbedingt eine Beziehung zu haben. Dabei glauben Männer, die beziehungsabhängig sind, dass sie ohne Frau nicht leben können, und Frauen sind der Überzeugung, dass sie ohne Mann keine Identität besitzen und wertlos sind. Bei jedem Mann oder jeder Frau assoziieren sie sogleich die Vorstellung, ob er oder sie Beziehungspartner*in sein könnte. Eine neutrale Begegnung ist nicht mehr möglich.

Für Beziehungssüchtige bedeutet Liebe immer Leid. Sie sind bisher nie oder nur selten befriedigende Beziehungen eingegangen, weil sie mit sich selber viele ungelöste Probleme haben, die sie in die Beziehung hineinbringen und deren Lösung sie oftmals sogar vom Partner erhoffen. Er soll sie so lieben, wie sie von ihren Eltern nicht geliebt wurden, er soll ihr Selbstwertgefühl stärken, er soll sie glücklich machen, er soll, er soll, er soll. Sie selbst haben Mühe, ihn als gleichwertigen und gleichberechtigten Partner zu sehen und zu behandeln, stattdessen versuchen sie, ihn nach ihrem Bild zu verändern. Gleichzeitig können sie ihn nicht loslassen, klammern, verlieren sich in ihm, kommen ihm aber nie wirklich nahe. Sie geben, um zu bekommen, lassen sich aber nicht auf eine tiefe Bindung ein. Was sie also in Beziehungen tun und wie sie sich dabei erleben, ähnelt sehr dem, was ich als narzisstisches Beziehungsmuster beschrieb. Ich denke, dass mit dem narzisstischen Beziehungsmodell Liebes- und Beziehungsabhängigkeit gut beschrieben werden können.

Marlene formuliert ihre Beziehungssucht folgendermaßen:

Momentan bin ich an meiner wohl grundlegenden Sucht, der Beziehungssucht dran. Da ist ein Mann, von dem ich weiß, dass er mir nicht guttut, und dennoch zieht er mich an. Das alte Spiel: Wie suchtartig verhalte ich mich so, wie ich meine, mich verhalten zu müssen, damit er mich toll findet. Es ist anstrengend, so weg von mir zu leben. Ich habe so wenig Kraft, ihn infrage zu stellen. Vielleicht ist da unbewusst doch noch die Angst, dass es keinen anderen mehr gibt, ich an diesem festhalten muss, und genau durch mein Festhalten verbaue ich mir den Zugang zu anderen Männern. Das Gemeine ist, dass ich viel weiß und mich dennoch wie magisch immer wieder gleich verhalte.

So wie eine Frau süchtig auf eine Beziehung oder einen Mann werden kann, kann sie auch süchtig auf Sexualität werden. Wilson Schaef versteht darunter eine Besessenheit, eine Überbeschäftigung mit Sex, bei der alles und jedes mit Sexualität in Verbindung gebracht wird beziehungsweise unter einem sexualisierten Licht gesehen wird. Der oder die Sexsüchtige führt keine befriedigenden, guten Beziehungen, sondern zerstörerische, bei denen der Partner zum Objekt eigener zwanghafter, sexueller Bedürfnisse gemacht wird.[57] Für die in diesem Buch beschriebenen Frauen kommen bestimmte Aspekte der Sexsucht in Betracht: das Sexualisieren von Beziehungen, wonach ein Mann, der ihnen gefällt, gleich als möglicher sexueller Partner angesehen wird; das zwanghafte Sichverlieben; das Aufnehmen von Kontakten mit Männern hauptsächlich auf erotisch-flirtende Weise; alles, was mit Liebe, Zuneigung und Hingabe zu tun hat, wird über Sexualität erlebt; Bedürfnisse nach Nähe werden über Sexualität versucht zu befriedigen, aber auch gleichzeitig abgewehrt. Der Kontakt zwischen beiden läuft primär über Sexualität, die so zum Instrument für Zuwendung wird. Doch oft bleibt sogar die sexuelle Befriedigung aus.

Beate, eine ehemalige Patientin, die wegen depressiver Verstimmungen, psychosomatischer Beschwerden und Partnerproblemen in Therapie kam, sagt Folgendes:

> *Die Auseinandersetzung mit dem Thema Sexualität macht mir klar, dass ich in meiner letzten Partnerschaft ständig einen Missbrauch begangen habe. Auf der Suche nach Nähe und Wärme habe ich mich häufig mit Sexualität begnügt. Aus Angst, sonst gar nichts zu bekommen, habe ich wenigstens Sexualität gehabt. Nach dem Motto: Lieber Sexualität als gar nichts. Dabei habe ich mich selbst entwertet.*

Was Beate beschreibt, trifft für viele Frauen mit Selbstwert- und Beziehungsproblemen zu: Aufgrund ihrer Unfähigkeit, wirkliche Nähe zuzulassen, und ihrer Scham, Gefühle auszudrücken, ersetzen sie emotionale durch sexuelle Nähe und Intimität, um sich vor einer zu großen Offenbarung zu schützen. Es scheint bedrohlicher und intimer zu sein, die emotionalen Wünsche und Bedürfnisse preiszugeben und zu riskieren, sich dem anderen emotional auszuliefern, als sexuelle Nähe herzustellen. Die Sexualität bietet eine Möglichkeit, Nähe zu einem Partner zuzulassen, ohne sich emotional bedroht zu fühlen. Es ist eine scheinbare Paradoxie, dass sexuelle Nähe wirkliche Intimität verhindern kann.

In dieser Form der Liebesbeziehungen leben die Frauen mit dem Mann eine Art Sonntagsbeziehung, die immer vom Reiz des Seltenen und Problemlosen geprägt ist. Häufig suchen sie sich gerade bindungsängstliche Männer, die auch keine Beziehungsverpflichtungen eingehen wollen. Auf diese Weise sind die Frauen nicht mit ihrer eigenen Bindungsangst konfrontiert und bekommen trotzdem Anerkennung und Bestätigung als Frau. Die Beziehung hört auf, wenn der Partner erobert ist, weil dann die Euphorie abebbt und die Einzigartigkeit des Partners einer realistischeren Sicht weichen muss.

Süchtig wird das Verhalten, wenn die Betroffene zwanghaft auf der Suche nach sexuellen Abenteuern ist, sie braucht und ohne sie nicht leben kann. Wenn sie im Kontakt mit einem attraktiven Mann nicht nein sagen kann, obwohl ihr bewusst ist, dass sie sich gegenseitig sexuell ausbeuten werden. Wenn sie zwanghaft mit Männern schläft, um sich zu beweisen, eine attraktive, begehrenswerte Frau zu sein. Wenn Sexualität zum wichtigsten Bedürfnis wird und sie diesen Kick, diesen Rausch braucht. Wenn sie Gefühle von Einsamkeit mit Sex wegmachen will. Und wenn sie ihr Verhalten nicht mehr kontrollieren, das heißt aus eigener Kraft nicht aufhören kann.

Der Suchtcharakter zeigt sich in der zwanghaften Wiederholung des Verhaltens trotz des Wissens um mögliche Schäden (Krankheiten, emotionaler Schaden usw.). An die Stelle der Lust tritt der Kater am nächsten Tag. Nach der Euphorie kommt die Ernüchterung, die Trennung und der Schmerz. Von der Beziehung bleibt nicht mehr zurück als ein schales Gefühl, eine Enttäuschung und seelische Verletzung. Es kommt häufig auch zu Schuldgefühlen aufgrund der persönlich erlebten Erniedrigung, die in solchen Beziehungen liegt.

Eine vierte Form süchtiger Beziehungen ist die sogenannte Romanzensucht, wie sie Schaef ebenfalls beschreibt.[58] Romanzensüchtige Menschen leben mehr mit der Illusion von Beziehung und Menschen als mit realen Partnern, die sie im Grunde gar nicht interessieren. Für sie ist die Vorstellung vom Märchenprinzen nicht nur eine Träumerei, sondern Wirklichkeit. Sie glauben fest daran, dass es ihn gibt und dass er eines Tages kommt. »Der Prinz auf dem weißen Pferd, der mich rettet«, ist für viele meiner Patientinnen ein wahrer Wunschtraum.

Auch das Märchen Dornröschen gibt ein Vorbild für Romanzensucht: Der Prinz kämpft sich durch das Dornengestrüpp, riskiert dabei sogar sein Leben, um die Prinzessin zum Leben zu erwecken. Wie viele Frauen gibt es, die glauben, dass ihr Leben erst mit dem idealen Mann beginnen würde. Ihre Vorstellungen von Liebe und einer glücklichen Beziehung sind romantisch verklärt und ähneln mehr denen aus Liebesfilmen als der Realität. Sie sind intensiver in Kontakt mit dem erträumten Mann als mit dem realen, weil dieser nie so zauberhaft sein kann wie der Traummann. Lernen sie den Mann wirklich kennen, dann lauert die Desillusionierung. Ich glaube, dass auch weiblich-narzisstische Frauen in starkem Maße romanzensüchtig sind, wenn man an die Idealisierung des Partners denkt. Dadurch werden ihm wunderbare Eigenschaften zugeschrieben, die er real jedoch gar nicht besitzt.

Die vier Formen der Sucht sind vermutlich selten klar voneinander abgrenzbar und überschneiden sich an vielen Stellen. Sie zeigen, dass Beziehungsstörungen süchtigen Charakter annehmen können.

IV.

Therapie, Selbsthilfe und Heilung des Selbst

Sieben Schritte des Wandels

Wenn ich von Heilung des Selbst spreche, dann meine ich nicht die völlige Überwindung narzisstischer Anteile, da das kaum möglich ist. Mir geht es mehr um die Aussöhnung mit sich selbst und die Annahme all dessen, was Frauen an sich ablehnen. Das Ziel ist die Ganzheit der Person, indem das bisher Abgespaltete integriert wird. Dadurch wird der Zugang zum wahren Selbst möglich und die destruktiven narzisstischen Verhaltens- und Erlebensweisen reduziert.

Als Leitmotiv des Heilungsprozesses einer weiblich-narzisstischen Struktur wähle ich das anfangs schon erwähnte Märchen Schneewittchen, weil es in eindrucksvoller Weise den Weg einer Frau zu einem neuen Selbstbewusstsein beschreibt. Das Märchen dient sozusagen als Paradigma für die wichtigen Themen, die bei der Überwindung der narzisstischen Anhaftungen von Bedeutung sind.

Da das Märchen Schneewittchen hauptsächlich den Aspekt der Grandiosität betont, wähle ich für die Überwindung der Minderwertigkeitsgefühle zusätzlich Bilder aus Aschenputtel.

Die subjektive Deutung des Märchens Schneewittchen, wie ich sie hier wiedergebe, geht von zwei Entsprechungen aus: zum einen bedeuten die Figuren und Situationen Teile von uns. So repräsentieren die zwei Königinnen die zwei Seiten des falschen Selbst und Schneewittchen das wahre Selbsterleben.

Die zweite Entsprechung bezieht sich auf die real beteiligten Personen. Schneewittchen steht am Beginn des Märchens für das Kind, später für die erwachsenere Frau, das falsche Selbst wird durch die Mutter repräsentiert. Auch wenn das Kind nicht nur mit der Mutter, sondern auch mit anderen Personen in engem Kontakt ist, würde ich gerne den Aspekt der Mutter-Kind-Beziehung betonen, da er in der Entwicklung eine wesentliche Rolle spielt. In der Interaktion zwischen beiden zeigen sich viele Probleme, die bei der Ausbildung einer narzisstischen Struktur eine Rolle spielen. Auf die Beziehung zum Vater gehe ich gesondert ein.

Die Fragen des Märchens lauten: Wie kann sich das wahre Selbst gegenüber dem falschen Selbst durchsetzen? Wie kann sich Schneewittchen der Königin gegenüber abgrenzen, um ihren Weg in die Autonomie und Selbstbestimmung gehen zu können anstatt sich nur an die mütterlichen Vorgaben anzupassen? Was braucht die heute erwachsene Frau, um sich von hemmenden Introjekten sowie Ge- und Verboten zu lösen und den Zugang zu ihren Gefühlen und Bedürfnissen zu finden? Welche Reifungsschritte sind nötig, um zu sich selbst, zum wahren Selbsterleben zu gelangen und die hemmenden Einflüsse des falschen Selbst abzulegen?

Schneewittchen ist ein Märchen des Wandels und der Veränderung. Sieben Reifungsschritte führen zu einem neuen Bewusstsein. Jede Therapie ist natürlich nicht so schematisch, wie die folgende Auflistung vermuten lässt, sondern ein je individueller Weg. Die folgenden Themen berühren jedoch das Wesen der narzisstischen Problematik und sind daher therapierelevant:

1. *Die Kapitulation vor dem falschen Selbst.* Der innere Kampf zwischen dem Idealbild bzw. der Maske und dem wahren Selbst ist mitunter ein Kampf auf Leben und Tod. Das falsche Selbsterleben kontrolliert das wahre Selbst, unterdrückt es und will es mundtot machen. Am tiefsten Punkt des Leids, an dem Schneewittchen umgebracht werden soll, gibt sie den Kampf auf und geht ins Ungewisse.
2. *Die Konfrontation mit Angst und Unsicherheit:* Der Weg zum wahren Selbst führt durch den Wald als Symbol für das Unbewusste. Wir treffen in ihm auf unsere »wilden Tiere«, auf unbekannte, beängstigende Seiten von uns, die jedoch

an Bedrohung verlieren, sobald wir sie bewusst wahrnehmen und uns mit ihnen auseinandersetzen.

3. *Der heilende Ort und die inneren und äußeren Helfer:* Heilung geschieht dort, wo narzisstisch strukturierte Menschen Vertrauen fassen und sich auf einen anderen einlassen können. Wo immer dieser Ort ist, die Veränderung findet in Beziehung statt. Die inneren und äußeren Helfer dienen dazu, uns zu unterstützen, uns Trost zu spenden und unser emotionales Gleichgewicht wiederherzustellen.
4. *Die Verführungen:* Trotz des allmählich zunehmenden Kontakts zum wahren Selbst erliegen wir immer wieder den Verführungen durch die Grandiosität. Die Rückfälle in grandioses Denken und Verhalten können fatale Folgen haben und bringen uns aus dem inneren Gleichgewicht.
5. *Die neue Lebendigkeit:* Die lebenslange Abspaltung des wahren Selbst führt zu einer inneren Entleerung und Leblosigkeit. Indem wir die Verantwortung für unsere Genesung übernehmen und uns von unserem »Seelengift« befreien, kehren wir ins Leben zurück und spüren unsere Lebendigkeit.
6. *Beziehungsfähig werden:* Statt ausbeuterische Beziehungen einzugehen, in denen der andere dazu dient, das eigene Selbst zu erhöhen, geht es nun um das Einlassen auf den anderen und das Erleben von Nähe und Liebe in Gegenseitigkeit.
7. *Die Grandiosität tanzt sich tot:* Das Ziel der Therapie ist die Integration von falschem und wahrem Selbst und der Aufbau eines stabilen Selbsterlebens. Dazu muss die Grandiosität eine neue Form und Bedeutung erlangen.

Anhand dieser sieben Reifungsschritte will ich den Therapieprozess verdeutlichen. Dazu werde ich die entsprechenden Teile des Märchens interpretieren.

Bald darauf bekam sie ein Töchterlein, das war so weiß wie Schnee, so rot wie Blut und so schwarzhaarig wie Ebenholz, und ward darum das Schneewittchen genannt. Und wie das Kind geboren war, starb die Königin.

Mit der Anpassung an ein Bild, das von dem Kind gezeichnet wird und dem es sich anpasst, beginnt das Drama einer narzisstischen Persönlichkeitsentwicklung, wie ich es schon im Kapitel *Wenn das Kind einem besonderen Bild entsprechen soll* ausführlich dargestellt habe.

Der Hintergrund für diese Dynamik bildet meist die Not der Mutter, die in der idealen Tochter eine Lösung ihrer eigenen problematischen Situation sieht: seien es Depressionen, Suchterkrankungen, eigene narzisstische Defizite oder Eheprobleme.

Schneewittchen ist wie das Bild, das die Mutter von ihr hat, oder zumindest ist sie so geworden, dass sie ins Bild passt. Mit dem Tod der Mutter verliert sie die mütterliche Fürsorge, sie wird nicht mehr behütet und adäquat gespiegelt. Wir können diesen Mutterverlust auch symbolisch verstehen, indem die Mutter zwar körperlich anwesend, aber emotional nicht verfügbar ist. Wird das Kind von der Mutter nicht so wahrgenommen, wie es ist, sondern wie es sein soll, wird es sich verlassen und ohne Mutter fühlen. Denn der Mensch hat das grundlegende Bedürfnis, gesehen zu werden, um eine Lebensbasis und -berechtigung zu entwickeln. Der Philosoph Martin Buber formuliert es in seiner ganz eigenen Sprache: »Hält der Mensch ... heimlich und scheu nach einem Ja des Seinsdürfens Ausschau.«[59]

Ohne dieses Ja, da sein zu dürfen, wie wir sind, werden wir uns verstellen und anpassen, um wenigstens geduldet zu werden.

Die Kapitulation vor dem falschen Selbst

Über ein Jahr nahm sich der König eine andere Gemahlin. Es war eine schöne Frau, aber sie war stolz und übermütig und konnte nicht leiden, dass sie an Schönheit von jemand sollte übertroffen werden. Sie hatte einen wunderbaren Spiegel, wenn sie vor den trat und sich darin beschaute, sprach sie:
»Spieglein, Spieglein an der Wand, wer ist die Schönste im ganzen Land?«
So antwortete der Spiegel: »Frau Königin, Ihr seid die Schönste im Land.«
Da war sie zufrieden, denn sie wusste, dass der Spiegel die Wahrheit sagte.
Schneewittchen aber wuchs heran und wurde immer schöner, und als es sieben Jahr alt war, war es so schön wie der klare Tag und schöner als die Königin selbst. Als diese einmal ihren Spiegel fragte:
»Spieglein, Spieglein an der Wand, wer ist die Schönste im ganzen Land?«, so antwortete er: »Frau Königin, Ihr seid die Schönste hier, aber Schneewittchen ist tausendmal schöner als Ihr.«
Da erschrak die Königin und ward gelb und grün vor Neid. Von Stund an, wenn sie Schneewittchen erblickte, kehrte sich ihr Herz im Leibe herum, so hasste sie das Mädchen. Und der Neid und Hochmut wuchsen wie ein Unkraut in ihrem Herzen immer höher, dass sie Tag und Nacht keine Ruhe mehr hatte.
Da rief sie einen Jäger und sprach: »Bring das Kind hinaus in den Wald, ich will's nicht mehr vor meinen Augen sehen. Du sollst es töten und mir Lunge und Leber zum Wahrzeichen mitbringen.«
Der Jäger gehorchte und führte es hinaus, und als er den Hirsch-

fänger gezogen hatte und Schneewittchens unschuldiges Herz durchbohren wollte, fing es an zu weinen und sprach: »Ach, lieber Jäger, lass mir mein Leben; ich will in den wilden Wald laufen und nimmermehr wieder heimkommen.« Und weil es so schön war, hatte der Jäger Mitleiden und sprach: »So lauf hin, du armes Kind.« – »Die wilden Tiere werden dich bald gefressen haben«, dachte er, und doch war's ihm, als wär ein Stein von seinem Herzen gewälzt, weil er es nicht zu töten brauchte. Und als gerade ein junger Frischling dahergesprungen kam, stach er ihn ab, nahm Lunge und Leber heraus und brachte sie als Wahrzeichen der Königin mit. Der Koch musste sie in Salz kochen, und das boshafte Weib aß sie auf und meinte, sie hätte Schneewittchens Lunge und Leber gegessen.

In dem Märchen begegnen wir dem Kampf, der innerlich in einer Frau mit einer weiblich-narzisstischen Struktur abläuft. Durch den Tod von Schneewittchens Mutter, der ersten Königin, die ein Bild für das Minderwertigkeitssegment darstellt (siehe auch das Kapitel *Wenn das Kind einem besonderen Bild entsprechen soll*), erfolgt ein abrupter Wechsel zur Grandiosität der zweiten Königin. Das Kind wird aus der umsorgenden Sicherheit in eine Konkurrenzsituation zur Mutter geworfen, in der es um die Frage geht, wer schöner, besser und liebenswerter ist. Dieser plötzliche Wechsel symbolisiert innerseelisch den psychologischen Mechanismus der vertikalen Spaltung. Das bedeutet, dass Menschen innerhalb von Sekunden von einem Erleben in ein anderes wechseln. Sie fühlen sich entweder minderwertig oder grandios. Der Wechsel erfolgt je nach Reaktion der Umwelt radikal und plötzlich. Findet die Frau sich klasse und jemand sagt: »Gut siehst du aus, hast du zugenommen?«, dann kann in diesem Moment die Grandiosität zusammenbrechen und die Frau hört nur noch »zugenommen«. Sie beginnt, sich abzuwerten, fühlt sich fett, hässlich und elend, wie es für das Minderwertigkeitssegment charakteristisch ist. Wird sie umgekehrt gelobt oder besonders beachtet, dann wertet sie sich auf und fühlt sich grandios.

Die zweite Königin (Stiefmutter) ist eine perfekte Personifizierung der Grandiosität. Sie ist überheblich, stolz, hochmütig, neidisch und eitel, ihr ganzes Streben ist darauf gerichtet, die Schönste und Großartigste zu sein. »Spieglein, Spieglein an der Wand, wer ist die Schönste im ganzen Land?« ist der Ausdruck für den Wunsch nach narzisstischer Spiegelung. Sie will die Schönste, Größte, Beste, Perfekteste, Vollendetste sein, wie es zum Größensegment gehört. Damit ist die Vorstellung verbunden, nur geliebt zu werden, wenn man besonders ist, und nur durch Vollkommenheit und Perfektion eine Existenzberechtigung zu haben. Es geht ihr nicht darum, schön, gut und vollendet zu sein, sondern sie muss die Schönste, die Beste und die Vollendetste sein. Und das ist natürlich nicht einlösbar, da es immer andere gleich Schöne oder Schönere gibt. Daher ist der Anspruch in sich schon unerfüllbar. Darüber hinaus glaubt sie, dass allein das Bild von ihr geliebt wird, also das, was sie durch ihr falsches Selbst demonstriert. So, wie die narzisstische Frau der Überzeugung ist, dass ihre äußere Erscheinung und ihr Perfektsein über Liebe oder Ablehnung entscheiden.

Das Drama beginnt mit dem Ausspruch des Spiegels, der nie lügt: »Frau Königin, Ihr seid die Schönste hier, aber Schneewittchen ist tausendmal schöner als Ihr.« In dem Moment, als sie hört, nicht die Schönste zu sein, beginnt der mörderische Kampf zwischen ihr und Schneewittchen, zwischen falschem und wahrem Selbst. Wenn von der Schönheit Schneewittchens die Rede ist, neigen wir dazu, es allein auf ihr Äußeres zu beziehen. Möglicherweise wird kleinen Mädchen durch solche Aussagen vorgemacht, dass Schönheit die wichtigste Eigenschaft für eine Frau sei, denn in vielen Märchen geht es darum, schön zu sein. Falsch verstanden würde diese Botschaft das falsche Selbst nähren. Kinder nehmen Märchen nämlich oft wörtlich, auch wenn sie die zugrunde liegende Bedeutung intuitiv miterfassen. Gehen wir aber davon aus, dass Schneewittchen für das wahre Selbsterleben steht, dann bedeutet Schönheit mehr als schön auszusehen. Es steht für die innere Schönheit, die von der äußeren Erscheinung zum Teil unabhängig ist. Sie zeigt sich in Lebendigkeit, Liebesfähigkeit, Empfindungsreichtum, Zu-sich-Stehen, Mit-sich-in-Kontakt-sein, Beziehungsfähigkeit, Selbstsicherheit und dem Wissen um sich selbst. Jede Frau kennt das Phänomen, dass sie schön ist, wenn es ihr gut geht, sie zufrieden oder verliebt ist. Wenn sie im Gleichklang mit sich und aus sich heraus lebt, strahlt sie etwas Positives aus. Das ist das Geheimnis von Schönheit. Und das bedroht das falsche Selbstempfinden, weil es aus dem wahren Selbst kommt. Das musste bisher versteckt bleiben und durfte nicht gelebt werden, weil es der Erwartung der Umwelt nicht entsprach. Es zuzulassen ist ein Risiko.

Mit Schönheit ist im Märchen nach Auffassung des Märchenforschers Lutz Röhrich meist Liebe gemeint.[60] Schneewittchen ist schön, weil sie sich liebt, wie sie ist. Das Grundthema von narzisstischen Menschen ist die fehlende Selbstliebe, die durch die äußere Schönheit ausgeglichen werden soll.

Eine sehr hübsche, junge Klientin mit einer wohlproportionierten, schlanken Figur musste die Therapie abbrechen, da es ihr nicht möglich war, ihr bulimisches Symptom aufzugeben: »Wenn ich zunehme, wäre das eine Katastrophe, denn ich habe doch nur diesen Körper.« Es gelang ihr zum damaligen Zeitpunkt nicht, etwas außer ihrem Körper an sich zu finden, was sie schön fand, mochte oder für wertvoll hielt. Weder Eigenschaften noch Fähigkeiten konnten die Bedeutung des schlanken Idealkörpers in irgendeiner Weise ersetzen. Denn was ihr fehlte, war die Liebe zu sich selbst.

Der innere Dialog zwischen der zweiten Königin (Grandiosität) und Schneewittchen (wahres Selbst) lautet: »Ich liebe dich, wenn du so bist, wie ich dich haben will. Bist du so, wie du bist, autonom und von eigener, innerer Schönheit, dann töte ich dich.« Denn diese Schönheit bedroht die Königin, weshalb sie sie unter allen Umständen unterdrücken muss. Eitle Menschen wie sie werden gepeinigt von einer tiefen narzisstischen Kränkung: »Und der Neid und Hochmut wuchsen wie ein Unkraut in ihrem Herzen.« Sie neidet Schneewittchen ihre Schönheit dermaßen, dass sie den Befehl gibt, sie umbringen zu lassen. Ihre mörderische Wut entspringt ihrer Enttäuschung und kommt als Tötungswunsch zum Ausdruck. Im Alltag erleben wir diese Situation bei Frauen, die andere für ihr Aussehen, ihre Erfolge und die Liebe und Aufmerksamkeit, die sie bekommen, beneiden. Sie sind so gekränkt, weil sie sich zurückgesetzt fühlen, dass sie die anderen bekämpfen und ablehnen. Oder ihnen sogar Böses antun wollen. Das Schwierigste ist für sie, nicht die Beste zu sein und andere in ihren Stärken gleichberechtigt neben sich zu respektieren.

Dieser erste Teil des Märchens repräsentiert zugleich die frühe Kindheitssituation einer später narzisstischen Frau: Das Mädchen soll so sein, wie die Mutter es haben will und darf nicht eigenständig werden. Schneewittchens Weg in die Autonomie beginnt mit einer tödlichen Verlassenheitsdepression, indem sie verstoßen wird und vom Jäger umgebracht werden soll. Entweder sie stirbt oder sie geht ins Unbekannte. Trotz der scheinbar ausweglosen Situation entscheidet sie sich für das Leben und ist bereit, alle Gefahren, den dunklen Wald und die wilden Tiere auf sich zu nehmen. »Ach lieber Jäger, lass mir mein Leben; ich will in den wilden Wald laufen und nimmermehr wieder heimkommen.«

Dieser Punkt ist der wesentliche, sowohl für den Fortgang des Märchens als auch für die Therapie. Denn hier fällt die Entscheidung, einen neuen, unbekannten und beängstigenden Weg einzuschlagen, der herausführt aus der narzisstischen Grandiosität, aus Sucht, Depression, oder anderen Problemen. Erst jetzt wird Veränderung möglich.

Dieser Punkt wird Tiefpunkt genannt. Der Begriff stammt ursprünglich aus dem Programm der Anonymen Alkoholiker und bezeichnet jenen Zeitpunkt im Leben, an dem jemand nicht mehr weiterweiß. Er ist am Ende angekommen, an dem er entweder zugrunde geht, wenn er so weitermacht, oder umkehrt und einen neuen Weg einschlägt. Tiefpunkterlebnisse sind nicht auf Suchtkrankheiten beschränkt, sondern betreffen alle Krisensituationen von Menschen, die in die Enge führen und deshalb verändert werden müssen. Sie wurzeln in dem Bewusstsein, nicht mehr wie bisher weiterleben zu können, ohne das eigene Leben oder die seelische Gesundheit zu ruinieren. Wie es Hans-Curt Flemming in seinem Gedicht *Der Brandherd* so treffend formulierte, gibt es viele Gründe, nichts zu ändern, und nur einen, es zu tun: »du hältst es / einfach / nicht mehr aus«.[61]

Auch die narzisstische Frau beraubt sich mehr und mehr ihrer Lebendigkeit und Gesundheit und verliert immer stärker die Verbindung zu ihren Gefühlen und ihrer seelischen Tiefe. Das entstehende Defizit wird mit den falschen Mitteln auszufüllen versucht, statt es als Signal zur Umkehr ernst zu nehmen. Ist der Leidensdruck größer als die Angst vor der Veränderung, kann Wandlung geschehen. Jeder von uns weiß, dass wir erst dann reagieren und alte Gewohnheiten aufgeben, wenn das Leiden nicht mehr auszuhalten ist. Vorher versuchen wir noch, auf den alten Wegen neue Lösungen zu finden. Wenn das jedoch nicht mehr gelingt, sind wir gezwungen, aufzugeben.

Das Aufgeben heißt Kapitulation vor der Tatsache, dass man mit den alten Mechanismen, die uns immer weiter in unser Dilemma hineinmanövrieren und uns auf lange Sicht zerstören, nicht weiterkommt. Kapitulation bedeutet in diesem Kontext auch: Ich will so nicht mehr weiterleben, ich will mehr vom Leben, ich will mehr Glück als Leiden spüren. Wenn ich kapituliere, dann lasse ich von dem Gedanken ab, mit meinen alten Werkzeugen immer noch alles unter Kontrolle zu haben und mit noch mehr Anstrengung meistern zu können. Im Moment der Kapitulation bleibt nichts als das Vertrauen, dass etwas Neues gelingen kann. Wie, wann und ob wirklich, wissen wir nicht. Das zu finden ist der zweite Schritt, der auf die Kapitulation folgt.

Ihre Kapitulation vor der eigenen narzisstischen Grandiosität beschreibt Brigitte:

Es war, als ob ein Damm gebrochen wäre: Ich konnte mich nicht mehr dagegen wehren, dass alles aus mir herausbrach, was sich an Schmerz, Scham, Minderwertigkeitsgefühlen und Elend angestaut hatte. Innerlich tat mir alles weh, und ich weinte und weinte. Mein Leben schien mir so hohl, ich selbst kam mir so falsch vor, meine berufliche Fassade so maskenhaft. Irgendwann eskalierten die inneren Spannungen, und ich stieg auf die Fensterbank, öffnete das Fenster und wollte mich hinausstürzen. »Ich will nicht mehr leben! Ich will nicht mehr leben!«, habe ich laut gesagt, als ich da stand, hoch unterm Dach, und rausschaute in die finstere Kälte. Und dennoch war eine Stimme in mir, die sagte, dass ich eigentlich nur Teile meines bisherigen Lebens umbringen wollte. Statt zu springen, bin ich zu einer Freundin gegangen. Ich habe bei ihr geweint und gesagt: »Ich bin gar nicht die, für die du mich hältst, es gibt zwei Brigittes.« Und dann habe ich ihr von der anderen Brigitte erzählt, von der, die hinter meiner Fassade von Selbstsicherheit und Souveränität völlig versteckt ist. Ich war ganz erschöpft und kraftlos und ohne Widerstände

und fühlte nur noch, wie meine angebliche Selbstsicherheit dahinschmolz und eine wunde, müde, kraftlose Brigitte übrig blieb, die sich aber im Moment gut aufgehoben fühlte.
So begann ein Wandlungsprozess in meinem Leben. Ich erinnere mich sehr genau an die Gefühle von damals, an die Erschöpfung und die Erschütterung – so, wie wenn ein Gebäude nach einer Sprengung in Schutt und Asche in sich zusammenfällt und nach dem Donnerschlag der Explosion längere Zeit vergeht, wo Staub aufgewirbelt ist, Trümmer rieseln und nachrutschen, sich erst wieder alles setzen muss und in den Ohren der Übergang vom Knall zur Stille ist. Diese Erschütterung war in meinem ganzen Körper. Ich hatte das Gefühl, ich lebe nur noch aus dem Vertrauen in meine Freundin: »Jetzt, wo du weißt, wer beziehungsweise wie ich wirklich bin, was soll nun aus mir werden?« Ich entschloss mich dann, eine Therapie zu machen. Das war eigentlich schon der zweite Schritt auf meinem neuen Weg. Nach der Kapitulation war die andere Brigitte herausgekommen, jetzt eröffnete sich mir eine Perspektive in die Zukunft hinein: Ich würde Gelegenheit haben, Therapie zu machen an einem Ort, wo diese andere Brigitte würde leben dürfen. Meine Freundin nahm mich in den Arm und sagte: »Es wird gut werden«, und ich fühlte mich angenommen, so wie ich war, und habe den Satz aufgesaugt und in mich hineingenommen und daran geglaubt.

Sollten Sie in einer ähnlichen Lage sein wie Brigitte, werden Sie vielleicht auch von Verzweiflung und Suizidgedanken gepeinigt. Sie sehen nur noch Ihre Not, spüren die Niedergedrücktheit und die Ausweglosigkeit Ihres bisherigen Lebenskonzepts. Sie fühlen sich am Ende, ausweglos, verlassen, erschüttert und wollen Ihrem Elend ein Ende setzen. Haben Sie solche Gedanken auch schon gehabt? Vielleicht sogar konkret darüber nachgedacht, wie Sie sich umbringen wollen? Halten Sie ein und machen Sie sich bewusst, dass dieser Weg nicht wirklich eine Lösung bedeutet. Sie beenden damit das Kostbarste, das Ihnen gegeben ist, nämlich Ihr Leben. Ob Sie Ihre Qualen damit auch loswerden, ist nicht gesagt. Suchen Sie lieber eine Lösung hier in der Welt, in der Gegenwart. Geben Sie sich wenigstens die Chance.

Nicht immer müssen ganze Gebäude einstürzen, um etwas Neues zu entwickeln. Veränderung kann auch bedeuten, das Alte loszulassen und seine inneren Kräfte und Fähigkeiten zu aktivieren, die immer auch da, nur im Moment nicht verfügbar sind.

Suchen Sie sich eine Anlaufstelle und haben Sie den Mut, um Hilfe und Unterstützung zu bitten. Warum soll es Ihnen nicht auch gelingen?

Brigittes Beispiel ist die Kapitulation vor der Tatsache, dass sie ihr falsches Selbsterleben, ihre Fassade nicht länger aufrechterhalten kann, was zum Kontakt mit ihrem wahren Selbsterleben führt. Erst muss die Fassade bröckeln oder ein ganzes Gebäude zusammenfallen, um die wahre Person sichtbar zu machen. Es ist das Prinzip von »Stirb und werde«: Nur wenn wir etwas aufgeben, können wir etwas Neues gewinnen. Und dieses Aufgeben geschieht meist im Moment größter innerer Not und Verzweiflung. Es ist gut, in dieser Zeit vertraute Menschen um sich zu haben, die verstehen, was in einem vor sich geht und bei denen man sich ehrlich zeigen kann. Gerade für narzisstische Menschen ist der Schritt, bei anderen um Hilfe nachzusuchen, schon ein Stück Kapitulation davor, dass ihr Glaube, alles allein schaffen zu können, zusammenbricht, und sie sich von ihrem überheblichen Stolz, andere nicht zu brauchen, verabschieden müssen.

Es geht nicht darum, immer heftiger gegen die innere Schwäche zu kämpfen, sondern sie zuzulassen, sie zu akzeptieren und sich damit zu würdigen.

Diese Veränderung kann durch eine Therapie geschehen, durch Selbsthilfegruppen, mit Hilfe von Freunden, in der Auseinandersetzung mit den Aufgaben des täglichen Lebens und den Menschen, mit denen man zusammenlebt. Die Wege sind vielfältig und es gibt kein Rezept, welcher der richtige ist. Ich selbst schließe mich der bei Erving und Miriam Polster vertretenen Meinung an, Therapie sei viel zu wertvoll, als dass man sie nur kranken Menschen vorbehalten solle.[62] Therapie ist ein Weg, zu sich selbst zu finden, zu seinen Stärken und zur Eigenliebe und Seiten an sich zu entdecken, die bisher verschüttet sind.

Die Konfrontation mit Angst und Unsicherheit

Der Prozess, sich auf sich selbst einzulassen, ist mit vielen Ängsten vor unseren unbekannten und bedrohlichen Seiten verbunden und mit viel Unsicherheit, da wir uns auf ein unbekanntes Terrain begeben. Verbunden ist das oft mit einer Verlassenheitsdepression, dem Gefühl, ganz allein zu sein und keine Hilfe zu bekommen.

Symbolisch finden wir das im Märchen wieder:

Nun war das arme Kind in dem großen Wald mutterseelig allein und ward ihm so angst, dass es alle Blätter an den Bäumen ansah und nicht wusste, wie es sich helfen sollte. Da fing es an zu laufen und lief über die spitzen Steine und die Dornen, und die wilden Tiere sprangen an ihm vorbei, aber sie taten ihm nichts.

Es lief, solange nur die Füße noch fortkonnten, bis es bald Abend werden wollte; da sah es ein kleines Häuschen und ging hinein, sich zu ruhen.

Bevor wir uns auf eine Therapie einlassen, treten bei uns dieselben Ängste auf: Welchen vermeintlichen Ungeheuern werde ich in mir begegnen? Werde ich ihnen standhalten? Bisher hatte ich alles unter Kontrolle, aber was wird dann? Werde ich aufhören können zu weinen, wenn ich erst einmal begonnen habe? Werden mich die anderen Menschen noch erkennen und aushalten, wenn ich mich verändere? Werden sie sich von mir abwenden, wenn ich meinen Ärger zeige? Wie reagiert mein Partner, wenn ich anfange, mich nach meinen eigenen Wünschen zu verhalten?

Wir haben viele Zweifel, ob es richtig ist, den Weg zu uns einzuschlagen, denn im Grunde fürchten wir uns vor uns selbst. In diesem Dilemma scheint es hilfreich, sich eine Aussage meines Lehrtherapeuten Sylvester Walch zu vergegenwärtigen, die sinngemäß besagt, dass unsere Gefühle uns nicht umbringen können, sondern nur das, was wir gegen sie unternehmen. Gemeint sind dabei alle Mechanismen, die dazu beitragen, dass wir nicht spüren, was wir fühlen und nicht merken, was wir brauchen. Das können Süchte sein, die diese Aufgabe übernehmen oder Depressionen, grandioses Streben nach Immer-mehr-haben-wollen und Immer-besser-sein-müssen oder psychosomatische Krankheiten. Unsere Gefühle können uns ihrer Heftigkeit wegen erschrecken oder schmerzen oder sich wie ein Erdbeben anfühlen, aber sie bringen uns nicht um. Wie im Märchen, wo die Tiere vorbeispringen, aber nicht angreifen. Haben wir jemanden, der uns begleitet, dann ist der Weg in den Wald weniger beängstigend.

Der heilende Ort und die inneren und äußeren Helfer

In dem Häuschen war alles klein, aber so zierlich und reinlich, dass es nicht zu sagen ist. Da stand ein weißgedecktes Tischlein mit sieben kleinen Tellern, jedes Tellerlein mit seinem Löffelein, ferner sieben Messerlein und Gäbelein und sieben Becherlein. An der Wand waren sieben Bettlein nebeneinander aufgestellt und schneeweiße Laken darüber gedeckt. Schneewittchen, weil es so hungrig und durstig war, aß von jedem Tellerlein ein wenig Gemüs und Brot und trank aus jedem Becherlein einen Tropfen Wein; denn es wollte nicht einem alles wegnehmen. Hernach, weil es so müde war, legte es sich in ein Bettchen, aber keins passte. Das eine war zu lang, das andere zu kurz, bis endlich das siebte recht war: und darin blieb es liegen, befahl sich Gott und schlief ein.

Als es ganz dunkel geworden war, kamen die Herren von dem Häuslein, das waren die sieben Zwerge, die in den Bergen nach Erz hackten und gruben. Sie zündeten ihre sieben Lichtlein an, und wie es nun hell im Häuslein ward, sahen sie, dass jemand darin gewesen war, denn es stand nicht alles so in der Ordnung, wie sie es verlassen hatten. Der erste sprach: »Wer hat auf meinem Stühlchen gesessen?« Der zweite: »Wer hat von meinem Tellerchen gegessen?« Der dritte: »Wer hat von meinem Brötchen genommen?« Der vierte: »Wer hat von meinem Gemüschen gegessen?« Der fünfte: »Wer hat mit meinem Gäbelchen gestochen?« Der sechste: »Wer hat mit meinem Messerchen geschnitten?« Der siebte: »Wer hat aus meinem Becherlein getrunken?« Dann sah sich der erste um und sah, dass auf seinem Bett eine kleine Delle war, da sprach er: »Wer hat in mein Bettchen getreten?« Die anderen kamen gelaufen und riefen: »In meinem hat auch jemand gelegen.« Der siebente aber, als er in sein Bett sah, erblickte Schneewittchen, das lag darin und schlief. Nun rief er die anderen, die kamen herbeigelaufen und schrien vor Verwunderung, holten ihre sieben Lichtlein und beleuchteten Schneewittchen. »Ei, du mein Gott! Ei, du mein Gott!«, riefen sie, »was ist das Kind so schön!«, und hatten so große Freude, dass sie es nicht aufweckten, sondern im Bettlein fortschlafen ließen. Der siebente Zwerg aber schlief bei seinen Gesellen, bei jedem eine Stunde, da war die Nacht herum.

Als es Morgen war, erwachte Schneewittchen, und wie es die sieben Zwerge sah, erschrak es. Sie waren aber freundlich und fragten: »Wie heißt du?« – »Ich heiße Schneewittchen«, antwortete es. »Wie bist du in unser Haus gekommen?«, sprachen weiter die Zwerge. Da erzählte es ihnen, dass seine Stiefmutter es hätte wollen umbringen lassen, der Jäger hätte ihm aber das Leben geschenkt, und da wär es gelaufen den ganzen Tag, bis es endlich ihr Häuslein gefunden hätte. Die Zwerge sprachen: »Willst du unsern Haushalt versehen, kochen, betten, waschen, nähen und stricken, und willst du alles ordentlich und reinlich halten, so kannst du bei uns bleiben, und es soll dir an nichts fehlen.« – »Ja«, sagte Schneewittchen, »von Herzen gern«, und blieb bei ihnen. Es hielt ihnen das Haus in Ordnung: Morgens gingen sie in die Berge und suchten Erz und Gold, abends kamen sie wieder, und da musste ihr Essen bereit sein. Den Tag über war das Mädchen allein; da warnten es die guten Zwerglein und sprachen: »Hüte dich vor deiner Stiefmutter, die wird bald wissen, dass du hier bist; lass ja niemanden herein.«

Im Märchen von Schneewittchen symbolisieren die sieben Berge die horizontale Spaltung, die das wahre vom falschen Selbsterleben trennt. Die sieben Zwerge sind die Goldgräber der menschlichen

Psyche, positive, unbewusste Kräfte, die uns zuwachsen, wenn wir uns auf unser wahres Selbsterleben einlassen. Sie dienen der Vervollständigung und Ganzheit des Menschen, ein Bestreben, das dem menschlichen Wesen innewohnt, worauf auch ihre Zahl sieben hinweist. Um den eigenen Schatz und Reichtum in sich zu entdecken, ist es nötig, das alte, das falsche Selbsterleben loszulassen.

Innere Helfer sorgen dafür, uns selbst zu unterstützen und dem inneren, verletzten Kind Hilfe und Zuwendung zukommen zu lassen. Selbstunterstützung ist ein wesentlicher Teil positiver seelischer Befindlichkeit, da sie der destruktiven Selbstanklage und dem symbiotischen Verschmelzungswunsch entgegenwirkt. Mithilfe innerer Helfer können wir uns und unseren Kind-Anteilen das geben, was sie brauchen, zum Beispiel Zuspruch, Wärme, Beachtung und Rat. Diese Kräfte können uns helfen, unabhängig von anderen gut für uns zu sorgen.

Auch im Märchen finden wir die positive Kraft der inneren Helfer wieder. Im Gegensatz zur zweiten Königin haben die Zwerge echte Freude an Schneewittchens Schönheit und akzeptieren sie so, wie sie ist. Sie kümmern sich um sie und nehmen sogar Opfer auf sich: der siebte Zwerg, in dessen Bettchen sie schläft, muss bei seinen Gesellen schlafen.

Das kleine Häuschen der sieben Zwerge ist ein Bild für das Leben im Bewusstsein des wahren Selbst, in dem andere Gesetze herrschen als im Schloss des falschen Selbst. Hier ist auf einmal alles zierlich, geordnet und abgezählt im Gegensatz zum sonstigen narzisstischen Überfluss, der keine Grenzen kennt und das Eigentum anderer nicht respektiert. Die narzisstische Großzügigkeit gibt jedem alles, beansprucht aber auch alles für sich. Die Aussage: »Wer hat von meinem Tellerchen gegessen?« symbolisiert das Bewusstsein von Identität und Besitz im Rahmen des wahren Selbsterlebens. Auf diese Weise erwirbt Schneewittchen ein Gefühl für Mein und Dein. Was dem anderen gehört, kann sie nicht ohne Weiteres einfach beanspruchen. Sie schummelt sich durch, indem sie von jedem etwas nimmt, aber auch das fällt auf. Letztlich bekommt sie alles von ihnen, aber nur, weil sie aus der Heimlichkeit heraustritt.

Andererseits erleben narzisstische Frauen ihre Bedürfnisbefriedigung oft so, als würden sie dem anderen dadurch etwas wegnehmen. Nur in der Rolle des Helfers und Co-Partners meinen sie, ein Recht auf eigene Wünsche und deren Erfüllung zu haben.

Schneewittchen lernt nun das Gesetz von Geben und Nehmen, indem sie Unterkunft, Verpflegung und Schutz angeboten bekommt, dafür aber eine Gegenleistung erbringen muss: den Haushalt in Ordnung halten, kochen, putzen, waschen, nähen usw. Für jede emanzipierte Frau ist das eine Horrorvorstellung, weil wir gerade dieser dienenden Funktion als Haus-Frauen entwachsen sind. Aber es geht mir nicht um den Rückfall in die Fünfzigerjahre,sondern um die Veranschaulichung einer normalen, alltäglichen Tätigkeit, die für jeden Narzissten das Ende seiner Grandiosität bedeutet, aber auch seine Sehnsucht nach Normalität weckt. Schneewittchen braucht nicht großartig zu sein, um geliebt zu werden, geht aber eine Verpflichtung und Bindung ein. Sie legt sich fest, lebt den einfachen Alltag ohne die Aufregung, die etwa eine Wochenendbeziehung mit sich bringt.

Sie lernt darüber hinaus, ihre wahre Größe zu erkennen. Indem sie alle sieben Betten ausprobiert, findet sie jenes, das ihr entspricht: nicht zu groß (überwertig), aber auch nicht zu klein (minderwertig). Sie kommt zur Ruhe, als sie im richtigen Bett liegt und »befahl sich Gott«. Hierin liegt ein Verweis auf ein spirituelles Erleben, die Fähigkeit, sich anzuvertrauen, die im engen Zusammenhang mit dem wahren Selbsterleben steht. Der Verzicht auf die narzisstische Grandiosität ist mit innerer Ruhe, Ausgeglichenheit, Schlichtheit, Normalität und Vertrauen verbunden.

Das Zwergenhaus ist ein sicherer Ort, an dem Schneewittchen lernen kann, zu sich zu kommen, sich einzulassen, anzuvertrauen und unterstützen zu lassen. Sie geht eine heilsame Beziehung ein, in der sie sich selbst begegnet. Wir finden einen solchen Ort oft in der Therapie oder in einer Gruppe Gleichgesinnter.

Mit dem inneren sicheren Ort wird speziell in der Traumabehandlung gearbeitet.[63] Der Vorteil dieses Ortes ist, dass wir ihn immer bei uns haben. Dazu stellen Sie sich bitte einen Ort vor, an dem ein umfassendes Wohlgefühl herrscht, bezogen auf die Temperatur, auf das, was Sie sehen, hören und riechen. Es ist genügend Platz vorhanden, um sich entsprechend bewegen zu können. Sie sind hier völlig sicher und geborgen, es kann Ihnen nichts geschehen. Dieser Ort hat eine Grenze, und keiner darf diesen Raum betreten, den Sie nicht hineinlassen. Sie entscheiden, welche Begleiter und Helfer Sie bei sich haben wollen. Sie gestalten diesen Ort so, dass er Ihnen guttut. Ist etwas nicht stimmig, verändern Sie es. Wenn Sie sich nun an diesem Ort völlig wohlfühlen, dann können Sie mit sich selbst eine Bewegung ausmachen, zum Beispiel die Hand auf die Brust oder den Bauch zu legen, wo Sie das Wohlgefühl spüren. Wann immer Sie das tun, kehren Sie an diesen Ort zurück. Sie können ihn sich jeder Zeit vorstellen, vorzugsweise in Zeiten, in denen es Ihnen schlecht geht, Sie sich einsam, verlassen oder zurückgewiesen fühlen. Statt sich mit Essen zu trösten, in eine Verlassenheitsdepression zu fallen, destruktiv zu denken oder zu handeln, kehren Sie zu Ihrem sicheren Ort zurück und stellen sich vor, dass Sie dort mit dem genährt werden, was Sie wirklich brauchen. Die Arbeit mit dem sicheren Ort hat sich auch für verletzte Ich-Anteile bewährt, die im Laufe der narzisstischen Entwicklung entstanden sind. Meist werden sie als kleine Kinder erlebt, die sich zurückgesetzt, abgelehnt, ungeliebt oder sogar vernachlässigt fühlen. Sie werden an den sicheren Ort gebracht, an dem sie beschützt, geliebt und wahrgenommen werden und so sein dürfen wie sie sind, meist mit idealen liebenden Eltern, Tieren, Geschwistern und allem, was ihnen guttut. Sie werden versorgt mit dem, was ihnen früher fehlte und was oft vergeblich beim Partner gesucht wird. Nun werden sie genährt mit dem Ziel, sie zu integrieren und zu einem Teil von sich zu machen. Dadurch führen sie kein Eigenleben mehr, das das Verhalten und Fühlen negativ-kindlich bestimmt.

Die Verführungen

Trotz des Kontakts zu unserem wahren Selbst erliegen wir immer wieder den Verführungen durch die Grandiosität, denn der Kampf zwischen falschem und wahrem Selbst ist noch nicht ausgestanden. Die Zwerge warnen:

> *»Hüte dich vor deiner Stiefmutter, die wird bald wissen, dass du hier bist; lass ja niemanden herein.«*
> *Die Königin aber, nachdem sie Schneewittchens Lunge und Leber glaubte gegessen zu haben, dachte nicht anders, als sie wäre wieder die Erste und Allerschönste, trat vor ihren Spiegel und sprach:*
> *»Spieglein, Spieglein an der Wand, wer ist die Schönste im ganzen Land?«*
> *Da antwortete der Spiegel: »Frau Königin, Ihr seid die Schönste hier, aber Schneewittchen über den Bergen, bei den sieben Zwergen ist noch tausendmal schöner als Ihr.«*
> *Da erschrak sie, denn sie wusste, dass der Spiegel keine Unwahrheit sprach, und merkte, dass der Jäger sie betrogen hatte und Schneewittchen noch am Leben war. Und da sann und sann sie*

aufs neue, wie sie es umbringen wollte; denn solange sie nicht die Schönste war im ganzen Land, ließ ihr der Neid keine Ruhe. Und als sie sich endlich etwas ausgedacht hatte, färbte sie sich das Gesicht auf und kleidete sich wie eine alte Krämerin und war ganz unkenntlich. In dieser Gestalt ging sie über die sieben Berge zu den sieben Zwergen, klopfte an die Türe und rief: »Schöne Ware feil!« Schneewittchen guckte zum Fenster hinaus und rief: »Guten Tag, liebe Frau, was habt Ihr zu verkaufen?« – »Gute Ware, schöne Ware«, antwortete sie, »Schnürriemen von allen Farben«, und holte einen hervor, der aus bunter Seide geflochten war. »Die ehrliche Frau kann ich hereinlassen«, dachte Schneewittchen, riegelte die Tür auf und kaufte sich den hübschen Schnürriemen. »Kind«, sprach die Alte, »wie du aussiehst! Komm, ich will dich einmal ordentlich schnüren.« Schneewittchen hatte kein Arg, stellte sich vor sie und ließ sich mit dem neuen Schnürriemen schnüren: aber die Alte schnürte geschwind und schnürte so fest, dass dem Schneewittchen der Atem verging und es für tot hinfiel. »Nun bist du die Schönste gewesen«, sprach sie und eilte hinaus.

Nicht lange darauf, zur Abendzeit, kamen die sieben Zwerge nach Haus, aber wie erschraken sie, als sie ihr liebes Schneewittchen auf der Erde liegen sahen; und es regte und bewegte sich nicht, als wäre es tot. Sie hoben es in die Höhe, und weil sie sahen, dass es zu fest geschnürt war, schnitten sie den Schnürriemen entzwei: da fing es an, ein wenig zu atmen und ward nach und nach wieder lebendig. Als die Zwerge hörten, was geschehen war, sprachen sie: »Die alte Krämerfrau war niemand als die gottlose Königin; hüte dich und lass keinen Menschen herein, wenn wir nicht bei dir sind.«

Das böse Weib aber, als es nach Haus gekommen war, ging vor den Spiegel und fragte:

»Spieglein, Spieglein an der Wand, wer ist die Schönste im ganzen Land?«
Da antwortete er wie sonst: »Frau Königin, Ihr seid die Schönste hier, aber Schneewittchen über den Bergen, bei den sieben Zwergen ist noch tausendmal schöner als Ihr.«
Als sie das hörte, lief ihr alles Blut zum Herzen, so erschrak sie, denn sie sah wohl, dass Schneewittchen wieder lebendig geworden war. »Nun aber«, sprach sie, »will ich etwas aussinnen, das dich zugrunde richten soll«, und mit Hexenkünsten, die sie verstand, machte sie einen giftigen Kamm. Dann verkleidete sie sich und nahm die Gestalt eines anderen alten Weibes an. So ging sie hin über die sieben Berge zu den sieben Zwergen, klopfte an die Türe und rief: »Gute Ware feil!« Schneewittchen schaute heraus und sprach: »Geht nur weiter, ich darf niemand hereinlassen.« – »Das Ansehen wird dir doch erlaubt sein«, sprach die Alte, zog den giftigen Kamm heraus und hielt ihn in die Höhe. Da gefiel er dem Kinde so gut, dass es sich betören ließ und die Tür öffnete. Als sie des Kaufs einig waren, sprach die Alte: »Nun will ich dich einmal ordentlich kämmen.« Das arme Schneewittchen dachte an nichts und ließ die Alte gewähren; aber kaum hatte sie den Kamm in die Haare gesteckt, als das Gift darin wirkte, und das Mädchen ohne Besinnung niederfiel. »Du Ausbund von Schönheit«, sprach das boshafte Weib, »jetzt ist's um dich geschehen«, und ging fort. Zum Glück aber war es bald Abend, wo die sieben Zwerglein nach Hause kamen. Als sie Schneewittchen wie tot auf der Erde liegen sahen, hatten sie gleich die Stiefmutter in Verdacht, suchten nach und fanden den giftigen Kamm, und kaum hatten sie ihn herausgezogen, so kam Schneewittchen wieder zu sich und erzählte, was vorgegangen war. Da warnten sie es noch einmal, auf seiner Hut zu sein und niemand die Türe zu öffnen. Die Königin stellte sich daheim vor den Spiegel und sprach:

»Spieglein, Spieglein an der Wand, wer ist die Schönste im ganzen Land?«
Da antwortete er wie vorher: »Frau Königin, Ihr seid die Schönste hier, aber Schneewittchen über den Bergen, bei den sieben Zwergen ist noch tausendmal schöner als Ihr.«
Als sie den Spiegel so reden hörte, zitterte und bebte sie vor Zorn. »Schneewittchen soll sterben«, rief sie, »und wenn es mein eigenes Leben kostet.« Darauf ging sie in eine ganz verborgene einsame Kammer, wo niemand hinkam, und machte da einen giftigen, giftigen Apfel. Äußerlich sah er schön aus, weiß mit roten Backen, dass jeder, der ihn erblickte, Lust danach bekam; aber wer ein Stückchen davon aß, der musste sterben. Als der Apfel fertig war, färbte sie sich das Gesicht und verkleidete sich in eine Bauersfrau, und so ging sie über die sieben Berge zu den sieben Zwergen. Sie klopfte an, Schneewittchen streckte den Kopf zum Fenster heraus und sprach: »Ich darf keinen Menschen einlassen, die sieben Zwerge haben mir's verboten.« – »Mir auch recht«, antwortete die Bäuerin, »meine Äpfel will ich schon los werden. Da, einen will ich dir schenken.« – »Nein«, sprach Schneewittchen, »ich darf nichts annehmen.« »Fürchtest du dich vor Gift?«, sprach die Alte, »siehst du, da schneide ich den Apfel in zwei Teile; den roten Backen isst du, den weißen will ich essen.« Der Apfel war aber so künstlich gemacht, dass der rote Backen allein vergiftet war. Schneewittchen lusterte den schönen Apfel an, und als es sah, dass die Bäuerin davon aß, so konnte es nicht länger widerstehen, streckte die Hand hinaus und nahm die giftige Hälfte. Kaum aber hatte es einen Bissen davon im Mund, so fiel es tot zur Erde nieder. Da betrachtete es die Königin mit grausigen Blicken und lachte überlaut und sprach: »Weiß wie Schnee, rot wie Blut, schwarz wie Ebenholz! Diesmal können dich die Zwerge nicht wieder erwecken.« Und als sie daheim den Spiegel befragte:

»Spieglein, Spieglein an der Wand, wer ist die Schönste im ganzen Land?«,
so antwortete er endlich: »Frau Königin, Ihr seid die Schönste im Land.«
Da hatte ihr neidisches Herz Ruhe, so gut ein neidisches Herz Ruhe haben kann.

Neid ist für Frauen mit einer weiblich-narzisstischen Struktur ein wichtiges, aber tabuisiertes Thema, denn sie gestehen sich und anderen nicht ein, neidisch zu sein, vielmehr verachten sie sich dafür. Sie verstecken Neid hinter Rivalität, Kampf und Abwertung. Andere Menschen, die aufgrund ihrer Fähigkeiten oder ihres Äußeren eine Bedrohung des eigenen Selbstwertgefühls bedeuten, werten sie ab oder treten mit ihnen in einen Rivalitätskampf. Das Ziel ist, als Siegerin daraus hervorzugehen und sich so den eigenen Selbstwert zu bestätigen. Dieses Verhalten beweist die Instabilität ihres Selbstwertgefühls, das bei der geringsten Herausforderung zusammenbricht. Entweder die betroffene Frau stellt sich ihrem Neid, ihrer Eifersucht und Rivalität und der damit verbundenen Angst, weniger wert zu sein, oder sie muss immer weiter darum kämpfen und sich und andere davon überzeugen, die Beste zu sein. Zufriedenheit erwirbt sie dadurch nicht.

Eine Veränderung führt dagegen über das Eingeständnis, nicht die grandioseste und wichtigste Frau der Welt zu sein. Damit sind Gefühle von Kränkung, Hass, Schmerz und Scham über die eigene Normalität verbunden und die Angst, dass Schlichtsein nicht ausreicht, um zu gefallen. Um aber nicht mehr nur gefallen zu wollen, sondern als individuelle Person anerkannt und geliebt zu werden, ist das Zulassen dieser Gefühle nötig. Denn das stärkt das wahre Selbsterleben. Vor allem die Scham ist ein Gefühl, das mit narzisstischer Abwehr und Gekränktheit zusammenhängt. Nicht den eigenen Vorstellungen zu entsprechen, nicht so gut zu sein, wie man es von sich verlangt, beschämt. Daraus resultiert der Hass auf sich selbst wegen der eigenen Unfähigkeit, aber auch die Abwendung von den anderen, weil man sich vor ihnen blamiert hat. Gesichtsverlust führt zur Isolation, zum Bedürfnis, sich verstecken zu wollen. Die Überwindung der Scham braucht das verständnisvolle Gegenüber, das im Therapeuten gegeben ist. Gelingt dies noch nicht, ist der Boden für die Verführung bereitet: Wenn ich doch noch mein Ideal erreiche, befreie ich mich von meinem Versagen und meiner Scham.

Drei Rückfälle zeigen, wie schnell Schneewittchen auf die Verführungskunst des falschen Selbst hereinfällt. Der erste Rückfall symbolisiert im Bild des Schnürriemens das Streben nach Perfektion und einer attraktiven Fassade: dafür schnürt sich die Frau von ihren Bedürfnissen ab und presst sich in das Zwangskorsett des Perfektionismus. So wie es die Frau etwa tut, wenn sie wieder eine Fastenkur macht, um attraktiver zu werden. Sie trennt sich dann von ihren Bedürfnissen ab und unterjocht sich dem Schönheitsdiktat. Im wahrsten Sinn des Wortes schnürt sie den Gürtel enger.

Der zweite Rückfall betrifft im Symbol des Kammes die Schönheit, die wichtiger ist als das innere Erleben: Um schön zu sein, riskiert die Frau, sich zu vergiften, sich innerlich abzutöten. Beide Male können die positiven Kräfte in ihr, die Zwerge, sie retten. Schneewittchen erkennt den Betrug und lässt sich helfen. Das gelingt aber bei der dritten Verführung nicht mehr. Der giftige Apfel symbolisiert die vergifteten Introjekte, die eindringenden entwertenden Botschaften, die das Kind geschluckt hat. Sie sind so schmackhaft aufbereitet, dass man ihnen die Gefahr nicht ansieht. Das Gift steht für Anerkennung durch Leistung und Attraktivität, für narzisstische Ausbeutung, für Anpassung an das äußere Bild und für ein Leben auf Kosten des wahren Selbst. Es ist ein Sinnbild für die äußere Eitelkeit, die Selbstbespiegelung und den Schein, die jede Beziehung oberflächlich machen. Schneewittchen erwacht erst zum Leben, als der Apfelgrütz erbrochen ist. Also in dem Moment, wenn die Frau sich von den hemmenden Introjekten befreit und sie selbst wird. Auf dem Genesungsweg droht immer wieder der Rückfall durch die Verführung der Werte des falschen Selbst, sei es aus Furcht vor den unbekannten Gefühlen und Wünschen des wahren Selbst oder aus Angst davor, von der Grandiosität Abschied nehmen zu müssen.

Die Verführung durch das falsche Selbst ist ein Mittel, sich vor der Angst vor Normalität und Mittelmäßigkeit zu schützen. Narzisstische Persönlichkeiten verbinden damit Langeweile, Erfolglosigkeit und Unattraktivität. Sie sind selten zufrieden mit dem, was sie erreicht haben, und können sich kaum an ihren Erfolgen freuen, ohne schon das nächste Ziel im Auge zu haben. So treiben sie sich immer weiter und sind nie wirklich befriedigt.

Die neue Lebendigkeit

Das nicht gelebte Leben ist eine Folge der Abspaltung des wahren Selbst und führt zu einer inneren Entleerung und Leblosigkeit, symbolisiert durch den Glassarg.

> *Die Zwerglein, wie sie abends nach Haus kamen, fanden Schneewittchen auf der Erde liegen, und es ging kein Atem mehr aus seinem Mund, und es war tot. Sie hoben es auf, suchten, ob sie was Giftiges fänden, schnürten es auf, kämmten ihm die Haare, wu-*

schen es mit Wasser und Wein, aber es half alles nichts; das liebe Kind war tot und blieb tot. Sie legten es auf eine Bahre und setzten sich alle siebene daran und beweinten es, und weinten drei Tage lang. Da wollten sie es begraben, aber es sah noch so frisch aus wie ein lebender Mensch und hatte noch seine schönen roten Backen. Sie sprachen: »Das können wir nicht in die schwarze Erde versenken«, und ließen einen durchsichtigen Sarg von Glas machen, dass man es von allen Seiten sehen konnte, legten es hinein und schrieben mit goldenen Buchstaben seinen Namen darauf und dass es eine Königstochter wäre. Dann setzten sie den Sarg hinaus auf den Berg, und einer von ihnen blieb immer dabei und bewachte ihn. Und die Tiere kamen auch und beweinten Schneewittchen, erst eine Eule, dann ein Rabe, zuletzt ein Täubchen. Nun lag Schneewittchen lange, lange Zeit in dem Sarg und verweste nicht, sondern sah aus, als wenn es schliefe, denn es war noch so weiß als Schnee, so rot als Blut und so schwarzhaarig wie Ebenholz. Es geschah aber, dass ein Königssohn in den Wald geriet und zu dem Zwergenhaus kam, da zu übernachten. Er sah auf dem Berg den Sarg und das schöne Schneewittchen darin und las, was mit goldenen Buchstaben darauf geschrieben war. Da sprach er zu den Zwergen: »Lasst mir den Sarg, ich will euch geben, was ihr dafür haben wollt.« Aber die Zwerge antworteten: »Wir geben ihn nicht um alles Gold in der Welt.« Da sprach er: »So schenkt ihn mir, denn ich kann nicht leben, ohne Schneewittchen zu sehen, ich will es ehren und hoch achten wie mein Liebstes.« Wie er so sprach, empfanden die guten Zwerge Mitleiden mit ihm und gaben ihm den Sarg. Der Königssohn ließ ihn nun von seinen Dienern auf den Schultern forttragen. Da geschah es, dass sie über einen Strauch stolperten, und von dem Schüttern fuhr der giftige Apfelgrütz, den Schneewittchen abgebissen hatte, aus dem Hals. Und nicht lange, da öffnete es die

Augen, hob den Deckel vom Sarg in die Höhe und richtete sich auf und war wieder lebendig.

Wenn das falsche Selbsterleben gewinnt, dann tritt wieder der Zustand der ersten Königin (Minderwertigkeitsgefühle und Depression) ein: der Glassarg als Lebendig-begraben-Sein. Die Betroffenen leben zwar, sind aber innerlich wie tot. Sie spüren eine innere Leere und nehmen mit großer Distanz am Leben teil, als trenne sie eine unsichtbare Wand von den anderen. Obwohl sie dabei sind, gehören sie nicht richtig dazu. Sie spüren sich nicht mehr und haben den Kontakt zu sich verloren. Dieser Zustand kann auch in der Therapie auftreten, wenn die Frauen versuchen, eine perfekte Therapie zu machen. Sie tun dann alles, um von den Therapeuten bewundert zu werden, statt aus Interesse an sich selbst. Sie »machen« Therapie und Kontakt, statt ihn zu erleben.

Dem Glassarg kann noch eine zweite Bedeutung zugesprochen werden: er symbolisiert die Passivität, die Haltung, anderen die Verantwortung für sich selbst zu übertragen, die Erlösung und Veränderung von außen zu erwarten und nichts selbsttätig zu unternehmen. Die anderen, meist die engsten Angehörigen wie Eltern, Geschwister oder Partner, sitzen um sie herum (wie die Zwerge, die Schneewittchen beweinen), machen sich Sorgen und Gedanken und leiden mit. Das Stolpern der Sargträger und der Sturz, durch den Schneewittchen zum Leben erweckt wird, stehen stellvertretend für das Fallenlassen in dem Sinne, dass die Umgebung aufhört, der Frau die Verantwortung für die Lösung ihrer Probleme abzunehmen. Erst dann kann und muss sie beginnen, erwachsen und eigenverantwortlich zu werden. Neue Lebendigkeit bedeutet, sich auf andere einzulassen und zugleich mit sich in Kontakt zu sein und die eigenen Grenzen zu spüren. Und erst wenn sie die Befriedigung ihrer Wünsche und den Ausgleich ihres Selbstwertdefizits nicht mehr über den Partner oder andere Menschen erwartet, kann sie auch gute Beziehungen eingehen; nicht als abhängiges Kind, sondern als selbstverantwortliche Frau.

Der Prinz repräsentiert einen Bewusstseinszustand, in welchem der Mensch sein wahres Selbsterleben (Schneewittchen) nicht verleugnet, sondern respektvoll behandelt und hoch achtet wie sein Liebstes, da es das Leben selber ist. Erweckt wird es jedoch durch den Zufall, den weder der Prinz noch Schneewittchen herbeiführen können: Durch das Straucheln der Sargträger erbricht sie den vergifteten Apfel, befreit sich von den negativen Introjekten und ersetzt sie durch die liebevolle und achtende Zuwendung des Prinzen.

Die zwei entscheidenden Wandlungen, von denen das Märchen spricht, geschehen zufällig: der Stich mit der Nadel, der dem Leben der ersten Königin eine neue Perspektive beschert und das Stolpern der Sargträger, wodurch Schneewittchen wieder zum Leben erweckt wird. Auch im Leben beruhen wichtige Veränderungen häufig auf dem Zufall, sie fallen uns zu, ohne dass wir einen Einfluss darauf haben oder etwas dafür tun müssen. Die Dinge geschehen, wenn wir uns überlassen. Wir erhalten sie umsonst, gratis, aus Gnade (Gratia).

Beziehungsfähig werden

»Ach Gott, wo bin ich?« rief es. Der Königssohn sagte voll Freude: »Du bist bei mir«, und erzählte, was sich zugetragen hatte und sprach: »Ich habe dich lieber als alles auf der Welt; komm mit mir auf meines Vaters Schloss, du sollst meine Gemahlin wer-

den.« Da war ihm Schneewittchen gut und ging mit ihm, und ihre Hochzeit ward mit großer Pracht und Herrlichkeit angeordnet.

Der Prinz ist zugleich das Symbol für Beziehung. Zuerst wird sie nach dem alten narzisstischen Muster begonnen: »Lasst mir den Sarg, ich will euch geben, was ihr dafür haben wollt.« Dies ist die Einstellung, alles, auch Liebe, kaufen zu können. Erst, als er bereit ist, eine wirkliche Beziehung einzugehen und seine wahre Liebe mitteilt, bekommt er den Sarg geschenkt. Das Wesentliche bekommen wir geschenkt, nicht über Leistung, Schönheit oder Perfektionismus. Dieses Denken ist der weiblich-narzisstischen Persönlichkeit fremd, da sie meint, für alles, was sie bekommt, in Vorleistung gehen zu müssen. Sie hat nicht das Vertrauen, dass sie das bekommt, was sie braucht.

Die Heirat zwischen Schneewittchen und dem Prinzen symbolisiert eine innere Hochzeit, die Aufhebung der Spaltungen und die Herstellung einer Ganzheit. Das Ziel der Therapie beziehungsweise der persönlichen Entwicklung ist die Integration zu einer ganzheitlichen Persönlichkeit, der alle Bereiche des Selbst zur Verfügung stehen. Die Hochzeit ist daher auch ein Bild dafür, beide Seiten in sich und dem anderen zu integrieren: Jeder hat gleichzeitig positive und negative Seiten. Damit respektiert jeder Partner die Eigenheiten des anderen, aber auch seine eigenen. Zu Beginn ist es schwer, die Spannung auszuhalten, die darin liegt, Stärken und Schwächen des Partners zu registrieren und zu akzeptieren. Es ist leichter, das sogenannte Schlechte am anderen abzuwerten, als es zu lassen, wie es ist. Dasselbe tun wir auch mit uns.

Die Hochzeit im Märchen ist auch ein Sinnbild für wahre Beziehungsfähigkeit, die nicht durch Idealisierung, sondern Zuneigung entsteht. »Da war ihm Schneewittchen gut und ging mit ihm.« Jemandem gut sein ist eine Qualität der Zuneigung, sie resultiert aus dem wahren Selbst, narzisstische Menschen lieben meist aus dem falschen Selbst heraus. Entweder lieben sie wahnsinnig oder sie verachten den anderen. Die Hochzeit wird dann möglich, wenn beide Partner ihre Identität gefunden haben und sie nicht mehr im anderen und dessen Idealbild suchen müssen. Denn eine befriedigende Zweierbeziehung setzt eine gute Beziehung zu sich selbst voraus.

Die Veränderung des Beziehungsmusters beginnt damit, dass die Frau sich mehr Zeit beim Aufbau einer Beziehung lässt. Statt sich Hals über Kopf in ein Abenteuer zu stürzen, kann sie abwartend Kontakt zu dem Mann aufnehmen und prüfen, welche Erwartungen sie an ihn hat und ob er sie erfüllen kann. So vermeidet sie es, sich unerfüllbaren Illusionen hinzugeben. Möglicherweise wird sie auch spüren, dass ihr Tempo viel langsamer ist, als sie es bisher annahm und dass sie viel mehr Zeit braucht, um den anderen kennenzulernen und ihm nah zu kommen. Das bedeutet in vielen Fällen auch, die Beziehung nicht vorrangig über Sexualität aufzubauen.

Weiblich-narzisstische Frauen sind geübt in der Verführungskunst, um auf diese Weise Beziehungen zu Männern herzustellen. In der Regel fehlt diesen Kontakten die emotionale Tiefe, da sie mehr spielerisch angelegt sind. Ist sich die Frau darüber im Klaren, was sie bei einem anderen Menschen sucht, beziehungsweise hört sie auf, sich nur auf die verführerische Masche einzulassen, wird sie die Erfahrung von Freundschaften machen. Denn viele Männer, die ihr gefallen, sind gar keine potenziellen Partner für eine Zweierbeziehung, dafür können sie aber gute Freunde werden. Diese Beziehungsqualität ist ebenso neu wie die zu Frauen: Sie sind nicht nur Rivalinnen um die Männer, sondern interessante Menschen, und die Beziehungen zu ihnen können wertvoll und nährend sein.

Das narzisstische Defizit bringt Menschen dazu, die eigenen fehlenden Anteile im anderen zu suchen, der ihr angeschlagenes Selbstwertgefühl erhöhen soll und sie um das erweitert, was ihnen fehlt. Glaubt eine Frau beispielsweise, nicht ihretwegen Bewunderung zu bekommen, wird sie sich mit Menschen umgeben, die bewundert werden und sich auf diese Weise im Glanze der anderen sonnen. Oder sie sucht sich einen Mann, der all das verkörpert, was sie in ihrem Ich-Ideal gespeichert hat: Erfolg, Kommunikationsfertigkeiten, Im-Mittelpunkt-stehen, Beliebtsein. Als seine Partnerin gehen diese Stärken vermeintlich auf sie über, und erhöhen ihr Selbstwertgefühl ebenso wie die Bewunderung dieses idealen Partners. Doch Liebe ist das nicht, sondern nur ein Versuch, das narzisstische Loch auszufüllen.

Aus dem Bedürfnis heraus, durch den Partner aufgewertet zu werden, speist sich auch die starke Sehnsucht nach ihm, die narzisstische Frauen auszeichnet. Hunter Beaumont unterscheidet zwischen regressiver Sehnsucht und gesunder Sehnsucht. In der regressiven Sehnsucht drücken sich der Wunsch nach Verschmelzung und die Suche nach der guten Mutter aus. Dagegen streben die gesunden Sehnsüchte nach »seelischer Entfaltung, nach spiritueller Entwicklung und Weiterkommen, kurz nach Liebe«.[64]

Ich könnte die zwei Formen der Sehnsüchte auch verzehrende und nährende Sehnsucht nennen, da sie in diesen Qualitäten von den Betroffenen erlebt werden. Die regressiven, verzehrenden Sehnsüchte sind mit starken, beißenden Gefühlen verbunden, einem intensiven Sog in Richtung des ersehnten Menschen und qualvoller Traurigkeit, nicht bei ihm zu sein. Es ist, als zehre diese Form der Sehnsucht die Frau auf, statt, wie bei der nährenden Sehnsucht, sie zu beflügeln und für ihre Suche nach Liebe zu stärken. Auch ist die verzehrende Sehnsucht nie stillbar, weil sie auf völlige Verschmelzung mit dem Partner ausgerichtet ist. Häufig verwechseln Frauen diese Form der Sehnsucht mit Liebe: Sie glauben, einen Mann zu lieben, wenn sie sich verzehrend nach ihm sehnen. Dieses Gefühl hat aber mehr mit dem Wunsch nach Symbiose zu tun als mit wirklicher Liebe. Denn befriedigende, liebevolle Beziehungen und ein guter, naher Kontakt fordern Individualität.

Die Grandiosität tanzt sich tot

Doch der Kampf zwischen wahrem Selbst und Grandiosität ist noch nicht ganz ausgestanden, das Märchen noch nicht zu Ende erzählt.

Zu dem Fest wurde aber auch Schneewittchens gottlose Stiefmutter eingeladen. Wie sie sich nun mit schönen Kleidern angetan hatte, trat sie vor den Spiegel und sprach:
»Spieglein, Spieglein an der Wand, wer ist die Schönste im ganzen Land?«
Der Spiegel antwortete: »Frau Königin, Ihr seid die Schönste hier, aber die junge Königin ist noch tausendmal schöner als Ihr.« Da stieß das böse Weib einen Fluch aus, und ward ihr so angst, dass sie sich nicht zu fassen wusste. Sie wollte zuerst gar nicht auf die Hochzeit kommen: doch ließ es ihr keine Ruhe, sie musste fort und die junge Königin sehen. Und wie sie hineintrat, erkannte sie Schneewittchen und vor Angst und Schrecken stand sie da und konnte sich nicht regen. Aber es waren schon eiserne Pantoffeln über Kohlenfeuer gestellt und wurden mit Zangen hereingetragen und vor sie hingestellt. Da musste sie in die rotglühenden Schuhe treten und so lange tanzen, bis sie tot zur Erde fiel.

Das Schicksal des falschen Selbsterlebens zeigt sich noch einmal im Symbol des Tanzes in den eisernen Pantoffeln: Er stellt die Hetze, das Leistungsstreben und das Getriebensein der Grandiosität dar. Grandios kann sich nur jemand fühlen, der viel tut, sich keine Ruhe und Muße gönnt, immer weiter und höher strebt und immer den großen Auftritt pflegt und im Grunde nie zufrieden wird. Ruhe und Entspannung bringt diese Frauen in große Not, weil sie Angst haben, nichts mehr wert zu sein, wenn sie nichts leisten oder darstellen, oder sich dann sogar das Recht auf Leben absprechen: »Was hab ich denn hier auf der Welt noch für eine Berechtigung, wenn ich nur ich bin, ohne etwas Besonderes zu tun?« Sie erleben eine narzisstische Gratifikation nur in besonders guten Leistungen, großen Erfolgen und der Bewunderung. Häufig ist die unermüdliche Strebsamkeit eine Abwehr des Gefühls der existenziellen Bedrohung im Sinne einer Sei-nicht-Botschaft. Wenn die Frau arbeitet und erfolgreich ist, spürt sie nicht, dass sie sich nicht berechtigt fühlt, auf der Welt zu sein. Erst in dem Moment, wenn sie zur Ruhe kommt, kann dieses Gefühl auftreten.

Ich habe diese narzisstischen Krisen häufig bei erfolgreichen Frauen erlebt, die alles erreicht hatten und trotzdem nicht zufrieden und ausgefüllt waren.

Sie spürten plötzlich, dass sie mit noch mehr Arbeit nicht glücklicher werden und sich eingestehen mussten, dass ihr bisheriges Konzept nicht mehr stimmt. So erschütternd diese Tatsache für die Betroffenen ist, sie ist auch eine Chance, ein neues Lebensgefühl zu entwickeln, das nicht nur an Leistung und Erfolg geknüpft ist. Ich will nicht gegen Leistung und Erfolg argumentieren. Es geht mir vielmehr um die Frage, ob ich Vergnügen am Erfolg habe oder ihn lebensnotwendig brauche, um mich existenzberechtigt zu fühlen. Und wenn das so ist, dann ist es an der Zeit, dass die Frau ihre Position überdenkt. Will sie wirklich lernen, dass sie allein als Mensch, so wie sie ist, liebenswert und reich und für andere wichtig und wertvoll ist, dann muss sie die Angst aushalten, die sie bisher mit

Leistung unterdrückte. Die Erfahrung, nicht wegen Leistung oder bestimmter Fähigkeiten geliebt zu werden, ist ein Geschenk, das auf Dauer wirklich zufrieden macht.

Das Angetriebenwerden durch die Grandiosität ist aber auch ein Motor, der im positiven Sinne eine Kraft bereitstellt, um Neues zu ergründen, sich neugierig Dingen zuzuwenden und sich Ziele zu setzen, auf die wir zusteuern wollen. Diese Antriebskraft wird im Lauf des Lebens etwas weniger, weil wir entweder nicht mehr so viel Kraft besitzen, alles umzusetzen, oder das Interesse schwindet, uns ständig anzutreiben. Ich nenne es die Gnade des Alters, die hilft, narzisstische Strukturen zu überwinden. Oder anders ausgedrückt: der Narzissmus verliert häufig im Alter an Bedeutung. Wir müssen nicht mehr immer an erster Stelle stehen, sondern dürfen einen Schritt zurücktreten und die Dinge aus der Entfernung betrachten, bevor wir agieren. Auch müssen wir nicht mehr perfekt sein, sondern können großzügiger mit unseren und den Fehlern anderer umgehen. Im Alter grenzen sich die Möglichkeiten ein, und daher ist es wichtig, eine Höhen- und Tiefendimension auszubilden. Das bedeutet, nach oben gerichtet einen Anschluss an das Geistige zu finden und sich nach innen auf die eigenen Werte zu konzentrieren. Die Steuerung durch das Außen wird immer mehr ersetzt durch die Innerlichkeit. Das gelingt vor allem dann, wenn wir das Alter und die schwindenden Potenzen nicht nur als narzisstische Kränkung erleben, sondern als Chance für etwas Neues. In gewisser Weise gilt das für jedwede Bremse, die wir im Leben erfahren, sei es durch Krankheit, Unfall, Arbeitsplatzverlust oder Trennung. Der Umgang mit Einschränkungen ist schmerzhaft, kann aber dazu führen, dass die grandiosen Ansprüche einem angemessenen Maß Platz machen.

Die narzisstische Grandiosität kann allmählich auslaufen, wenn sie an Attraktivität verliert. Im Bild des Märchens heißt das: Menschen mit einer narzisstischen Struktur müssen so lange tanzen, also arbeiten, leisten, sich bemühen, anstrengen, sich antreiben, bis ihnen die Kraft oder die Lust ausgeht und sich das falsche Selbsterleben im wahrsten Sinne des Wortes tot läuft.

Die positive Seite des falschen Selbst

Auch wenn die Betroffenen unter ihrem falschen Selbst leiden, Minderwertigkeitsgefühle sie an einem erfüllten Leben hindern und der Druck der Grandiosität sie auspowert, so hat das falsche Selbst doch nicht nur eine negative Bedeutung. In meinen Seminaren verwende ich immer eine Übung, die den positiven Aspekt erlebbar macht.

Stellen Sie sich vor, Sie wären grandios. Wer oder was wären sie dann? Sie können alles auswählen, was es auf dieser Erde und über sie hinaus gibt: Gebäude, Personen, Landschaften, Sonne, Mond, Sterne, das Universum, Gott. Suchen Sie sich ein Bild aus, das Ihre Grandiosität symbolisiert. (Zur Veranschaulichung verwende ich im Folgenden die Sonne.) Nun identifizieren Sie sich bitte mit diesem Bild und sprechen Sie in Ich-Form über sich: »Ich bin die Sonne, strahle über die Welt, gebe den Menschen Freude und Wärme. Bin ich einmal nicht zu sehen, dann wird es kalt und sie sind traurig, und freuen sich erst wieder, wenn ich da bin. Ich schaffe Leben, kann aber auch Leben zerstören, weil ich zu heiß werden kann. Aber meistens bin ich freundlich und liebe das Strahlen und Wärmen.«

Im Erzählen über sich wird Ihnen bewusst, wie sich das grandiose Bild in Ihnen ausdrückt. Der Wunsch, Gutes zu schaffen, zu wärmen und zu strahlen, wie es die Sonne tut, kann ein verschüttetes Bedürfnis in Ihnen sein oder ein wichtiges Prinzip, das Ihr Handeln leitet. Als solches können Sie das grandiose Bild nicht nur als ewigen Antreiber verstehen, sondern es auch als etwas Wunderbares in Ihnen wahrnehmen und es als Richtschnur für Veränderungen nutzen.

Eine Teilnehmerin wählte das Bild einer berühmten Pianistin. Während sie sich mit ihr identifizierte, fiel ihr plötzlich auf, dass sie seit Jahrzehnten nicht mehr Klavier gespielt hatte, was ihr früher sehr viel Spaß gemacht hatte und ein sehr wichtiger Teil ihres Lebens war. Sie hatte es aufgrund von Arbeit und der Sorge um die Familie völlig vernachlässigt und spürte nun, wie viel Freude und Energie die Vorstellung, wieder Klavier zu spielen, in ihr auslöste.

Das grandiose Bild beinhaltet also auch ein Ideal, dem wir folgen können und dem wir dadurch sogar eine Stärkung statt Schwächung unseres Selbstwertgefühls abgewinnen. Wir können seine bewusste Visualisierung als Anregung wahrnehmen statt als ein überhöhtes Ziel, das wir in der Regel gar nicht erfüllen können. Das positive Ideal stärkt uns, wogegen das unbewusste grandiose Ideal uns in unserem Selbstwertgefühl schwächt.

Dieselbe Übung können Sie auch mit Ihrem Minderwertigkeitssegment machen: Fragen Sie sich, welches Symbol für ihre Minderwertigkeitsgefühle stehen würde. Die Klavierspielerin wählte das Symbol des Putzlumpens, der dreckig in der Ecke liegt und auf dem alle rumtrampeln. Es war das genaue Gegenteil zu der stolzen Klavierspielerin, die an einem glänzenden Flügel sitzt und der vom Publikum applaudiert wird.

Die Verbindung zwischen beiden Bildern stellen Sie her, indem Sie fragen, was die eine Seite für die andere tun kann und wie sich dadurch die Bilder eventuell auch verändern. Die Klavierspielerin benutzte den Lumpen dazu, ihren Flügel zu polieren. Dazu musste er gewaschen und aus der Ecke geholt werden. So wurde aus dem Putzlumpen ein wichtiges Werkzeug, das der Schönheit dient. Die minderwertige Seite wurde aufgewertet und damit nützlich. Die Pianistin konnte sich so bewusst machen, dass sie auch in ihrer Bescheidenheit wichtig ist und es keinen Grund gibt, sich zu unterwerfen beziehungsweise auf sich herumtrampeln zu lassen.

Diese inneren Bilder sind kraftvoll und dienen dazu, Unterlegenheitsgefühle zu verändern und Größenfantasien auf ein umsetzbares Maß zu beschränken.

Aschenputtel und die Überwindung der Minderwertigkeit

Auch im Märchen Aschenputtel begegnet uns der Kampf zwischen Minderwertigkeit (Aschenputtel) und Grandiosität (Stiefschwestern). Hier ist es weniger ein Kampf auf Leben und Tod als vielmehr um Anerkennung und Macht. Es herrscht ein schwesterlicher Rivalitätskonflikt, der mit allen Mitteln geführt wird. Aschenputtel ist der Willkür und dem Spott ihrer Stiefschwestern ausgeliefert, die durch ihre Mutter unterstützt werden. Doch auch Aschenputtel hat unterstützende Kräfte, nämlich den Baum, den sie auf das Grab der Mutter pflanzt, das weiße Vögelchen, die Tauben und ihre Mutter. Auch wenn diese tot ist, erlebt Aschenputtel die Erlösung über sie. Das deutet auf eine gute Bindung zwischen Aschenputtel und ihrer Mutter hin, da deren Einfluss über die Zeit positiv ist. Getrübt wird sie jedoch durch das Faktum des Todes als entweder realem Tod der Mutter oder als ihre Unfähigkeit, sich gegen den Vater durchzusetzen. Dieser vertritt die abwertende Position Aschenputtel gegenüber, wie wir sie auch bei der Stiefmutter und den Schwestern finden. Zumindest ergreift er für Aschenputtel nicht Partei.

> *Für meinen Vater war ich nie richtig. Er mochte Frauen nicht und konnte nur mit ihnen umgehen, wenn sie nicht weiblich waren. Meine Mutter hatte immer sehr kurze Haare, und meine kleine Schwester sah aus wie ein Junge. Aber ich liebte Röcke, Kleider und Zöpfe und spielte am liebsten mit Puppen. Ich war so stolz, ein Mädchen zu sein, aber meinem Vater gefiel das gar nicht. Vor allem als ich in die Pubertät kam, hatte er immer Angst, ich würde eine Nutte werden und verbot mir, auszugehen. Nur meine Mutter unterstützte mich, als ich zum Beispiel den ersten Bikini tragen wollte. Ich hätte so gerne gespürt, dass mich mein Vater auch mag, wenn ich eine Frau bin.*

Aschenputtel ist die, die nicht so ist wie die anderen und daher nicht in Ordnung. Die Erfahrung, ausgeschlossen zu sein, nicht akzeptiert und geliebt zu werden, wie sie ist, und das Gefühl, nicht richtig zu sein, sind das Ergebnis. Das Minderwertige an Aschenputtel sind die Ablehnung und Missachtung, die sie erfährt. Sie lebt nicht so, wie es ihr zustände, sondern in einer erzwungenen Demütigung, die im realen Leben durch Selbstentwertungen entsteht: »Ich bin nicht gut genug, ich bin hässlich, gehöre nicht dazu, habe kein Recht auf meine Ansprüche.« Sie begibt sich in die Position des Mauerblümchens, das sowieso niemand liebt. Ob die Entwertung nun vom Vater oder der Mutter kommt, ist dabei egal. Was zählt, ist der Schmerz, aber auch die Unfähigkeit, sich gegen die abwertende Situation zu wehren. Aschenputtel begehrt nicht auf, sondern erträgt ihr Los stillschweigend. Bis zu dem Tag des Brautwahlfestes, ein Symbol für ihr Frauwerden. Nun will sie dabei sein, pocht auf ihr Recht, aber es wird zurückgewiesen. Sie wird gehindert durch die Aufgabe, Linsen aus der Asche klauben zu müssen. Eine schier unlösbare Aufgabe, weil beides fast dieselbe Farbe hat. Linsen sind ein weibliches Fruchtbarkeitssymbol und sie in die Asche zu werfen heißt, die Weiblichkeit von Aschenputtel zu töten. Indem sie die guten Linsen ins Töpfchen sammelt, gewinnt sie sich selbst wieder. Doch immer, wenn es Aschenputtel gelungen ist, ihre Weiblichkeit zum Leben zu erwecken, wird sie in ihrer Entfaltung erneut gehindert.

In der größten Not wendet sich Aschenputtel aktiv an Helfer, die sie unterstützen. Die Wende erfolgt für sie durch die Hilfe der Mutter, die ihr das Ballkleid schickt, mit dem sie am Fest des Königs teilnehmen kann. Doch die Rolle der Gleichwertigen, die ihr dadurch zuwächst, ist nicht von Dauer und existiert nur in der Heimlichkeit. Weder darf sie so von den Stiefschwestern gesehen werden, noch ist es ihr erlaubt, sich ihrem Wert entsprechend am Tage zu zeigen. Sie muss fliehen, sich wieder in die alten Lumpen hüllen und so tun, als sei nichts gewesen. Denn sonst ist ihre Chance vertan. Leben nicht Frauen mit einer narzisstischen Persönlichkeit ebenfalls viel in der Heimlichkeit, weil sie es sich nicht zutrauen, dass sie bei Tageslicht noch bestehen können? Haben sie nicht ständig Angst, dass ihre Maskerade erkannt und enttarnt wird? Glauben sie nicht ständig, dass die anderen besser sind als sie, mehr wert, wichtiger, liebenswerter? Ist es dann nicht besser, sich gleich als unwert zu definieren und in die Rolle der Minderwertigen zu flüchten? Dann tut es vielleicht nicht so weh, wenn sie nicht am Glück teilhaben und kein Recht auf Beziehung und Freude haben.

Die Weigerung der Stiefmutter, Aschenputtel dem Prinzen vorzustellen, steht symbolisch für die Angst der Frau, ihren »minderwertigen Anteil« zu zeigen. Sie gibt sich in Beziehungen stark und schämt sich, ihre verletzliche, ängstliche Seite zu zeigen. Die Grandiosität als mögliche Alternative zur Minderwertigkeit finden wir bei Aschenputtel nicht. Sie könnte sich ihren Stiefschwestern überlegen fühlen, weil sie die vom König Auserwählte ist, doch sie bleibt weiterhin im Hintergrund. Diese Bescheidenheit kann jedoch zum Problem werden, wenn Frauen die Wahl nicht annehmen, das Geschenk nicht ergreifen und festhalten. Doch diese Angst wird überflüssig, wenn Tauben im Spiel sind: die Symbole für Weisheit und Liebe. Wenn Frauen ihren Gefühlen vertrauen und um sich wissen, erlauben sie sich, gewählt zu werden.

Am Ende siegt weder die Minderwertigkeit noch die Grandiosität. Die Frauen können sich noch so sehr verstecken und als nicht zugehörig und unwert erklären, so minderwertig sind sie doch nicht. Und umgekehrt helfen auch keine wie auch immer gearteten Verstümmelungen oder Kasteiungen, kein Manipulieren am Körper (Ferse und Zeh abschneiden, um in den Schuh zu passen). Denn keine äußere Veränderung kann sie aus ihren Minderwertigkeitsgefühlen befreien. Das können sie nur, wenn sie authentisch werden und ihren wahren Wert in einer von positiven Gefühlen getragenen Beziehung erfahren, in der sie so sein dürfen, wie sie sind.

Wenn ein Mensch ganz wird

In jedem Menschen gibt es die Kraft, sich zu verändern, und das unbewusste wie bewusste Verlangen, vollständig zu werden. Der Weg zu einer ganzheitlichen Persönlichkeit liegt in der Überwindung der extremen Positionen, die das Leben so unberechenbar und anstrengend machen.

Hier möchte ich mich lediglich auf die Auflösung der Polaritäten von Grandiosität und Minderwertigkeit beschränken, wissend, dass wir aus noch mehr Teilen bestehen, die oft unabhängig voneinander unsere Persönlichkeit bestimmen.

Zur Auflösung der Polarität ist es nötig, die Spaltungen aufzuheben und die Teile untereinander zu verbinden. Das geschieht zum einen dadurch, dass die Mechanismen der Auf- und Abwertung als Ursache dafür erkannt werden, dass die narzisstische Frau sich immer wieder entweder himmelhoch jauchzend oder zu Tode betrübt fühlt. Denn nur wer sich abwertet, wird sich minderwertig fühlen, und nur wer sich aufwertet, kann grandios abheben.

Eine Klientin, die in der Modebranche arbeitete, in der die gängigen Schlankheitsstandards meist im Extrem gelebt werden, litt 15 Jahren unter einer Bulimie. Sie beschreibt ihre Integration folgendermaßen:

Im Laufe der Therapie spürte ich, dass ich im Grunde unter einem inneren Kampf zwischen meiner Minderwertigkeit und Grandiosität litt. Bisher hatte ich das nie so erlebt, sondern nur einen Druck gespürt, der in Essanfällen und gelegentlichem Erbrechen endete. Dieser Druck wurde umso stärker, je mehr ich versuchte, es allen recht zu machen: meinem Job und meiner Familie. Mir selbst machte ich es nicht recht, ich hätte auch gar nicht gewusst wie.

Ich stürzte mich in meine Arbeit, die mir viel Spaß machte, und wollte auch noch eine gute Mutter sein. Das war ein Riesenspagat, der nicht gutgehen konnte. Ich verlor mich dabei völlig, und die Beziehung zu meinem Mann wurde immer schlechter. Er beklagte sich, dass ich keine Zeit mehr für ihn habe. Aber was sollte ich noch alles leisten? Ich gab schon mein Bestes, aber es war nie genug. Ich war völlig verzweifelt und rackerte umso mehr.

Bis ich begriff, dass da eine Seite in mir ist, die Ruhe braucht und die Zeit für die Familie haben will. Die Grandiosität war wie ein Wildpferd, das ungebremst nach vorne preschte und auf diese andere Seite keine Rücksicht nahm. Deshalb ließ ich dieses Bedürfnis auch nicht zu. Ich traute mich gar nicht, es zu spüren, weil ich mich dann unwichtig, faul, langweilig und wertlos fühlte. Ruhe empfand ich wie Versagen, Arbeit und Hektik wie Erfolg. Nur, dass die Hektik automatisch in einen Suchtdruck mündete, wenn der Druck zu groß wurde. Gelang es mir jedoch, beiden Seiten Raum zu geben, so ging es mir gut, und ich musste weder zu viel essen noch erbrechen. Es war zwar sehr schmerzlich, in meiner Arbeit zurückzuschalten, aber ich spürte, dass es mir guttat. Heute kann ich es genießen, daheim mit den Kindern zu sein und Zeit zu haben. Auch die Beziehung zu meinem Mann ist seitdem viel besser. Solange ich beide Seiten in mir spüren kann und beiden ein Existenzrecht gebe, geht es mir gut, und ich genieße die Arbeit ebenso wie die Familie.

Das Problem ist bei der Veränderung allerdings, dass die Auf- und Abwertungen, die die Spaltung in Minderwertigkeit und Grandiosität aufrechterhalten, meist unbewusst und automatisch ablaufen und wir sie kaum wahrnehmen. Welche abwertenden Sätze sage ich zu mir? Wie werte ich mich auf? Was ist daran wahr, was übertrieben? Ein Meilenstein der Veränderung ist daher das Kennenlernen und Verändern der Botschaften, nach denen wir unser Verhalten bewerten. In meinem Buch *Mich kränkt so schnell keiner!* habe ich viele Übungen und Anregungen dazu zusammengestellt.

Auch wissen wir oft nichts von der Existenz dieser Seiten und dem Kampf in uns, wir spüren nur Unzufriedenheit, Suchtdruck oder andere körperliche Symptome. Diese können uns jedoch einen Weg zu uns weisen, indem wir sie als Signale dafür wahrnehmen, dass wir etwas Wichtiges in uns übersehen. Und wenn wir ehrlich zu uns sind und in uns hineinhören, dann werden wir ziemlich schnell unsere unterdrückten Bedürfnisse entdecken. Ihnen dann auch nachzugehen, wäre der nächste integrative Schritt. Integration bedeutet also, beide Seiten, die der Minderwertigkeitsgefühle und die der Grandiosität, zuzulassen und ihre Bedeutung zu erkennen. Wenn Sie verstehen, dass sie Abwehrformen sind, die Sie vor unangenehmen Gefühlen und dem Verlust Ihres Selbstwertes schützen, können Sie mehr Verständnis für sich aufbringen und gnädiger mit sich umgehen.

Integration der Selbstteile heißt auch das Zusammenbringen der Erlebnisqualitäten von schwach und stark. In der Regel identifizieren sich Menschen entweder mit der einen oder der anderen Seite. Wenn außerdem eine Spaltung vorliegt, dringt immer nur ein Erleben in unser Bewusstsein, und die andere Seite erinnern wir nicht mehr. Wenn eine Frau sich hilflos, einsam und verlassen fühlt, kann sie sich schwer vorstellen, auch stark und tatkräftig zu sein. Im umgekehrten Fall, wenn sie sich stark und unabhängig erlebt, hat sie kein Gefühl mehr für ihre Schwäche. Integration bedeutet, beides zugleich im Bewusstsein zu haben. Zu wissen, dass immer auch die andere Seite da ist und zur Verfügung steht.

Narzisstische Menschen tendieren dazu, Schwäche als etwas Negatives zu sehen, genauso wie Gefühle, Berührtheit oder Bedürfnisse. Stark und cool zu sein dagegen besitzt einen hohen Wert. In diesem Fall ist es heilsam, wenn die betroffene Frau erfährt, gefühlvoll sein zu können, ohne dabei ihre Stärke zu verlieren. Dadurch beginnt sie, die zwei Pole anzunähern, und sie wird eine Person mit zwei unterschiedlichen, aber vereinbaren Seiten.

Zu Beginn der Veränderung muss die jeweils andere Erlebensseite aktiv ins Bewusstsein gehoben werden, um den Spaltungsmechanismus zu unterbrechen. Das kann zu Ängsten und Unsicherheiten führen, die bisher durch die Spaltung abgewehrt wurden, zum Beispiel zu der Angst, ihre Eigenständigkeit zu verlieren, wenn sie sich auf einen anderen Menschen emotional einlässt. Hält sie diese Ängste aus, dann kann die Integration vollzogen werden. Der Satz, der beide Extreme verbindet, heißt: »Ich darf mich einlassen und meine Stärke behalten.« Dadurch entsteht eine dritte Möglichkeit, die mehr Spielraum lässt und mit einem Gefühl der Erleichterung verbunden ist, die anzeigt, dass sie mit ihrem wahren Selbst in Kontakt ist.

Auch die Versuche narzisstischer Frauen, in Beziehungen zu Männern heil werden zu wollen, sind nicht nur Ausdruck von symbiotischer Verschmelzungssehnsucht, sondern ebenso ein Zeichen, ein ganzer, erfüllter Mensch werden zu wollen.

Integration bedeutet nicht nur Überwindung der Spaltung zwischen Minderwertigkeitsgefühl und Grandiosität, sondern auch die Verbindung zum wahren Selbst, das ebenso abgespalten ist. Dies geschieht vor allem dann, wenn die Gegensätze sich nicht mehr bekämpfen, sondern sich gegenseitig unterstützen.

Es hat sich in der therapeutischen Arbeit als hilfreich erwiesen, die einzelnen Teile spielerisch darzustellen, als seien es Personen oder Gegenstände. Eine Klientin von mir setzte die Grandiosität mit einer Schauspielerin gleich, die minderwertige Seite mit der Figur einer Angepassten. Auf meine Frage, wo und wie sich beide Seiten im Raum positionieren würden, stellte sie die Schauspielerin aufrecht in die Mitte des Zimmers, die Angepasste kauerte halb im Eck. Ich ließ die Klientin nun beide Seiten »spielen« und es zeigte sich, dass die Schauspielerin nur Verachtung für die andere Seite hatte und die Angepasste nur Angst. Und je mehr die Schauspielerin die Angepasste beschimpfte, umso mehr fürchtete sich diese und zog sich immer mehr zusammen. Es war klar, sie kommen nicht zusammen, denn sie lehnten sich ab.

»Was haben beide gemeinsam?«, fragte ich. Ganz spontan antwortete die Klientin: »Das Aussehen. Ja, wir sehen beide gleich aus, haben denselben Körper. Das tut gut.« Sowohl die Schauspielerin als auch die Angepasste reagierten erstaunt und erfreut über diese Tatsache, und ganz allmählich entstand ein Interesse füreinander. »Wer bist du, die du so anders bist als ich und doch so aussiehst wie ich?« Damit schwanden Angst und Verachtung und machten einem Verständnis Platz. Im Laufe der nächsten Wochen erlebte die Klientin eine allmähliche Annäherung. Sie fühlte, wie die Schauspielerin mehr und mehr durch die Angepasste ausgefüllt wurde. Die bisher leere Hülle bekam dadurch Substanz und fühlte sich bereichert. Ein Vorgang, den die Klientin als berührend erlebte. Als würde sie endlich ganz werden, eine Person mit zwei Seiten, die zusammengehören. Sie erlebte den Prozess wie das Erblühen einer Blume.

Nicht immer verläuft die Annäherung so schnell und gewinnbringend wie in diesem Fall, denn mitunter wird deutlich, dass es neben den beiden Seiten noch andere Teile gibt, die in dem inneren Kampf mitwirken, oder dass die eine oder beide Seiten so stark verletzt sind, dass sie zusätzliche Unterstützung und Schutz brauchen, um sich zeigen zu können. Dies war zum Beispiel bei einer Klientin der Fall, deren minderwertige Seite »die Dunkle« hieß und die sich der überheblichen Gegenseite nicht gewachsen fühlte. Ein dritter Teil, ein starker Kinderanteil, der sich selbstbewusst und selbstverständlich fühlte, hatte Angst vor der verletzten, dunklen Seite. Wir fanden für sie einen Unterstützer: einen kleinen weißen Eisbären, der sich mit der dunklen Seite so verband, dass daraus das Yin-Yang-Zeichen entstand. Schwarz und Weiß bilden ein Ganzes und bedingen sich gegenseitig. In dieser Einheit wurde es möglich, sich auch der überheblichen Seite zuzuwenden und mit ihr in Kontakt zu treten.

Die Integration verschiedener Teile in uns führt zur Würdigung aller Seiten, was die Basis eines guten Selbstwertgefühls ist. Alles in uns, auch das, was wir ablehnen, hat eine Bedeutung und besitzt Kompetenzen, die wir nur dann nutzen können, wenn wir sie willkommen heißen, statt sie abzulehnen. Wie wir im vorangegangenen Kapitel gesehen haben, beinhaltet die Grandiosität Ideale, auf die hin wir unser Denken, Wollen und Handeln ausrichten, sie ist nicht nur reine Überheblichkeit. Auch das Minderwertigkeitserleben bedeutet nicht nur eine Schwächung unseres Selbstwertes, sondern kann uns dazu verhelfen, demütiger zu werden und uns nicht zu überschätzen. Ihr wird auch automatisch an Kraft genommen, sobald wir uns als ganze Person würdigen und wertschätzen. Diese Art der Selbstreflexion ist im narzisstischen System jedoch nicht enthalten, weshalb es der Bewusstmachung von außen bedarf.

Bedürfnisse machen uns lebendig

In Beziehungen spüren narzisstische Frauen sehr schnell ihre unbefriedigt gebliebenen Bedürfnisse, die mit großer Macht auftauchen und scheinbar nicht mehr kontrollierbar sind. Deren gesamte Erfüllung erhoffen sie durch Partner oder Therapeut*in, ohne zu merken, dass der andere dies gar nicht leisten kann. Zieht sich das Gegenüber zurück, fühlen sie ihre Grundangst bestätigt: »Meine Gefühle und Wünsche sind so groß, dass ich sie niemandem zumuten kann.« Sie halten ihre Bedürfnisse für unrecht, weshalb sie sich zurücknehmen müssen. In Zukunft werden sie noch mehr darauf achten, keine Wünsche zu zeigen, um den anderen nicht zu verprellen. Dadurch werden aber das innere Loch und die Sehnsucht immer größer, und der Anspruch an den nächsten Partner noch höher. Somit befinden sich die betroffenen Frauen in einem Teufelskreis, der nur zu durchbrechen ist, wenn sie lernen, sich ein Recht auf ihre Bedürfnisse zuzugestehen. Das befähigt sie dazu, sie angemessen auszudrücken und dem Gegenüber dadurch die Möglichkeit zu geben, individuell darauf zu reagieren.

Bedürfnisse und Wünsche sind etwas völlig Menschliches und Legitimes. Werden sie aber unterdrückt und als negativ bewertet, dann entfalten sie eine destruktive Dynamik, die in maßlosem Begehren mündet, das auf eine sofortige Befriedigung drängt und keinen Aufschub duldet. Diese überwältigende Dringlichkeit setzt das Gegenüber unter Druck, nicht die Wünsche an sich.

Werden ihre Wünsche nicht erfüllt und gelingt es den Betroffenen nicht, ihre Bedürfnisbefriedigung aufzuschieben, bis die Situation günstiger ist, ziehen sie sich lieber unbefriedigt zurück, als eine vorübergehende Frustration zu akzeptieren. Denn jede Frustration erleben sie wie einen existenziellen Verlust. Die häufigsten Reaktionen darauf sind Panik und Angst, alleingelassen und abgelehnt zu werden, und nichts mehr zu bekommen. In dieser Panik klammern sie sich entweder an den anderen, um wenigstens noch ein bisschen zu erhalten, oder sie wenden sich ab, werten ihre Wünsche und den anderen ab und gehen dadurch gänzlich leer aus. Äußerlich sind sie zwar immer noch nett und freundlich, innerlich haben sie jedoch den Kontakt schon abgebrochen und sind wütend und ablehnend.

Werden diese Frauen damit konfrontiert, dass ihre Haltung an die eines verwöhnten Kindes erinnert, das jeden Wunsch erfüllt bekommen muss, stößt das bei ihnen auf Unverständnis. Es passt nicht in ihr Selbstbild als einem zu kurz gekommenen Menschen.

Die Konfrontation damit, dass ihre Haltung, jeden Wunsch sofort befriedigt haben zu wollen und keinen Aufschub zu dulden, wie die eines verwöhnten Kindes ist, stößt meist auf Unverständnis, weil diese Frauen mehr mit dem in Kontakt sind, was sie nicht bekommen haben. Dass dahinter jedoch ein großer Anspruch lauert, der Druck auf das Gegenüber ausübt, ist ihnen nicht bewusst. In der Therapie sind es daher Situationen, in denen ihnen die umgehende Bedürfnisbefriedigung versagt bleibt, durch die die Frauen selbstverantwortliches Verhalten erforschen können. Auf der Basis einer tragfähigen Beziehung zur Therapeut*in können sie lernen, sich mit Begrenzungen, einem Nein oder der Ablehnung ihrer Wunscherfüllung auseinanderzusetzen. Fühlen sie sich von der Therapeut*in dadurch zurückgewiesen, ist es möglich, diesen Konflikt in der Therapie anzusprechen und zu bearbeiten. Das hilft zum einen, sich ehrlich mitzuteilen, zum anderen kann sie sich der Unterstützung und Zuwendung der Therapeut*in versichern. Mithilfe dieser positiven Erfahrungen beginnt eine innere Veränderung, die ihnen mehr Unabhängigkeit und Eigenständigkeit verschafft und das allmähliche Lösen aus der Symbiose in die Getrenntheit ermöglicht.

Über Versagungen wird es möglich, auf der Basis einer zuverlässigen und Schutz bietenden Beziehung zwischen Klientin und Therapeut*in ein stabiles Selbst aufzubauen. Auch in der Therapie können Kränkungsreaktionen schon bei kleinen Unachtsamkeiten oder bei Nichterfüllung von Wünschen auftreten. Als Therapeutin muss ich davon ausgehen, dass ein Nein bei einer narzisstischen Frau tiefere Spuren hinterlässt als ich glaube oder sie nach außen hin zeigt. Außerdem sind eine gute Mutter wie gute Therapeut*innen nicht nur die grenzenlos Gebenden, sondern auch die Grenzen Setzenden. Es ist hilfreich, der auftretenden Enttäuschung Raum zu geben und die mit der Frustration verbundenen Gefühle von Kränkung, Verlassenheit, Wut und Schmerz erleben und ausdrücken zu dürfen. Auf diese Weise wird das Defizit, nicht mit Begrenzungen umgehen zu können, nicht mehr mit den eigenen Bedürfnissen assoziiert, sondern als Teil des Lebens akzeptiert. Bedürfnisse bestehen unabhängig davon, ob sie erfüllt werden oder nicht. Sie sind wie ein Blumenstrauß, der uns bunt und lebendig macht.

Therapie der Trennungsängste

Andrea, eine Frau Mitte dreißig, kam nach dem stationären Aufenthalt in der Klinik zur ambulanten Nachbetreuung zu mir, weil in ihren Beziehungen immer wieder dieselben Probleme auftraten. Sobald sie sich emotional auf einen Mann eingelassen hatte, fühlte sie sich in einem Maße abhängig, dass sie jede Trennung mit großer Angst erlebte. Sogar eine vorübergehende Distanz erlebte sie als Bedrohung. Es war ihr intellektuell klar, dass sie wie ein kleines Kind reagierte und nicht wie eine erwachsene Frau, dennoch gelang es ihr nicht, Trennungen als vorübergehendes Alleinsein zu betrachten, das ein Ende hat. Sie erlebte sie immer so, als würde ihre Existenz bedroht. Gehäufte Todesfälle in ihrer Familie seit ihrer frühesten Kindheit hatten in ihr die Vorstellung eingegraben, dass Trennung Tod des anderen und Verlassenwerden bedeutet. Diese Ängste traten in der Therapie vor allem in den Situationen auf, in denen ich in Urlaub ging oder anderweitig vorübergehend abwesend war. Sie befürchtete dann jedes Mal, dass mir etwas zustoßen könnte und ich nicht mehr zurückkehren würde.

So litt sie dann während meiner ersten längeren Abwesenheit sehr und tröstete sich mit einem Kuscheltier, das als Übergangsobjekt diente. Es repräsentierte gleichsam den trost- und wärmespendenden Aspekt von mir. Wann immer sie Sehnsucht nach mir hatte oder Unterstützung brauchte, wandte sie sich diesem Tier zu,

das symbolisch die Bindung zu mir aufrechterhielt.
Im Laufe des nächsten Jahres entwickelte sie mehr und mehr Flexibilität bei Trennungen, kippte aber leicht wieder in ihre vormaligen Abhängigkeits- und Sehnsuchtsgefühle. Durch die Konstanz der therapeutischen Beziehung und der Arbeit an dem verlassenen kleinen Mädchen baute sie mit der Zeit ein stabiles inneres Modell von Beziehung auf, das es ihr möglich machte, Trennungen als vorübergehend und nicht endgültig zu akzeptieren. Auch konnte sie nun ohne ein Übergangsobjekt auskommen, da sie gelernt hatte, sich selbst zu trösten und ohne Zuwendung von außen in sich selbst Halt zu finden.

Alle Manöver der Eifersucht, des Festklammerns, der Selbstaufgabe, der Machtkämpfe, Rivalitäten und Streitereien kann man als Ausdruck der narzisstischen Wunde der Verlassenheit betrachten. Die Angst vor Verlassenheit muss aber eine Beziehung nicht unmöglich machen, wie die Klientin es bisher immer erlebte, sofern sie dem anderen ihre Befürchtungen, verlassen zu werden, mitteilt. Dazu sind Ehrlichkeit und der Mut zur Wahrheit nötig. Auf dieser Basis entstehen lebendige, echte Beziehungen, in denen das alte Muster nicht wiederholt werden muss. Dazu dient auch die Arbeit an dem verlassenen Kinderanteil, der Schutz und Sicherheit beim Gegenüber sucht. Erwirbt dieser *Ego State* Trost und Verständnis für seine Angst und Panik und wird ihm jemand Verlässliches zur Seite gestellt, wird er sich mit der Zeit beruhigen und Trennungen zwar weiterhin als schmerzlich, aber nicht mehr existenziell bedrohlich erleben. Der verlässliche Begleiter kann dabei entweder das eigene erwachsene Selbst oder eine Art idealer Elternteil sein.

Durch die Integration des Verlassenheit fürchtenden Teils in einem selbst fällt es leichter, Schwächen und Ängste nicht mehr verheimlichen zu müssen. Je mehr man mit seinem wahren Selbst in Kontakt ist, desto deutlicher kann man ausdrücken, was man braucht. Entsprechend wird man das Vertrauen aufbauen, dass ein anderer es gut mit einem meint. Und das ist die Basis für eine gute Beziehung.

Die therapeutische Beziehung

Narzisstische Strukturen können nicht aus sich selbst heraus verändert werden, da sich die narzisstischen Beeinträchtigungen des Selbstwerts vor allem im Kontaktverhalten in den aktuellen Begegnungen niederschlagen. Die Genesung erfolgt über und in tragenden Beziehungen, nicht in oberflächlichen. Daher ist die entscheidende therapeutische Dimension die Kontaktebene.

Die Therapie besteht vor allem darin, Zugang zum wahren Selbst zu bekommen. Dazu ist es oft nötig, sich die Verletzungen und narzisstischen Kränkungen aus der Kindheit bewusst zu machen und sie zu verändern. Diese sind bei narzisstischen Menschen in erster Linie Verlassenheitserlebnisse, narzisstische Ausbeutung, seelischer Missbrauch, sexuelle und emotionale Gewalt, Ablehnung, Überbehütung oder die Nichtbeachtung narzisstischer Bedürfnisse wie der Wunsch nach Bindung und Autonomie, nach festen Bezugspersonen, nach Geborgenheit, Sicherheit, Annahme und Spiegelung. Aus all diesen Erfahrungen resultieren innere Konflikte, die die Entwicklung der Psyche erheblich beeinträchtigen können. In der Therapie können die Gefühle und Einstellungen, die mit diesen selbstwertschwächenden Erlebnissen zusammenhängen, aufgedeckt und gespürt werden. Dadurch werden manche Krankheitssymptome überflüssig, in denen sich die unverarbeiteten Konflikte ansonsten äußern. Zur Genesung gehört es auch, positive verschüttete Teile der Person wieder zu entdecken und ihnen zum Ausdruck zu verhelfen.

Meine Klientin Andrea formulierte es so:

Mir ist klar, was ich in der Therapie suche: eine Mama (oder auch einen Papa), die mich bedingungslos annimmt, nichts anderes von mir erwartet, als ich geben kann, und mir Schutz, Wärme und Halt gibt. Zu einer Zweierbeziehung mit einem Mann wäre ich im Moment gar nicht fähig. Denn bei Nähe kommt all das hoch, was jetzt in der Therapie hochkommt: alle alten Wünsche, Bedürfnisse und Gefühle. Wenn ich denke, was ich alles im Kontakt zu einem Mann getan habe, ohne das zu spüren, was jetzt an die Oberfläche kommt, dann ist es kein Wunder, dass es immer so zerstörerisch endete. Da ist ja so viel Wut, Schmerz, Angst, Abwehr und Sehnsucht in mir. Wahnsinn! Und das packe ich immer auf den Partner, der damit aber nichts anfangen kann. Und jetzt will ich trennen und das Alte in der Therapie leben, um fähig zu werden, eine gute Beziehung einzugehen.

Diese Aussage zeigt deutlich den Gemütszustand einer narzisstischen Frau, wenn sie beginnt, eine Beziehung einzugehen und Nähe zuzulassen. Das Ziel ist, dass die Frau über eine tragende und Halt gebende therapeutische Beziehung lernt, Vertrauen aufzubauen und einen Zugang zu sich selbst zu finden. Da das Selbst sehr verletzlich und instabil ist, braucht die Klientin viel Schutz und Wärme. Das klingt fast nach einem emotionalen Brutkasten und ist es in gewisser Weise auch. An einem heilenden Ort, in einer wärmenden und verständnisvollen Atmosphäre kann sie sich trauen, sich mit ihren Ängsten, Befürchtungen, Sehnsüchten und ihrem Ärger zu offenbaren, ohne dass die Beziehung dadurch gefährdet wird. Ich halte das für einen entscheidenden Faktor auf dem Weg der Genesung einer Klientin: die Erfahrung, sich in einer Beziehung mit ihren tiefsten Gefühlen und Geheimnissen zeigen zu dürfen und die Zuwendung des anderen nicht zu verlieren, sondern zu spüren, dass sie unterstützt und ermutigt wird, immer mehr von sich zu zeigen. Auch das, was sie an sich schlecht findet, beispielsweise ihre Scham, ihren Hass und ihre Zerstörungswut. In der Therapie haben diese Gefühle einen Raum, in dem sie ausgedrückt werden können, ohne Schaden anzurichten. Als Therapeut*in dient man dabei zeitweilig als Hilfs-Ich: Man gibt der Klientin von außen Halt und hilft ihr, ein stabiles Selbst aufzubauen, indem man sie unterstützt und zuverlässig begleitet.

Zu Beginn wird es für die Klientin schwer sein, das Beziehungsangebot anzunehmen, ohne es zu zerstören, denn ebenso, wie sie sich nach Nähe sehnt, wehrt sie sie ab. Denn eine der schmerzlichsten Erfahrungen im Prozess der Entdeckung des wahren Selbsterlebens ist die Angst vor erneuter Verlassenheit durch Zurückweisung, die verbunden ist mit tiefen Gefühlen von Schmerz und Hass und einem immensen Bedürfnis nach Nähe. Aus diesen widerstreitenden Gefühlen heraus wird sie versuchen, die Beziehung abzuwehren, um sich in der Distanz wieder unter Kontrolle zu bringen. Wichtig ist, dass die Therapeut*in diesen Mechanismus erkennt und sich nicht selbst durch die Zurückweisung der Frau gekränkt fühlt, sondern deren Verhalten als Ausdruck ihrer Bindungsschwierigkeiten erkennt.

Die starken ambivalenten Gefühle der Therapeut*in gegenüber, die sich in einem Hin-und-hergerissen-Sein niederschlagen, unterwerfen den Kontakt zwischen Therapeut*in und Klientin einer Zerreißprobe. Lässt sich die Frau auf eine Beziehung ein, baut sie Vertrauen auf und öffnet sie sich, dann erlebt sie primär nicht Freude und Erfüllung, sondern die Angst, wieder verlassen zu werden.

Entweder befürchtet sie, dass die Therapeut*in nicht wiederkommt oder sich von ihr abwendet und nichts mehr mit ihr zu tun haben möchte. Das kann durch reale vorübergehende Trennungen mobilisiert werden wie beispielsweise durch einen Urlaub. Ein anderes Mal kann die Verlassenheitsangst in einer Zeit auftreten, in der viel Nähe zwischen beiden besteht. Meine Erfahrung mit narzisstischen Frauen ist, dass sie gerade bei körperlicher Nähe (in der Umarmung) und bei emotionaler Nähe (angenommen werden) in Kontakt mit ihrem tiefen Schmerz kommen. Sie erleben dabei frühe kindliche Gefühle der Hilflosigkeit und Panik, allein und verlassen zu sein. Der Wunsch, mit der Therapeutin symbiotisch zu werden, ist der Versuch, diese nicht zu verlieren.

Die Regressionstendenz in dieser Zeit ist sehr hoch und mit Wut und Schmerz verbunden. Die Wut richtet sich in unterschiedlicher Stärke gegen die Therapeut*in und bedroht die Beziehung. Es ist daher wichtig, in dieser Zeit die Klientin zu ermutigen, ihre Gefühle ebenso auszudrücken wie ihre Bedenken und ihre Kritik. Denn die Wut, die nicht ausgedrückt wird, kann die Beziehung wirklich zerstören. Neben der Wut besteht zugleich der Wunsch, die Beziehung zur Therapeut*in nicht zu verlieren, weshalb die Klientin jeden Ärger und jede Kritik unterdrückt. Die frühe Erfahrung, dass der Ausdruck von Kritik oder Ärger zu Liebesentzug und Verlassenheit führte, macht es ihr heute so unendlich schwer, der Therapeut*in all das Negative zu sagen, was sie neben der Bewunderung für sie auch noch erlebt. Das hieße für die Klientin, das Risiko einzugehen, dieselben Erfahrungen wie früher zu machen. Die Angst, die sie dabei spürt, ist die Angst vor erneuter Verlassenheit, und besitzt dieselbe kindliche Wucht wie zur Zeit ihrer Verdrängung. Es sind viele positive Erfahrungen nötig, um glauben zu können, dass der Ausdruck der eigenen Gefühle die Beziehung nicht zerstört, sondern festigt. Und diese Erfahrung führt letztlich dazu, die Therapeut*in ihrer negativen Eigenschaften wegen nicht abwerten und ihrer positiven Seiten wegen nicht aufwerten zu müssen, sondern sie als Person mit guten und schlechten Seiten anzuerkennen. Und das bedeutet, den Spaltungsmechanismus in der Beziehung aufzuheben.

Die Wut richtet sich aber auch gegen jene Personen (meist die Eltern), die einst die Klientin an der Entfaltung ihrer Individualität hinderten. Sie ist mit starken Schuldgefühlen den Eltern gegenüber verbunden, hinter denen Befürchtungen lauern, bestraft zu werden, wenn sie die Eltern infrage stellt. Wird dieser interne Prozess jedoch bewusst, können die Ängste korrigiert und als frühe Botschaften erkannt werden, was ihnen zum Teil ihre Macht nimmt. Dadurch wird auch den positiven Gefühlen Platz gemacht, denn neben allen Versagungen hat die Klientin auch viel von den Eltern bekommen, das nicht geschätzt werden kann, wenn die Wut im Vordergrund steht.

Der Zugang zum wahren Selbst bedeutet, Abschied zu nehmen von unrealistischen, kindlichen Bedürfnissen, bedingungslos geliebt und ständig umworben zu werden. Damit ist ein tiefer Schmerz verbunden, das Gefühl von Verlassenheit und Alleinsein. Mit dem allmählichen Abtrauern gewinnt die Frau jedoch immer mehr Boden in sich, das heißt, sie wird seltener symbiotische Gefühle spüren, was sie als innere Sicherheit erlebt. Sie kann mehr und mehr realitätsorientierte Beziehungen aufbauen und daraus Befriedigung schöpfen. Mit der Aufhebung der Symbiose werden neue, nie gekannte Liebesgefühle erwachen, die ein tiefes Erleben der Verbundenheit beinhalten, nicht nur zu einem einzigen, sondern zu mehreren Menschen.

Missbrauchsdynamik in der therapeutischen Beziehung

Bei der Entwicklung narzisstischer Störungen spielt Missbrauch eine wesentliche Rolle, vor allem der emotionale, in manchen Fällen jedoch auch die sexuelle oder körperliche Gewalt. Bei allen drei Missbrauchsformen wirkt dieselbe Dynamik: die Bedürfnisse der Eltern werden an die erste Stelle gesetzt und das Kind hat sie zu erfüllen, anstatt dass die Eltern die Bedürfnisse des Kindes befriedigen. Ein gesunder Protest wird durch Liebesentzug, Drohungen und Gewalt unterdrückt und durch die Tatsache verunmöglicht, dass das Kind auf seine Eltern angewiesen ist, dass also ein existenzielles Machtgefälle besteht. Nach dem Psychoanalytiker Mathias Hirsch ist der emotionale Missbrauch Teil jeder Missbrauchserfahrung und dient im Rahmen der narzisstischen Entwicklung dazu, das angeschlagene Selbstbild der Eltern aufzubessern, indem deren eigene Defizite über das Kind kompensiert werden.[65]

Emotionale Ausbeutung bedeutet, dass das Kind seelische Bedürfnisse der Erwachsenen erfüllen oder sogar tatkräftig Sorge übernehmen muss. Wir finden häufig eine »Parentifizierung« des Kindes, das heißt, das Kind muss Elternfunktionen für die Mutter/den Vater übernehmen, wo diese es selbst nicht können oder nicht tun. Häufig sind die Eltern beeinträchtigt durch Drogen- oder Alkoholkonsum oder brauchen aufgrund anderer Beeinträchtigungen die Unterstützung des Kindes. Emotionaler Missbrauch heißt auch, das Kind muss so werden, wie die Erwachsenen es zu deren eigenem emotionalen Nutzen benötigen. Es wird ausgebeutet für die elterlichen narzisstischen Bedürfnisse nach Selbstwert, Schutz, Sicherheit und emotionaler Zufuhr. Die Rechte des Kindes werden missachtet und das ausbeuterische Handeln des Erwachsenen gleichzeitig mit rationalisierenden Ideologien gerechtfertigt, sodass das Kind so verunsichert wird, dass es das Unrecht nicht wirklich wahrnehmen kann.

Helen hat sowohl eine emotionale Ausbeutung erlebt, indem sie Elternfunktionen übernahm, und zugleich wurde sie sexuell vom Großvater missbraucht. Sie sorgte schon als Fünfjährige für ihren jüngeren Bruder und führte den Haushalt, da die Mutter und der Vater beruflich viel weg waren. Da alles so gut »funktionierte«, also die Tochter so gut funktionierte, wurde das Verhalten des kleinen Mädchens nicht infrage gestellt, sondern dankend angenommen. Das Mädchen selbst opferte sich auf, um die Zuwendung der Eltern zu erringen, die sie jedoch nie in ausreichendem Maße bekam. Das führte dazu, dass sie sich umso mehr anstrengte.

Das Trauma der emotionalen Verlassenheit, man muss hier sogar von emotionaler Verwahrlosung sprechen, erinnert sie in einem Bild: Sie war eineinhalb Jahre alt, ihr Bruder ein halbes Jahr, als sie am Fenster stehen und die Eltern weggehen sehen. Sie befürchtet, dass diese nie wiederkommen, denn eine Woche Trennung ist in diesem Alter eine Ewigkeit. Und emotional sind sie für sie auch wirklich für immer weg. Sie erreicht sie nie in ihrem Leben. Als sie später noch weitere Geschwister hatte und die Mutter dann öfter daheim war, bekam sie bei ihr auf dem Schoß nie einen Platz, weil da die Kleinen saßen. Das tiefe Gefühl von Panik, Trauer und Verlassenheit sitzt in ihrem Magen und ist dasselbe Gefühl, das mit ihrem Fressdruck verbunden ist. Ihr Selbstwertgefühl prägte sich in die Richtung: Ich habe keine Liebe verdient, ich kann mich noch so anstrengen. Es wird schon an mir liegen, weil ich so böse und schmutzig bin.

Die Mutter ihrerseits war in zweierlei Hinsicht entlastet: in ihrer Hausarbeit und der emotionalen Sorge für die Kinder, denn bei-

des übernahm Helen. Die mangelnde Sorge um die Tochter verhinderte, dass Signale des sexuellen Übergriffs durch den Großvater erkannt und entsprechend auf sie reagiert wurde. Es liegt die Vermutung nahe, dass Helens Mutter bereits selbst durch ihren Vater, also diesen Großvater, missbraucht wurde, was für die »Blindheit« und die mangelnde Fähigkeit, ihr eigenes Kind zu schützen, spräche.

Sowohl die sexuelle als auch die emotionale Gewalt und die körperliche Misshandlung hinterlassen tiefe Wunden in den Seelen von Kindern und beeinflussen die weitere Persönlichkeitsentwicklung äußerst negativ. Für die therapeutische Beziehung haben Missbrauchserfahrungen folgende mögliche Konsequenzen:

- Die Klientin wird dazu neigen, bei allem die Schuld auf sich zu nehmen. Wenn irgendetwas in der Beziehung nicht stimmt, wird sie denken, sie sei schuld. Denn die Therapeut*in kann es nicht sein, weil sie für besser gehalten wird und als Autorität immer recht hat.
- Die Klientin erlebt sich in der Opferrolle und versucht, es mit noch mehr Anpassung der Therapeut*in recht zu machen. Hier liegt dann in der Therapie wieder die Gefahr der Ausbeutung der Klientin vor, wenn das Machtgefälle ausgenutzt wird und die Klientin gesund werden muss, um die Kompetenz der Therapeut*in zu bestätigen. Diese narzisstische Kollusion muss rechtzeitig erkannt und aufgedeckt werden.
- Die Klientin wird die Überzeugung haben, dass ihre eigene Sicht der Dinge nicht interessiert, sondern dass sie die Erwartungen der Therapeut*in erfüllen und deren Sicht übernehmen muss. Ihre eigenen Wahrnehmungen wird sie für

sich behalten und als falsch auslegen, wenn sie von denen der Therapeut*in abweichen.

- Ihre Wünsche und Bedürfnisse wird sie nicht mitteilen, weil sie davon ausgeht, dass sie sowieso nicht erfüllt werden. Tut sie es dennoch, ist damit viel Schamgefühl und Verletzlichkeit verbunden, weil sie sich mit etwas ganz Intimem zeigt.
- Die Klientin wird versuchen, alles richtig zu machen, weil das ihr Selbstwertgefühl stärkt und sie das Gefühl bekommt, richtig zu sein. Das ist für sie sehr wichtig, weil sie dieses Gefühl sonst nie hat.
- Ihre Aggressionen, die sie auf die Therapeut*in hat, wird sie zeitweise gegen sich selbst richten in Form von Selbstverletzung, Selbstentwertung oder symptomatischem Essverhalten.
- Die Klientin wird oft keine Worte für ihre Gefühle und ihr Erleben haben, weshalb kreative Medien als nonverbales Ausdrucksmittel gut geeignet sind.
- Die Klientin wird dazu tendieren, sich auf sich selbst zurückzuziehen und der Therapeut*in klarzumachen, dass sie sie nicht braucht. Denn dann muss sie auch nicht über ihre Geheimnisse reden, muss niemanden beschuldigen und kann weiter in der Isolation der Sucht leben.
- Die Klientin wird es schwer haben, etwas anzunehmen, ohne zu befürchten, dafür etwas geben zu müssen oder ausgebeutet zu werden, dass ihre Grenzen nicht gewahrt werden und dass sie die Kontrolle verliert.

Das Wissen um diese Dynamik ist für die Therapie von großem Nutzen, um Verstrickungen rechtzeitig zu erkennen und aufzulösen.

Die Rolle des männlichen Therapeuten

In der Supervision mit männlichen Kollegen erfuhr ich immer wieder deren Unsicherheit oder Unbehagen, mit Frauen umzugehen, die eine weiblich-narzisstische Struktur haben. Das kann daran liegen, dass die Therapeuten wenig Zugang zu dem Krankheitsbild von Essstörungen haben, die ja häufig im Zusammenhang mit dieser Persönlichkeitsstruktur auftreten. Unabhängig davon resultiert das Unbehagen häufig auch aus einem ambivalenten Gefühl der Frauen einem Mann gegenüber. Der männliche Therapeut wird zum Stellvertreter »aller Männer«, mit denen sie bisher schlechte Erfahrungen gemacht haben. Die Abwesenheit des Vaters, seine Idealisierung oder Abwertung haben ein Vaterdefizit entstehen lassen. In ihrer Ambivalenz fühlen sich die Frauen einerseits sehnend zum Mann/Vater hingezogen, andererseits lehnen sie ihn aufgrund vieler erlebter Zurückweisungen aggressiv oder ängstlich ab. Das Vaterdefizit aktualisiert sich in der Beziehung zum männlichen Therapeuten, der auch zugleich abgelehnt und begehrt wird. Es entsteht eine ähnliche Ambivalenz wie zwischen weiblicher Therapeutin und Klientin, die hier jedoch durch das Moment der Gegengeschlechtlichkeit verschärft wird. Nicht selten versuchen die Frauen über Flirten oder verführerisches Verhalten die Zuneigung des Therapeuten zu erringen. Sie wollen gefallen, bewundert, gesehen und begehrt werden, betonen auch offen, dass sie sich nur für ihn hübsch gemacht und geschminkt haben und geben ihm das Gefühl, dass er für sie sehr wichtig, vielleicht sogar der Wichtigste ist.

Doch diese Art der Beziehungsaufnahme führt zu mehr Distanz statt Nähe. Denn was die Frauen suchen, ist im Grunde etwas anderes als sie über verführerisches Verhalten bekommen. Sie suchen nach einer Vaterfigur, nach dem nie gehabten guten Vater, der sie liebt, akzeptiert und zu ihnen steht. Die sexuelle Ebene stört und verhindert einen solchen nahen, emotionalen Kontakt, beeinflusst ihn aber auch stark, weil er erotisch gefärbt ist.

Mit der Verführung verbunden ist die Idealisierung nach dem Motto: »Du bist der beste Therapeut, ich bin die beste Klientin. Ich mache es besser als alle anderen und du auch.«

Diese gegenseitige Idealisierung ist zwar verlockend, sie wird die therapeutische Arbeit jedoch mit der Zeit unterlaufen, weil beide versuchen, das Idealbild von sich zu erfüllen. Dadurch müssen sie alles ausblenden, was nicht ins Bild passt. Der Therapeut traut sich dann nicht, unbequem und ehrlich zu sein, setzt keine oder zu wenig Grenzen, konfrontiert kaum, nur um als idealer Therapeut dazustehen. Die Klientin wird ihr Bild nicht durch Misserfolge, Rückfälle, Unzufriedenheit gefährden wollen und in der Therapiestunde alles mitmachen, was der Therapeut vorschlägt. Anpassung an seine Erwartungen ist das Zauberwort. Doch ihre Probleme werden dadurch nicht weniger.

Neben der Idealisierung spürt der Therapeut aber zugleich die Verteufelung und den Hass der Klientin, die ihn zum Täter machen. Er wird auf Distanz gehalten, wird in seinem therapeutischen und menschlichen Angebot zurückgewiesen und enttäuscht. Er wird entwertet, wie er zuvor aufgewertet wurde. Das unbewusste Ziel ist möglicherweise, sich an ihm zu rächen für die bisher erlittenen Demütigungen, Verletzungen und Zurückweisungen durch andere Männer. Er fungiert als ihr Stellvertreter und wird in seiner Rolle als zugewandter und unterstützender Therapeut frustriert. Drängt er sich mit seiner positiven Rolle dennoch auf, kann er als ebenso eindringend erlebt werden wie Männer in früheren Kontakten. Die Klientin fühlt sich dann nicht gesehen und spürt womöglich Aggression hinter seiner guten Absicht. Auf diese Weise verstricken sie sich beide in ein schwer auflösbares Beziehungsmuster. Sie muss ihn hassen und wegstoßen und bestätigt sich dabei ihre negativen Erfahrungen mit männlicher Zuwendung. Er fühlt sich schlecht und in seinem therapeutischen Bemühen zurückgewiesen.

Die Chance für eine gelingende Therapie besteht darin, dass die Klientin auf einen Therapeuten trifft, der als Person zum Gegenüber wird, den sie nicht um den Finger wickeln kann und der weder sexuelle Wünsche an sie hat noch ein idealer Therapeut sein muss. Möglicherweise kann dadurch die Verstrickung aufgehoben und ein Weg zueinander gebahnt werden. Das Ziel ist, dass die Klientin weder ideal sein muss noch sich minderwertig zu fühlen braucht. Und der Therapeut frei ist, sie auf ihre Muster hin anzusprechen, sodass sie erfährt, dass viele ihrer Befürchtungen oder Wünsche ihm gegenüber Projektionen ihrer Vorstellungen auf ihn sind.

Autonomie

Der grundlegende Beziehungskonflikt im Zusammenhang mit weiblich-narzisstischen Prozessen zeigt sich in den Polen von Abhängigkeit und Autonomie. Diese Pole lassen sich auch beschreiben als Bedürfnis nach Zugehörigkeit und Eigenständigkeit.

Der Entwicklungspsychologe Robert Kegan betont, dass sich »jeder langfristige Prozess der Persönlichkeitsentwicklung immer wieder zwischen den beiden Polen des Bedürfnisses nach Zugehörigkeit und Eins-Sein mit unserer Umwelt und dem nach Verschiedenheit und Eigenständigkeit andererseits«[66] bewegt. Eins-Sein bedeutet Verschmelzen, also Konfluenz. Der dazugehörige Gegenpol ist die Abgrenzung, die Differenzierung. Beziehungen sind Bewegungen zwischen Konfluenz und Abgrenzung, wobei Kontakt in der Bewegung zwischen beiden Polen stattfindet. Die Art der Bewegung hängt sowohl von der Art der aktuellen Beziehung als auch von der Entwicklung der persönlichen Bedürfnisse und Interessen ab.

Ist diese Bewegung gestört, wie es im Zusammenhang mit Narzissmus der Fall ist, dann wird immer nur ein Pol gelebt und der andere ausgeblendet, wie ich es anhand des Beziehungsspaltungsmodells im Kapitel *Das Beziehungsdilemma* ausführlich erklärt habe. Begibt sich die Frau in Abhängigkeit, sei es in der Therapie oder in privaten Beziehungen, so reagiert sie vorwiegend mit Angst, ihre Identität zu verlieren und nicht mehr sie selbst sein zu dürfen. Autonomie ist mit Verlustängsten und Einsamkeitsgefühlen verbunden und daher ebenso beängstigend. Die Chance der therapeutischen Beziehung besteht darin, den Klientinnen eine stabile Beziehung anzubieten, innerhalb der sie die Erfahrung sowohl von Abhängigkeit und Autonomie als auch von Nähe wie von Distanz machen können.

Autonomie als ein wesentlicher Bestandteil der Veränderung der narzisstischen Struktur bedeutet so viel wie Freiheit der Selbstgestaltung. Autonomie beinhaltet, sich entscheiden zu können, Einfluss auf das eigene Leben zu nehmen und mit den gegebenen Situationen umzugehen. Zu einem autonomen Verhalten gehören Eigenverantwortung und die Fähigkeit, Ziele zu setzen sowie persönliche Wünsche und Bedürfnisse zu erkennen. Im Gegensatz dazu steht die völlige Abhängigkeit, bei der die Frau sich nur in Bezug auf jemand anderen erlebt: ihre Entscheidungen sind die des anderen, ihr Leiden und Glücklichsein Folge des Verhaltens des anderen.

Autonomie beginnt in der Therapie dort, wo die Frau lernt, so sein zu dürfen, wie sie ist, und dennoch Unterstützung zu erfahren, sich trennen zu dürfen und trotzdem immer wieder zurückkommen zu können, stark zu sein und trotzdem Hilfe zu beanspruchen, angenommen zu werden, ohne ihre Individualität aufzugeben, eine eigene Meinung zu vertreten und nein zu sagen, ohne sich abgelehnt zu fühlen. Dadurch kann sie den Bezugspunkt, an dem sie ihr Handeln orientiert, immer mehr in sich finden und aufhören, ihn in anderen Menschen zu suchen.

Ich fragte eine Klientin zu Beginn, welche Ziele sie in der Therapie erreichen möchte. Als Erstes nannte sie: »Ich möchte nicht immerzu daran denken, wie die anderen finden, was ich tue, sondern einfach machen, was ich will. Ich will mich bei Kritik nicht sofort zurückziehen, sondern weiterhin gut finden, was ich tue. Auch möchte ich herausfinden, was ich eigentlich will.« Alle genannten Ziele beschreiben autonome Handlungsweisen.

Der Weg in die Autonomie geht über kleine, konkrete Schritte im Alltag. Ich erlebe immer wieder, wie wichtig es für die Betroffenen ist, ihre Meinung, die sie von sich und anderen haben, zu überprüfen. Nehmen wir das Beispiel einer Frau, die unsicher über das Ergebnis ihrer Arbeit ist. Sie kann sich nun viele Gedanken darüber machen, wie die anderen sie bewerten. Hat sie selbst eine schlechte Meinung von sich, dann wird sie dieselbe auch von den anderen erwarten. Vielleicht vermeidet sie aus Scham, versagt zu haben, sogar den Kontakt zu ihnen. Dadurch steigen ihre Ängste, schlecht und wertlos zu sein, jedoch immer mehr.

Sehr häufig stellen sich aber die negativen und abwertenden Fantasien über die eigene Person als unbegründet heraus. Das erfährt die Betroffene jedoch erst dann, wenn sie den Mut besitzt, mit dem Gegenüber offen zu sprechen und nachzufragen, wie es ihre Arbeit einschätzt. Der Vorteil liegt darin, dass beide sachlich über das Ergebnis reden können. Dadurch lernt die Frau, ihre Leistungen realistischer einzuschätzen, und macht die Erfahrung, dass sie auch bei Fehlern akzeptiert wird und die anderen sie nicht vollkommen abwerten, wie sie es mit sich tut. Dies ist eine wichtige korrigierende Erfahrung, die auch in vielen anderen Bereichen gemacht werden kann, wie zum Beispiel bei der Einschätzung ihres Äußeren, ihres Verhaltens, ihrer Einstellungen und Gefühle.

Zweifel, Ängste und Befürchtungen über die eigene Person werden sich wenigstens zum Teil auflösen, wenn sie im Kontakt mit einem vertrauten Menschen ausgesprochen werden. Die größte Hürde dabei ist die Frau selbst, die ihren überheblichen Stolz und ihre Scham überwinden und die Angst vor Kritik aushalten muss. Doch wird sie im Lauf der Zeit merken, wie entlastend es ist, sich mit den eigenen Schwächen und Ängsten mitzuteilen, statt sie schambehaftet mit sich allein herumzutragen.

Auch Unsicherheiten im Kontakt mit anderen können durch Rückfragen richtiggestellt werden. Glaubt die Frau, der andere wäre böse auf sie oder lehne sie ab, weil er so unfreundlich wirkt, kann sie entweder dessen schlechte Stimmung auf sich beziehen oder ihn fragen, was los sei und ob der Grund in ihrer Beziehung läge. Im Gespräch kann Klarheit entstehen, die verhindert, dass ein Streit aufgrund von Missverständnissen entsteht.

In Zweierbeziehungen bedeutet Autonomie, eine verantwortungsvolle Partnerin zu sein. Dazu ist es notwendig, die Rolle der umschwärmten Prinzessin aufzugeben und Mitverantwortung für die Beziehung zu übernehmen. Es bedeutet, Abschied von dem alten Muster zu nehmen, in dem Bewunderung und Geliebt-werden im Vordergrund stehen und die Frau alles tut, um das zu erreichen. Das abhängige Beziehungsmuster verändert sich nur nach und nach, und oft dauert es einige Jahre, bis eine Betroffene eine erfüllte Beziehung leben kann. Denn erst, wenn sie auf ihren eigenen Beinen steht und sich ihren Halt und ihre Identität nicht im Partner suchen muss, kann sie positiv auf ihn bezogen sein.

Autonomie zeigt sich auch im Austragen von Meinungsverschiedenheiten, im Vertreten eines eigenen Standpunktes bei Auseinandersetzungen und im Ausdrücken von Gefühlen und Bedürfnissen. Das macht zu Beginn sicherlich Angst, weil die Frau befürchtet, sich angreifbar zu machen und abgelehnt zu werden.

Zu einer autonomen Persönlichkeit gehören auch funktionierende Grenzen. Die Person spürt, wo sie aufhört und wo der andere anfängt, kann sich wehren und muss nicht alles von außen ungefiltert in sich eindringen lassen. Eine Möglichkeit, Grenzen zu setzen, ist das Neinsagen. Narzisstische Frauen sagen oft Ja, obwohl sie eigentlich Nein meinen, und drücken ihr Nein nur indirekt in Verweigerung, Trotz oder Rückzug aus.

Ich kann einfach nicht Nein sagen, weil ich Angst vor Ablehnung habe. Aus Angst Ja zu sagen ist anstrengend und auf Dauer kotzt es mich an, und doch kostet es mich eine wahnsinnige Überwindung, Nein zu sagen und mitzuteilen, wann es mir zu viel wird. Wenn ich es dann einmal fertigbringe, habe ich hinterher oft ein schlechtes Gewissen. Ich glaube, dass das ganz stark mit meinem Elternhaus zusammenhängt, dass ich bei der geringsten Verweigerung mit Liebesentzug bestraft worden bin.

Neinsagen kann Schuldgefühle auslösen, da die Frau nicht gewohnt ist, Grenzen zu setzen. Sie sollte dennoch bei ihrem Nein bleiben, denn im Laufe der Zeit nehmen die Schuldgefühle ab, und es wird ihr selbstverständlich, sich abzugrenzen. Häufig sind Schuldgefühle sogar ein Zeichen für autonomes Verhalten und daher positiv zu werten. Das sind die Schuldgefühle, die daraus resultieren, dass man etwas nur aus sich heraus macht, ohne auf die anderen zu hören oder auf das, was man tun soll. Also eine autonome Entscheidung, die als erlebtes Schuldgefühl darauf hinweist, dass man sich gerade selbstbestimmt verhält. Statt sich aufgrund der Schuldgefühle zurückzuziehen, kann man sie als guten Freund auf dem Weg der Veränderung willkommen heißen.

Nicht nur das Neinsagen gehört zur Autonomie, sondern auch das Jasagen, das Annehmen und der Genuss dessen, was man bekommt. Das macht satt und minimiert den Sog, immer mehr zu brauchen.

Autonomie zeigt sich auch daran, dass die Frau fähig ist, Getrenntheit auszuhalten. Der Partner darf anders sein als sie und anders, als sie es möchte, und sie selbst darf auch so sein, wie sie ist. Beide müssen nicht immer dasselbe wollen und dürfen unterschiedliche Meinungen haben. Eine narzisstische Frau wählt oft aus Angst die Überanpassung, weil das leichter ist, als die Spannung in der Getrenntheit auszuhalten. Sie braucht das Vertrauen zu sich und dem Partner und den Glauben daran, dass die Beziehung trotz Unterschiedlichkeit bestehen bleibt.

Autonomie bedeutet außerdem, sich nicht mehr als passives Opfer der anderen Menschen oder der Welt zu erleben, sondern verantwortlich zu werden und Probleme selbstständig zu lösen. Lebe ich im Bewusstsein, Opfer zu sein, habe ich keine andere Wahl als zu leiden, wenn der andere sich von mir abwendet. Dann ist er schuld, dass es mir schlecht geht, und eine Lösung muss ich deshalb wiederum von ihm erwarten. Das Aussteigen aus dem Opferstatus geschieht dadurch, dass ich mir bewusst mache, gar nicht so hilflos zu sein, sondern selbst entscheiden zu können, was ich tun will. Ich kann dem anderen sagen, dass es mich ärgert, was er tut, und damit fühle ich mich schon anders als wenn ich passiv leide. Aus der Erkenntnis, nicht Opfer sein zu müssen, ergeben sich neue Entscheidungsmöglichkeiten und Verhaltensweisen, wie es Cordula erlebt hat.

Ich zeige mich gerne als Retterin, so mit meinem Verständnis und Helfen-wollen (»Ich bin ja so toll und stark«) und gestehe mir nicht ein, in der Opferrolle zu sein. Meine Opferposition erlebe ich nur untergründig, mit Schuldzuweisungen an andere oder versteckten, diffusen, auf keinen Fall offen ausgesprochenen Forderungen. Dabei mache ich mich stark von den anderen abhängig und leide, wenn sie nicht auf mich reagieren. Im Grunde beziehe ich mich immer auf den anderen, statt offen eine eigene Meinung zu vertreten. Denn wenn ich das tue, bin ich kein Opfer mehr.

Die Worte Ehrlichkeit und Offenheit fallen in Berichten von Klientinnen immer wieder und haben einen zentralen Stellenwert, da sich in ihnen autonomes Verhalten zeigt. Ein Großteil der Schwierigkeiten dieser Frauen hat damit zu tun, dass sie sich nicht trauen, ehrlich zu sein, sich so zu zeigen, wie sie sind, und das zu sagen, was sie meinen. Dadurch entfremden sie sich von sich selbst, aber auch vom Gegenüber. Sie werden untergründig manipulativ und anspruchsvoll, wenn sie ihre Wünsche nicht aussprechen, und bissig, wenn sie ihren Ärger nicht ausdrücken. Zu einer eindeutigen Kommunikation gehören eindeutige Botschaften, sonst sind die Partner mehr mit Fantasien und Annahmen voneinander beschäftigt, was unweigerlich zu Missverständnissen führt.

Auf der Basis ehrlicher und zugewandter Beziehungen ist auch die Entwicklung von wirklicher Abhängigkeit möglich, die aber echte Autonomie voraussetzt. Diese schützt nämlich davor, sich in der Abhängigkeit völlig aufzugeben.

Frieden mit dem Körper schließen

Da es ein wirkliches Selbstbewusstsein im Sinne von »sich seiner selbst bewusst sein« nur zusammen mit einem Körperbewusstsein gibt, ist die Voraussetzung zur Entwicklung einer autonomen Persönlichkeit, dass die betroffene Frau eine neue, positive Einstellung zu ihrem Körper gewinnt. Statt ihn nur auf seine Äußerlichkeit hin zu betrachten, geht es um das Erleben, Fühlen und Wahrnehmen von Körperlichkeit und damit verbundener Sinnlichkeit. Die Betrachtung des Körpers als etwas, das attraktiv, schlank und hundertprozentig sein muss, wird abgelöst durch das Bewusstsein, nicht einen Körper zu haben, sondern eins mit ihm zu sein, ihn erleben zu können und zu wollen. Bei der weiblich-narzisstischen Frau ist der Körper zum Träger grandioser Erwartungen degradiert, den sie ganz nach Belieben zu kontrollieren versucht. Ich meine, dass dadurch auch die Körperwahrnehmungsstörungen bedingt sind. Denn wie soll sie ihren Körper richtig einschätzen können, wenn sie nicht in ihm lebt?

Das kann so weit gehen, dass die Frau kaum mit ihrem Körper anwesend ist bzw. ihn unter allen Umständen verstecken will. Sie macht ihn hinter weiten Kleidern unsichtbar und vermeidet, sich im Raum zu bewegen, um nicht betrachtet zu werden. Zu Beginn der Therapie haben wir es also häufig mit zwei Einheiten zu tun: der Klientin und ihrem Körper. Wir können den Körper explizit einladen, dabei zu sein, mit ihm sprechen, mit ihm arbeiten, ihn wieder zum Leben erwecken. Die Methoden dazu sind vielfältig. Die einfachste Übung ist das Atmen, über das die Klientin ihren Körper spüren kann. Das gilt besonders für den Zugang zu den abgespaltenen Körperteilen wie dem Becken und der Brust. Wird die oberflächliche Atmung vertieft, belebt das diese Bereiche und die damit verbundenen Empfindungen. Durch Töne wiederum wird der

Halsbereich geöffnet und der Weg zum verbalen Ausdruck geöffnet. Das Kloßgefühl im Hals ist oft ein Zeichen für gestaute Energie in Form nicht ausgedrückter Gefühle und Worte. Aber auch über Bewegung und Sich-berühren kann ein Zugang zu abgespalteten Körperteilen hergestellt werden. Die Bewegungen sollten nicht dem Ziel dienen, dadurch Kalorien zu verbrennen, sondern ein Gefühl für sich selbst zu entwickeln. Für viele geht das über Tanzen, Yoga oder andere Arten der Körperarbeit. Der Ausdruck von Emotionen über den Körper muss wieder gelernt werden, um die Fassade des falschen Selbst zu überwinden.

Das gelingt nur, wenn die Klientin sich ihrem Körper bewusst zuwendet, statt ihn auszublenden. Die Verbindung von Körper und negativer Selbsteinschätzung kann aufgehoben werden, indem die Frau lernt, immer mehr Teile an ihrem Körper wahrzunehmen und zu spüren, egal, ob sie ihr nun gefallen oder nicht. Die Betonung liegt auf einem liebevollen Zugang zum Körper, auch zu den abgelehnten Teilen. Statt den Bauch nur mit der Kategorie dick oder dünn wahrzunehmen, kann sie entdecken, dass er sich weich anfühlt, die Haut samtig ist und es sich angenehm anfühlt, ihn zu streicheln. Das Ziel ist die Annahme des eigenen Körpers so, wie er jetzt ist, nicht erst dann, wenn er einem Ideal entspricht. Gerade die Ablehnung führt nämlich dazu, nie das Ideal zu erreichen, weil die Gedanken zwanghaft daran hängen.

Um den Blick auf sich positiv zu verändern, können Sie folgende Übung machen: Stellen Sie sich vor den Spiegel und betrachten Sie sich eingehend. Registrieren Sie, wie Sie sich ansehen: Kritisch? Abwertend? Sehen Sie nur, was Ihnen nicht gefällt, oder akzeptieren Sie sich? Genau darum geht es. Sie müssen nicht alles schön an sich finden und dürfen auch Wünsche nach Veränderung haben, aber Sie können sich trotzdem nur so akzeptieren, wie Sie heute sind. Denn anders sind Sie im Moment nicht. Und statt zu warten, bis Sie einmal ideal sind, um sich dann akzeptieren zu dürfen, was vielleicht nie eintritt, können Sie heute schon beginnen.

Sollten Sie bei dieser Übung jedoch eine destruktive Selbstabwertung spüren und womöglich sogar Angst bekommen oder noch mehr Ablehnung gegen sich spüren, dann brechen Sie die Übung ab. Dann ist es nicht an der Zeit, sich auf diese Weise mit Ihnen bzw. Ihrem Körper auseinanderzusetzen. Es kann ein Zeichen dafür sein, dass Sie mit dieser Übung überfordert sind und sie, wenn überhaupt, nur mit therapeutischer Unterstützung machen sollten. Wenn es Ihnen jedoch gelingt, sich über alle Widerstände hinweg anzusehen und sich zu lassen, wie Sie sind, werden Sie wahrscheinlich eine Erleichterung erleben.

Akzeptieren bedeutet, sich auf die Realität einzulassen, sie zu respektieren und zu sagen: Das bin ich. Alles Hadern führt zu Unfrieden und Ablehnung. Der Psychotherapeut Nathaniel Branden fasst den Vorgang wie folgt zusammen: »Akzeptieren heißt, sich ohne Leugnen oder Ausflüchte darauf einlassen, dass eine Tatsache eine Tatsache ist. Und es heißt in diesem Fall, dass das Gesicht und der Körper im Spiegel Ihr Gesicht und Ihr Körper sind, und dass sie so sind wie sie sind.«[67]

Um die körperliche Mitte zu stärken, die bei der narzisstischen Thematik meist zu kurz kommt, legen Sie die Hand auf Ihren Unterbauch und atmen Sie dagegen. Nehmen Sie wahr, wie sich dieser Bereich anfühlt. Wiederholen Sie die Übung so oft, wie es Ihnen guttut, es ist Ihr Kraftreservoire und stärkt Ihr Selbsterleben positiv.

Weitere Übungen zur Selbstwertstärkung finden Sie in meinen Büchern *Mich kränkt so schnell keiner!* und *Souverän & selbstbewusst.*

Im Zusammenhang mit dem Thema, einen idealen Körper haben zu müssen, um ihn annehmen zu können, steht auch die Auseinandersetzung mit dem Schönheitsdiktat. Fragen Sie sich: »Was bedeutet Schönheit?«, »Warum verlieren Sie Ihre Attraktivität, wenn Sie zugenommen haben?«, »Welches Problem steht eigentlich dahinter?«. Im Zusammensein mit anderen Frauen und dem Reden über Weiblichkeit und Frausein können neue Identifikationsmöglichkeiten erschlossen werden, die die alten starren Muster auflösen. Viele Frauen suchen sich in der Therapie neue weibliche Vorbilder, an denen sie sich orientieren. Nicht selten sind es die Therapeutinnen, die in der Idealisierung alle positiven weiblichen Eigenschaften zugeschrieben bekommen. Zu Beginn der Therapie kann eine Identifikation mit ihnen heilsam sein, im Verlauf der Therapie ist es aber nötig, diese Idealisierung zu beenden und ein eigenes weibliches Selbstbild aufzubauen. Statt das Gute außen zu suchen und sich mit ihm zu identifizieren, um sich aufgewertet zu fühlen, entdecken Sie lieber das Gute in sich selbst.

Selbstachtung und Selbstwirksamkeit

Selbstwirksamkeit und Selbstachtung sind nach Nathaniel Branden die Grundlagen eines stabilen Selbstwertgefühls.[68] Selbstwirksamkeit bedeutet ein Gefühl von Stärke und Kompetenz, das sich im Vertrauen in die eigenen Fähigkeiten ausdrückt. Eine selbstwirksame Frau wird davon überzeugt sein, etwas bewirken zu können, und die Sicherheit besitzen, mit dem Leben fertig zu werden. Ihre innere Einstellung ist mehr auf Sieg als auf Scheitern gerichtet. Nur wenn eine Frau sich kompetent fühlt, daran glaubt, Einfluss nehmen zu können und sich auf ihr Können verlässt, fühlt sie sich ihrer selbst wert.

Auch wenn viele narzisstische Frauen mit der Überzeugung leben, nur durch Leistung eine Existenzberechtigung zu haben und einen Wert zu besitzen, ist das nicht unbedingt ein Ausdruck gelebter Selbstwirksamkeit. Im Gegenteil, oft weist das überstarke Streben, unter allen Umständen erfolgreich sein zu müssen, sogar darauf hin, dass sie sich im Grunde nichts oder kaum etwas zutrauen. Denn warum sollten sie sich sonst unter einen solch enormen Leistungsdruck setzen? Diese Frauen sind zwar erfolgreich, können aber diesen Erfolg nicht genießen, weil sie immer noch besser werden könnten, sie sich tief im Innern unwert fühlen und nur eine Existenzberechtigung haben, wenn sie großartig sind.

Die zweite Komponente des Selbstwertgefühls ist die Selbstachtung. Sie beinhaltet unsere Würde und persönlichen Wert, unser Recht auf Leben und Glück, und die Überzeugung, unsere Gedanken, Wünsche und Bedürfnisse geltend machen zu dürfen. Durch Selbstachtung entwickeln wir eine bejahende Haltung zu uns. Sie wird durch Sei-nicht-Botschaften nachhaltig gestört, weil wir dann an unserer Lebensexistenz zweifeln, uns nicht berechtigt fühlen, hier zu sein, selbstschädigend mit uns umgehen oder bewusst beziehungsweise unbewusst sogar unser Leben riskieren. In Selbstachtung steckt das Wort Achtung, Achtsamkeit. Das bedeutet so viel wie auf sich zu schauen, für sich Sorge tragen, umsichtig mit sich umgehen, sich Gutes tun. Für viele narzisstische Frauen ist dies eines der Hauptziele einer Psychotherapie.

Selbstachtung geht jedoch über Selbstannahme hinaus, denn sie ist im Grunde auch die Basis für die Achtung anderer. Je entwickelter unser Selbstwertgefühl ist, umso besser können wir andere mit Respekt, Wohlwollen, gutem Willen und Fairness behandeln, da wir sie nicht als Bedrohung empfinden. Haben wir aber Angst und fühlen wir uns wertlos, werden wir anderen mit Misstrauen begegnen, was wiederum Aggression, Entwertung und Kränkung hervorruft. Ein gesundes Selbstwertgefühl ist also viel mehr als ein gutes Lebensgefühl. Es ist die Basis für unser Leben und bei seinem Fehlen behindert es die Funktionstüchtigkeit des Menschen.

Dennoch ist ein gut entwickeltes Selbstwertgefühl weder ein Allheilmittel noch ein Patentrezept. Wir leben nicht getrennt von unseren äußeren Lebensumständen und Möglichkeiten, von individuellen Fähigkeiten wie Intelligenz, Kompetenzen und Temperament. Das Selbstwertgefühl ist keine Garantie für Erfüllung, aber eine notwendige Voraussetzung für unser Wohlbefinden.

»Das Selbstwertgefühl ist der Ruf, den wir bei uns selbst erwerben«,[69] beschreibt es Branden, denn es beeinflusst das Verhalten uns selbst gegenüber. Ein stabiles Selbstwertgefühl zeigt sich darin, für sich selbst sorgen zu können, zu wissen, was einem hilft, was man braucht und wie man es erreichen kann. Dazu braucht man den Zugang zu seinem wahren Selbst, zu seinen Bedürfnissen und Stärken.

Dieser Kontakt ist relativ schnell herstellbar, sobald die Frau ihr inneres Verbot, etwas zu fühlen, überwindet. Spürt sie die Erlaubnis, sich wahrzunehmen und anzuerkennen, kommt sie schnell mit ihren Wünschen und Gefühlen in Berührung. »Ich bin berechtigt zu fühlen, was ich fühle, und zu sein, wie ich bin.« Diese Berechtigung ist von zentraler Bedeutung für narzisstische Frauen.

Die Selbstachtung steigt durch positive Rückmeldungen und Lob, was vielen Menschen schwerfällt anzunehmen. Eine weiblich-narzisstische Frau versucht, möglichst allen zu gefallen, kann es aber nicht glauben, wenn man sie anerkennt. Die erste Reaktion ist die Abwertung des anderen: »Der hat ja keine Ahnung, wie ich wirklich bin, sonst würde er so etwas nicht sagen.« Damit wird die positive Rückmeldung ebenso abgewertet wie das Gegenüber und sie selbst. Ein wirkliches Annehmen der Anerkennung hieße, die Freude und Dankbarkeit zu spüren, die damit zusammenhängen und die ihrerseits das Selbstwertgefühl stärken. Eine praktikable Möglichkeit, dies im Alltag zu lernen, ist, einfach nur »Danke« zu sagen, wenn jemand eine Anerkennung ausspricht. Das Danken verhindert die sofortige Entwertung des Lobs, verhilft dazu, es anzunehmen, und gibt Zeit, um sich selbst auf seine positiven Seiten zu besinnen. Das »Sammeln von Goldblättchen« ist eine andere Möglichkeit, um seine Stärken zu registrieren. Alles, was einem heute gut gelang, was einem an einem selbst gefiel, was man Schönes erlebt hat, wird am Ende des Tages notiert und ergibt ein Positiv-Tagebuch. Da durch das überhöhte Ideal viele bejahende Gedanken und Handlungen gar nicht mehr wahrgenommen werden, hilft diese Übung, auch Einfaches zu schätzen. Das schärft die Sicht für das Schöne im Leben und an einem selbst und stärkt das eigene Selbstwertgefühl.

Zur Selbstannahme gehört außerdem, sich von alten, negativen Einstellungen sowie Ver- und Geboten zu lösen, die man als Kind eingetrichtert bekam und die heute als Idealvorstellungen wie Zwangskorsetts wirken. Eine Abkehr von ihrem Perfektionismus bedeutet für viele weiblich-narzisstische Frauen eine große Verunsicherung, weil sie durch ihn Halt und Sicherheit bekommen. Erlaubnissätze wie »Ich darf Fehler machen« oder »Ich darf mittelmäßig sein« können hilfreich sein, um vom überhöhten Ideal Abschied zu nehmen. Im Kontakt mit diesen Sätzen wird die betroffene Frau den ständigen Druck spüren, unter den sie sich setzt. Sie kann dann beginnen, sich mehr Zeit zu nehmen, sich nicht ständig anzutreiben und sich Ruhe und Erholung auch im Alltag und nicht nur im Urlaub zu gönnen. Zugleich muss sie aber auch ihre grandiose Einzigartigkeit aufgeben. Die Arbeit an der Frage »Was würde geschehen, wenn du nicht perfekt wärst?« führt direkt zum Gefühl, nicht liebenswert zu sein oder sogar nicht da sein zu dürfen.

Geben Sie sich die Berechtigung, so zu sein, wie Sie sind, dann können Sie sich dem anderen offen zeigen und für sich selbst eintreten. Vielen hilft am Anfang der Satz: »Ich bin gut, so wie ich bin.« Er bedeutet eine Alternative zu der inneren Abwertung und dem Druck, anders sein zu müssen. Mit der Zeit wird dieser Satz ein Teil des Denkens und beeinflusst das Selbstwertgefühl in positiver Richtung.

Wenn alte Verletzungen betrauert wurden und sich die Einstellungen zu sich selbst, dem eigenen Körper und anderen Menschen positiv verändert haben, wird die Frau immer stärker das Bedürfnis haben, sich anderen zu zeigen, wie sie wirklich ist. Die Bedeutung der äußeren Fassade nimmt dadurch zugunsten ihrer Innerlichkeit ab. Die Frau wird weicher, weiblicher, weniger getrieben und offener im Kontakt. Intern ist sie stabiler, autonomer und es gelingt ihr, auch in Stresssituationen klar zu denken. Sie entwickelt den Wunsch nach Nähe zu anderen Menschen und beginnt, sich vertrauensvoll einzulassen. Ihre positive Selbstannahme zeigt sich in Wertschätzung und Selbstakzeptanz.

Selbstbeobachtung und Selbstmitgefühl

Den Zugang zum wahren Selbst erlangen wir durch Selbstbeobachtung, einer nach innen gerichteten Wahrnehmung. Dabei lassen wir uns auf uns selber ein, spüren in uns hinein und lassen alle Gefühle und Empfindungen zu. Wir korrigieren nichts, erwarten nichts, sondern registrieren lediglich, was ist. Dieser Zugang zu uns ist die Basis für unser Selbstmitgefühl. Das gilt es im Zusammenhang mit dem Weiblichen Narzissmus zu stärken, da im narzisstischen System die Selbstkritik und Selbstoptimierung Vorrang haben. Nichts darf so sein, wie es ist, sondern muss perfektioniert und permanent verbessert werden. Weder der Körper noch das seelische Befinden werden akzeptiert. Daraus resultiert die erniedrigende und wertende Haltung sich selbst gegenüber und der Druck, sich immer weiter anzutreiben oder zu überhöhen. Das führt allerdings nicht zu einem inneren Gefühl von Zufriedenheit und Glück, sondern zu einer permanenten Unzufriedenheit und Selbstkritik. Um die narzisstische Fassade zu überwinden, bedarf es des Selbstmitgefühls, das darin besteht, mit sich selbst zu fühlen und Verständnis für sich zu empfinden. Es hilft nichts, anders sein zu wollen, als man ist, es hilft nur, so zu werden, wie man ist. Alles andere erzeugt Spannung und Angst und macht uns hart. Selbstmitgefühl bedeutet, verständnisvoll und unterstützend mit uns umzugehen und auch bei Versagen oder Fehlern freundlich zu uns zu sein. Diese Haltung ist das genaue Gegenteil zur narzisstischen Selbstabwertung. Selbstmitgefühl drückt sich darin aus, dass wir unser Herz für uns öffnen und unsere Menschlichkeit würdigen.

Selbstmitgefühl bedeutet also, wir dürfen so sein, wie wir sind, und uns gut sein lassen. Und uns selbst mit Liebe, Achtung und Respekt behandeln. Das geschieht über Verständnis für unsere Eigenheiten und Besonderheiten, die Akzeptanz unserer menschlichen Schwächen und die Selbstunterstützung, die wir uns geben. Selbstliebe und Achtsamkeit zeigen sich in der Sorge um uns selbst, in Ruhe, Trost, Zuspruch und Sicherheit und der Abgrenzung von fremden Erwartungen und Ansprüchen.

Probieren Sie einmal eine kleine Übung: streicheln Sie Ihr Gesicht! Sie werden merken, es ändert sich Ihre Haltung zu sich selbst. Der Lösungsweg zum Weichwerden ist der liebevolle Umgang mit sich selbst.

Wenn wir Selbstmitgefühl besitzen, nehmen wir uns nicht nur liebevoll so an, wie wir sind, sondern öffnen uns auch emotional für andere Menschen.

Ich konnte das erste Mal in meinem Leben meiner Mutter sagen, dass ich sie liebe. Das hat mich tief berührt und ganz weich und durchlässig gemacht. Wenn ich daran denke, kommen mir immer noch die Tränen! Es tut so gut.

Wenn wir unsere Gefühle und Wünsche ungestraft erleben dürfen und unsere Eigenständigkeit nicht mehr mit der Angst vor Liebesverlust gekoppelt ist, dann wird die Maske allmählich überflüssig. Dann begegnen wir unserem wahren Selbst, werden lebendig durch unseren Atem, spüren den Boden, der uns trägt, und die Liebe zu uns selbst und dem anderen.

Anhang

Das Märchen vom Marienkinde[70]

Vor einem großen Walde lebte ein Holzhacker mit seiner Frau, der hatte nur ein einziges Kind, das war ein Mädchen von drei Jahren. Sie waren aber so arm, dass sie nicht mehr das tägliche Brot hatten und nicht wussten, was sie ihm sollten zu essen geben. Eines Morgens ging der Holzhacker voller Sorge hinaus in den Wald an seine Arbeit, und wie er da Holz hackte, stand auf einmal eine schöne große Frau vor ihm, die hatte eine Krone von leuchtenden Sternen auf dem Haupt und sprach zu ihm: »Ich bin die Jungfrau Maria, die Mutter des Christkindleins: du bist arm und dürftig, bring mir dein Kind, ich will es mit mir nehmen, seine Mutter sein und für es sorgen.« Der Holzhacker gehorchte, holte sein Kind und übergab es der Jungfrau Maria, die nahm es mit sich hinauf in den Himmel. Da ging es ihm wohl, es aß Zuckerbrot und trank süße Milch, und seine Kleider waren von Gold, und die Englein spielten mit ihm.

Als es nun vierzehn Jahre alt geworden war, rief es einmal die Jungfrau Maria zu sich und sprach: »Liebes Kind, ich habe eine große Reise vor, da nimm die Schlüssel zu den dreizehn Türen des Himmelreichs in Verwahrung: zwölf davon darfst du aufschließen und die Herrlichkeiten darin betrachten, aber die dreizehnte, wozu dieser kleine Schlüssel gehört, die ist dir verboten. Hüte dich, dass du sie nicht aufschließest, sonst wirst du unglücklich.« Das Mädchen versprach, gehorsam zu sein, und als nun die Jungfrau Maria weg war, fing es an und besah die Wohnungen des Himmelreichs: jeden Tag schloss sie eine auf, bis die zwölfe herum waren. In jeder aber saß ein Apostel und war von großem Glanz umgeben, und es freute sich über all die Pracht und Herrlichkeit, und die Englein, die es immer begleiteten, freuten sich mit ihm. Nun war die verbotene Tür allein noch übrig, da empfand es eine große Lust zu wissen, was dahinter verborgen wäre, und sprach zu den Englein: »Ganz aufmachen will ich sie nicht und will auch nicht hineingehen, aber ich will sie aufschließen, damit wir ein wenig durch den Ritz sehen.« »Ach nein«, sagten die Englein, »das wäre Sünde: die Jungfrau Maria hat's verboten, und es könnte leicht dein Unglück werden.« Da schwieg es still, aber die Begierde in seinem Herzen schwieg nicht still, sondern nagte und pickte ordentlich daran und ließ ihm keine Ruhe. Und als die Englein einmal alle hinausgegangen waren, dachte es: Nun bin ich ganz allein und könnte hineingucken, es weiß es ja niemand, wenn ich's tue. Es suchte den Schlüssel heraus, und als es ihn in der Hand hielt, steckte es ihn auch ins Schloss, und als es ihn hineingesteckt hatte, drehte es auch um. Da sprang die Tür auf, und es sah da die Dreieinigkeit im Feuer und Glanz sitzen. Es blieb ein Weilchen stehen und betrachtete alles mit Erstaunen, dann rührte es ein wenig mit dem Finger an dem Glanz, da ward der Finger ganz golden. Alsbald empfand es eine gewaltige Angst, schlug die Tür heftig zu und lief fort. Die Angst wollte auch nicht wieder weichen, es mochte anfangen, was es wollte, und das Herz klopfte in einem fort und wollte nicht ruhig werden: auch das Gold blieb an dem Finger und ging nicht ab, es mochte waschen und reiben, so viel es wollte.

Gar nicht lange, so kam die Jungfrau Maria von ihrer Reise zurück. Sie rief das Mädchen zu sich und forderte ihm die Himmelsschlüssel wieder ab. Als es den Bund hinreichte, blickte ihm die Jungfrau in die Augen und sprach: »Hast du auch nicht die dreizehnte Tür geöffnet?« »Nein«, antwortete es. Da legte sie ihre Hand auf sein Herz, fühlte, wie es klopfte und klopfte, und merkte wohl, dass es ihr Gebot übertreten und die Türe aufgeschlossen hatte. Da sprach sie noch einmal: »Hast du es gewiss nicht getan?« »Nein«, sagte das Mädchen zum zweiten Mal. Da erblickte sie den Finger, der von der Berührung des himmlischen Feuers golden geworden war, sah wohl, dass es gesündigt hatte, und sprach zum dritten Mal: »Hast du es nicht getan?« »Nein«, sagte das Mädchen zum dritten Mal. Da sprach die Jungfrau Maria: »Du hast mir nicht gehorcht und hast noch dazu gelogen, du bist nicht mehr würdig, im Himmel zu sein.«

Da versank das Mädchen in einen tiefen Schlaf, und als es erwachte, lag es unten auf der Erde, mitten in einer Wildnis. Es wollte rufen, aber es konnte keinen Laut hervorbringen. Es sprang auf und wollte fortlaufen, aber wo es sich hinwendete, immer ward es von dichten Dornhecken zurückgehalten, die es nicht durchbrechen konnte. In der Einöde, in welche es eingeschlossen war, stand ein alter hohler Baum, das musste seine Wohnung sein. Da kroch es hinein, wenn die Nacht kam, und schlief darin, und wenn es stürmte und regnete, fand es darin Schutz: aber es war ein jämmerliches Leben, und wenn es daran dachte, wie es im Himmel so schön gewesen war und die Engel mit ihm gespielt hatten, so weinte es bitterlich. Wurzeln und Waldbeeren waren seine einzige Nahrung, die suchte es sich, soweit es kommen konnte. Im Herbst sammelte es die herabfallenden Nüsse und Blätter und trug sie in die Höhle, die Nüsse waren im Winter seine Speise, und wenn Schnee und Eis kam, so kroch es wie ein armes Tierchen in die Blätter, dass es nicht fror. Nicht lange, da zerrissen seine Kleider und fiel ein Stück nach dem andern vom Leib herab. Sobald die Sonne wieder warm schien, ging es heraus und setzte sich vor den Baum und seine langen Haare bedeckten es von allen Seiten wie ein Mantel. So saß es ein Jahr nach dem andern und fühlte den Jammer und das Elend der Welt.

Einmal, als die Bäume wieder in frischem Grün standen, jagte der König des Landes in dem Wald und verfolgte ein Reh, und weil es in das Gebüsch geflohen war, das den Waldplatz einschloss, stieg er vom Pferd, riss das Gestrüppe auseinander und hieb sich mit dem Schwert einen Weg. Als er endlich hindurchgedrungen war, sah er unter dem Baum ein wunderschönes Mädchen sitzen, das saß da und war von seinem goldenen Haar bis zu den Fußzehen bedeckt. Er stand still und betrachtete es mit Erstaunen, dann redete er es an und sprach: »Wer bist du? Warum sitzest du hier in der Einöde?« Es gab aber keine Antwort, denn es konnte seinen Mund nicht auftun. Der König sprach weiter: »Willst du mit mir auf mein Schloss gehen?« Da nickte es nur ein wenig mit dem Kopf. Der König nahm es auf seinen Arm und trug es auf das Pferd und ritt mit ihm heim, und als es auf das königliche Schloss kam, ließ er ihm schöne Kleider anziehen und gab ihm alles im Überfluss. Und ob es gleich nicht sprechen konnte, so war es doch schön und holdselig, dass er es von Herzen lieb gewann, und es dauerte nicht lange, da vermählte er sich mit ihm.

Als etwa ein Jahr verflossen war, brachte die Königin einen Sohn zur Welt. Darauf in der Nacht, wo sie allein in ihrem Bette lag, erschien ihr die Jungfrau Maria und sprach: »Willst du die Wahrheit sagen und gestehen, dass du die verbotene Tür aufgeschlossen hast, so will ich deinen Mund öffnen und dir die Sprache wiedergeben: verharrst du aber in der Sünde, und leugnest hartnäckig, so nehm ich dein neugeborenes Kind mit mir.« Da war der Königin verliehen, zu antworten, sie blieb aber verstockt und sprach: »Nein, ich habe die verbotene Tür nicht aufgemacht«, und die Jungfrau Maria nahm das neugeborene Kind ihr aus den Armen und verschwand damit. Am andern Morgen, als das Kind nicht zu finden war, ging ein Gemurmel unter den Leuten, die Königin wäre eine Menschenfresserin und hätte ihr eigenes Kind umgebracht. Sie hörte alles und konnte nichts dagegen sagen, der König aber wollte es nicht glauben, weil er sie so lieb hatte.

Nach einem Jahr gebar die Königin wieder einen Sohn. In der Nacht trat auch wieder die Jungfrau Maria zu ihr herein und sprach: »Willst du gestehen, dass du die verbotene Tür geöffnet hast, so will ich dir dein Kind wiedergeben und deine Zunge lösen. Verharrst du aber in der Sünde und leugnest, so nehme ich auch dieses Neugeborene mit mir.« Da sprach die Königin wiederum: »Nein, ich habe die verbotene Tür nicht geöffnet«, und die Jungfrau nahm ihr das Kind aus den Armen weg und mit sich in den Himmel. Am Morgen, als das Kind abermals verschwunden war, sagten die Leute ganz laut, die Königin hätte es verschlungen, und des Königs Räte verlangten, dass sie sollte gerichtet werden. Der König aber hatte sie so lieb, dass er es nicht glauben wollte, und befahl seinen Räten, bei Leibes- und Lebensstrafe nichts mehr darüber zu sprechen.

Im nächsten Jahr gebar die Königin ein schönes Töchterlein, da erschien ihr zum dritten Mal nachts die Jungfrau Maria und sprach: »Folge mir.« Sie nahm sie bei der Hand und führte sie in den Himmel und zeigte ihr da ihre beiden ältesten Kinder, die lachten sie an und spielten mit der Weltkugel. Als sich die Königin darüber freute, sprach die Jungfrau Maria: »Ist dein Herz noch nicht erweicht? Wenn du eingestehst, dass du die verbotene Tür geöffnet hast, so will ich dir deine beiden Söhnlein zurückgeben.« Aber die Königin antwortete zum dritten Mal: »Nein, ich habe die verbotene Tür nicht geöffnet.« Da ließ sie die Jungfrau wieder zur Erde herabsinken und nahm ihr auch das dritte Kind.

Am andern Morgen, als es ruchbar wurde, riefen alle Leute laut: »Die Königin ist eine Menschenfresserin, sie muss verurteilt werden«, und der König konnte seine Räte nicht mehr zurückweisen. Es ward ein Gericht über sie gehalten, und weil sie nicht antworten und sich nicht verteidigen konnte, ward sie verurteilt, auf dem

Scheiterhaufen zu sterben. Das Holz wurde zusammengetragen, und als sie an dem Pfahl festgebunden war und das Feuer ringsherum zu brennen anfing, da schmolz das harte Herz ihres Stolzes, und ihr Herz ward von Reue bewegt, und sie dachte: ›Könnte ich nur noch vor meinem Tode gestehen, dass ich die Tür geöffnet habe‹, da kam ihr die Stimme, dass sie laut ausrief: »Ja, Maria, ich habe es getan.« Und alsbald fing der Himmel an zu regnen und löschte die Feuerflammen, und über ihr brach ein Licht hervor, und die Jungfrau Maria kam herab und hatte die beiden Söhnlein zu ihren Seiten und das neugeborene Töchterlein auf dem Arm. Sie sprach freundlich zu ihr: »Wer seine Sünde bereut und eingesteht, dem ist sie vergeben«, und reichte ihr die drei Kinder, löste ihr die Zunge und gab ihr Glück für das ganze Leben.

Anmerkungen

1 Johnson 1988

2 Siehe auch Elisabeth Wagner: *Vortrag im Rahmen der Psychotherapiewoche* 2020 *Bad Hofgastein* (19.-25.9.2020)

3 Lammers 2013, S.883

4 Asper 1987, S. 63

5 Miller 1979a, S. 23

6 Zit. nach Asper 1987, S.159

7 Dieses und alle folgenden Schneewittchen-Zitate aus Jacob Grimm/Wilhelm Grimm, Die schönsten Kinder- und Hausmärchen Band 1, Große Ausgabe Berlin 1825-1843, Seiten 238-250

8 Zit. nach Miller 1979a, S. 59

9 Götz/Becker 2019

10 Miller 1979a, S. 29

11 Siehe Neumann 1963, Balint 1973, Bowlby 1976

12 Willi 1983

13 Vlg. Spitz, René A.: »Die anaklitische Depression – eine Untersuchung der Genese psychischer Störungen in der frühen Kindheit.« in: Bittner, Günter/Harms, Edda: *Erziehung in früher Kindheit. Überarbeitete Neuausgabe*, München 1985

14 Robertson/Robertson 1975

15 Harms 2008

16 Perls 1987

17 Perls 1987

18 Polster/Polster 1975, S. 82

19 Diese Begriffe sind nicht einfach synonym zu setzen, da sie aus verschiedenen Theoriemodellen stammen und daher inhaltlich nicht identisch sind. Im weitesten Sinne umschreiben sie jedoch ähnliche Phänomene.

20 Mahler zit. nach Lettner 1989

21 Battegay 1979 S.87

22 Vgl. Mentzos 1984

23 Mentzos 1984, S. 128 ff.

24 Resch/Möhler 2006, S. 57

25 Hartmann 2005, S. 16

26 Levine 2011

27 Stauss 1988, S. 29

28 Schneider-Henn 1988, S. 48

29 In Zusammenarbeit mit der WHO haben Forscher der Johns-Hopkins-Universität in insgesamt 15 Ländern 450 Kinder im Alter von elf bis 14 Jahren und deren Eltern zu ihren Geschlechtervorstellungen befragt und das Ergebnis in Artikeln des *Journal of Adolescent Health* veröffentlicht. Siehe auch www.geastudy.org.

30 Brummelman et.al. 2015

31 Johnson 1988, S. 40

32 Boskind-Lodahl/Sirlin 1979

33 Focks/Trück 1987

34 Stamm 2020

35 Schneider-Henn 1988, S. 109

36 Miller 1979a, S. 141

37 Schneider-Henn 1988

38 Vgl. Asper 1987, S. 137

39 Vgl. Kohut 1973

40 Boskind-White 1987

41 In der folgenden Interpretation des Märchens stütze ich mich im Wesentlichen auf Gedanken von Eugen Drewermann.

42 Toman 1988, S. 41 ff.

43 Lawrence 1987, S. 41

44 Robert Koch-Institut 2014, Studie DEGS1, Erhebung 2008–2011; Mikrozensus des Statistischen Bundesamtes 2017

45 Stauss 1988, S. 64

46 Das Modell geht teilweise auf Johnson (1988) zurück, der Kohuts Konzept der vertikalen und horizontalen Spaltung verwendet. Es ist ergänzt und erweitert durch Stauss und eigene Ausarbeitungen.

47 Lowen 1979

48 Hartmann 2005, S. 17

49 Maaz 2012

50 Johnson 1988, S. 104

51 Johnson 1988, S. 80

52 Johnson 1988, S. 172

53 Langsdorf 1985

54 Meine Ausführungen zu den narzisstischen Beziehungen gehen zum großen Teil auf Jürg Willi zurück, der sie 1983 ausführlich unter dem Begriff der »narzisstischen Kollusion« beschrieb.

55 Miller 1979, S. 137

56 Willi 1983, S. 82

57 Wilson Schaef 1992, S. 17 ff.

58 Wilson Schaef, 1992, 53 ff.

59 Buber zit. nach Portele 1996, S. 288

60 Röhrich 1991

61 Das Gedicht »Der Brandherd« findet sich zusammen mit vielen anderen Gedichten von Hans-Curt Flemming auf dessen Website www.gedichtegedanken.de.

62 Polster 1975

63 Siehe dazu Reddemann 2002, S. 45

64 Beaumont 1988, S. 22

65 Hirsch 1987

66 Kegan 1986 zit. nach Fuhr/Gremmler-Fuhr 1995, S. 119

67 Branden 2005, S. 116

68 Branden 2005, S. 117

69 Branden 2005, S. 117

70 Jacob Grimm/Wilhelm Grimm, Die schönsten Kinder- und Hausmärchen Band 1, Große Ausgabe Berlin 1825-1843, Seiten 8-13

Literatur

Die folgenden Werke sind in ihren derzeitig lieferbaren Ausgaben angegeben. Wo für die Anmerkungen andere Ausgaben verwendet wurden, sind sie in Klammer nachgewiesen.

Asper, Kathrin: *Verlassenheit und Selbstentfremdung. Neue Zugänge zum therapeutischen Verständnis.* Olten (1987), München 2003

Balint, Michael: *Therapeutische Aspekte der Regression.* (Hamburg 1973), Stuttgart 1988

Battegay, Raymond: *Narzissmus und Objektbeziehungen. Über das Selbst zum Objekt.* Bern (1979) 1991

ders.: *Die Hungerkrankheiten. Unersättlichkeit als krankhaftes Phänomen.* Bern (1987), 1992

Beaumont, Hunter: »Prozesse des Selbst in der Paartherapie« in: *Gestalttherapie. Zeitschrift der Deutschen Gesellschaft für Gestalttherapie* 1 (1987), 38-51

ders.: »Ein Beitrag zur Gestalttherapietheorie und zur Behandlung schizoider Prozesse« *Gestalttherapie. Zeitschr. d. DVG* 2 (1988), 16-26

Boskind-Lodahl, Marlene / Sirlin, Joyce: »Frauen zwischen Fress- und Magersucht« *in: Psychologie heute* 3 (1979)

Boskind-White, Marlene/White, William: *Bulimarexia. The Binge/Purge Cycle.* New York 1987

Bierhoff, Hans-Werner/ Herner, Michael Jürgen: *Narzissmus – Die Wiederkehr.* Bern 2011

Bonelli, Raphael: *Männlicher Narzissmus. Das Drama der Liebe, die um sich selbst kreist.* München 2016

Bowlby, John: Trennung. *Psychische Schäden als Folge der Trennung von Mutter und Kind.* Frankfurt 1976

Branden, Nathaniel: *Die 6 Säulen des Selbstwertgefühls. Erfolgreich und zufrieden durch ein starkes Selbst.* München 2005

Brummelman, Eddie / Thomaes, Sander / Nelemans, Stefanie A. / Orobio de Castro, Bram / Overbeek, Geertjan / Bushman, Brad J.: »Origins of narcissism in children« in: *PNAS* March 24, 2015 112 (12) 3659-3662 (first published March) 9, 2015

Carnes, Patrick: *Zerstörerische Lust. Sex als Sucht.* München 1987

Chandra-Mouli, Venkatraman u.a.: »Implications of the Global Early Adolescent Study's Formative Research Findings for Action and for Research« in: *Journal of Adolescent health* Volume 61, Issue 4, Supplement, S5-S9, October 01, 2017

Covington, Stephanie / Beckett, Liana: *Immer wieder glaubst du, es ist Liebe. Wege aus der Beziehungssucht.* München 1990

Dowling, Colette: *Perfekte Frauen. Die Flucht in die Selbstdarstellung.* Frankfurt 1989

Drewermann, Eugen/Neuhaus, Ingritt: *Marienkind.* Olten 1984

Focks, Petra / Trück, Gabriele: *Maskerade der Weiblichkeit. Ess-Brech-Sucht – Gratwanderung zwischen Anpassung und Verweigerung.* Pfaffenweiler 1987

Fuhr, Reinhard / Gremmler-Fuhr, Martina: *Gestalt-Ansatz. Grundkonzepte und -modelle aus neuer Perspektive.* Köln (1995) 2002

Grauer, Angelika/Schlottke, Peter F.: *Muss der Speck weg? Der Kampf ums Idealgewicht im Wandel der Schönheitsideale.* München 1988

Götz, Maya / Becker, Josephine: »Das ›zufällig‹ überkreuzte Bein. Selbstinszenierungsmuster von Influencerinnen auf Instagram.« in: *Televizion digital* 2019/1

Haller, Reinhard: *Die Narzissmusfalle: Anleitung zur Menschen- und Selbstkenntnis.* Elsbethen 2013

Harms, Thomas: *Emotionelle Erste Hilfe. Bindungsförderung – Krisenintervention – Eltern-Baby-Therapie.* Berlin 2008

Hartmann, Hans-Peter: »Narzisstische Persönlichkeitsstörungen – ein Überblick« in: Kernberg, Otto F./Hartmann, Hans-Peter: *Narzissmus. Grundlagen – Störungsbilder – Therapie.* Stuttgart 2005

Levine, Peter A.: *Sprache ohne Worte. Wie unser Körper Trauma verarbeitet und uns in die innere Balance zurückführt.* München 2011

Lawrence, Marilyn: »Ich stimme nicht«. Identitätskrise und Magersucht. Reinbek 1986

Hirsch, Mathias: *Realer Inzest. Psychodynamik des sexuellen Missbrauchs in der Familie.* (Berlin 1987), Gießen 2013

Hommerich, Ulla / Scheffler, Sabine: *Weichenstellungen in der Entwicklung weiblicher Identität in ihrer Beziehung zur gesellschaftlichen Notwendigkeit.* In: Beiträge zur feministischen Theorie und Praxis. Neue Heimat Therapie, Heft 17. Köln 1986

Johnson, Stephen, M.: *Der narzisstische Persönlichkeitsstil. Integratives Modell und therapeutische Praxis.* Köln (1988) 2006

Kernberg, Otto F.: *Borderline-Störungen und pathologischer Narzißmus.* Frankfurt (1978) 2000

ders.: *Schwere Persönlichkeitsstörungen. Theorie, Diagnose, Behandlungsstrategien.* Stuttgart (1988) 2006

Kohut, Heinz: *Narzißmus. Eine Theorie der psychoanalytischen Behandlung narzißtischer Persönlichkeitsstörungen.* Frankfurt (1973) 2002

Kohut, Heinz/Wolf, Ernest, S.: »Die Störungen des Selbst und ihre Behandlung« in: Peters, Uwe, H. (Hrsg.): *Psychologie des 20. Jahrhunderts. Psychiatrie* Bd. 2, 97–112, Weinheim 1983

Kürzinger, Kathrin S.: »So bin ich – bin ich so? Identität und Spiegelungen des Selbst in Selfies und Selbstporträts« in: Gojni, Tatjana / Kürzinger, Kathrin / Schwarz, Susanne: *Selfie - I like it. Anthropologische und ethische Implikationen digitaler Selbstinszenierung*, Stuttgart 2016, S 117-136

Lammers, Claas-Hinrich et al: »*Narzisstische Persönlichkeitsstörungen*« in: *Der Nervenarzt* (7) 2013, S 879–888

Lammers, Claas-Hinrich: *Bin ich ein Narzisst? Oder einfach nur sehr selbstbewusst?* Stuttgart 2019

Langsdorff, Maja: *Die heimliche Sucht, unheimlich zu essen. Bulimie verstehen und heilen.* Frankfurt (1985) 2011

Lettner: *Zusammenfassung der wichtigen Entwicklungsschritte nach Margaret Mahler: die psychische Geburt des Menschen, Symbiose und Individuation.* Unveröffentlichtes Manuskript 1989

Lowen, Alexander: *Bio-Energetik. Therapie der Seele durch Arbeit mit dem Körper.* Reinbek (1979) 1987

Maaz, Hans-Joachim: *Die narzisstische Gesellschaft. Ein Psychogramm.* München 2012

Mahler, Margaret S.: *Symbiose und Individuation.* Psyche 29 (1975)

Malkin, Craig: *Der Narzissten-Test: Wie man übergroße Egos erkennt ... und überraschend gute Dinge von ihnen lernt,* Köln 2016

Mentzos, Stavros: *Neurotische Konfliktverarbeitung. Einführung in die psychoanalytische Neurosenlehre unter Berücksichtigung neuer Perspektiven.* Frankfurt (1984) 2000

Mellody, Pia: *Verstrickt in die Probleme anderer. Über Entstehung und Auswirkung von Co-Abhängigkeit.* München 2013

Miller, Alice: *Das Drama des begabten Kindes und die Suche nach dem wahren Selbst.* Frankfurt (1979a) 2004

dies.: *Depression und Grandiosität als wesensverwandte Formen der narzisstischen Störung.* Psyche 33 (1979b), 132–156

dies.: *Du sollst nicht merken. Variationen über das Paradies-Thema.* Frankfurt 1983

Perls, Frederick, S.: *Das Ich, der Hunger und die Aggression. Die Anfänge der Gestalttherapie.* Stuttgart (1987) 2000

Polster, Erving/Polster, Miriam: *Gestalt-Therapie. Neue Erkenntnisse aus Theorie und Praxis.* München (1975) 1996

Portele, Heik: »Der ›mittlere‹ Modus« in: *Internationale Psychotherapietagung* (272–291). Wien 1996

Reddemann, Luise: *Imagination als heilsame Kraft. Zur Behandlung von Traumafolgen mit ressourcenorientierten Verfahren.* Stuttgart 2006

Robertson, James u. Joyce: »Neue Beobachtungen zum Trennungsverhalten kleiner Kinder« in: *Psyche* 7 (1975)

Röhrich, Lutz: *Märchen und Wirklichkeit.* Stuttgart 1991

Rotmann, Michael: »Die Triangulierung der frühkindlichen Sozialbeziehung« in: *Psyche* 12 (1978)

Schaef, Anne Wilson: *Co-Abhängigkeit. Nicht erkannt und falsch behandelt.* Wildberg 1986

dies.: *Im Zeitalter der Sucht. Wege aus der Abhängigkeit.* (Hamburg 1989), München 1993

dies.: *Die Flucht vor der Nähe. Warum Liebe, die süchtig macht, keine Liebe ist.* (Hamburg 1990), München 2003

Saewyc, Elizabeth: »A Gobal Perspective on Gender Roles and Identity« in: *Journal of Adolescent Health* Volume 61, Issue 4, Supplement, October 2017, S1-S2, https://www.sciencedirect.com/science/article/pii/S1054139X17303567

Schaeffer, Brenda: *Wenn Liebe zur Sucht wird. Anatomie in der Partnerschaft.* München (1989) 1995

Schmidbauer, Wolfgang: *Die Angst vor Nähe.* Reinbek 1986

Schneider-Henn, Karin: *Die hungrigen Töchter. Essstörungen bei jungen Mädchen.* München 1988

Selvini Palazzoli, Mara: *Magersucht. Von der Behandlung einzelner zur Familientherapie.* Stuttgart (1984) 1998

Spitz, René: »Hospitalismus I und II« in: Bittner, Günther/Schmid-Cords, Edda (Hrsg.): *Erziehung in früher Kindheit. Pädagogische, psychologische und psychoanalytische Texte,* München 1968

ders.: *Die Entstehung der ersten Objektbeziehungen.* Stuttgart (1960) 2002

ders.: *Vom Säugling zum Kleinkind. Naturgeschichte der Mutter-Kind-Beziehungen im ersten Lebensjahr.* Stuttgart (1987) 2005

Margrit Stamm: *Du musst nicht perfekt sein, Mama! Schluss mit dem Supermama-Mythos – Wie wir uns von überhöhten Ansprüchen befreien.* München 2020

Stauss, Konrad: *Die stationäre transaktionsanalytische Behandlung des Borderline-Syndroms.* Bad Grönenbach 1988

Stierlin, Helm: *Eltern und Kinder. Das Drama von Trennung und Versöhnung im Jugendalter.* Frankfurt 1980

Toman, Walter: *Family Therapy and Sibling Position.* Rockville 1988

Walch, Sylvester: »Selbstmitgefühl praktizieren« auf: https://www.walchnet.de/dr-sylvester-walch/medien/spirituelle-uebungen/

Wardetzki, Bärbel: *Weiblicher Narzissmus und Bulimie.* Dissertation. München 1990

dies.: *Iss doch endlich mal normal. Hilfen für Angehörige von essgestörten Mädchen und Frauen.* München 2007

dies.: *Ohrfeige für die Seele. Wie wir mit Kränkung und Zurückweisung besser umgehen können.* München 2001

dies.: *Mich kränkt so schnell keiner! Wie wir lernen, nicht alles persönlich zu nehmen.* München 2001

dies.: *Erste Hilfe für die Seele. So schützen Sie sich gegen Kränkungen.* München 2003

dies: *Eitle Liebe. Wie narzisstische Beziehungen scheitern oder gelingen können.* München 2010

dies: *Und das soll Liebe sein? Wie es gelingt, sich aus einer narzisstischen Beziehung zu befreien.* München 2018

dies. *Blender im Job. Vom klugen Umgang mit narzisstischen Chefs, Kollegen und Mitarbeitern.* München 2017

Willi, Jürg: *Die Zweierbeziehung. Spannungsursachen, Störungsmuster, Klärungsprozesse, Lösungsmodelle,* Reinbek (1983) 1990

Wilson Schaef, Anne: *Die Flucht vor Nähe. Warum Liebe, die süchtig macht, keine Liebe ist.* München 1992

Winnicott, Donald W.: »Über die Fähigkeit, allein zu sein« in: *Psyche* 6 (1958) 345–352

Wöller, Hildegunde: *Aschenputtel. Wie aus der Ungeliebten die Auserwählte wird.* Stuttgart 2001

Hier finden Sie Hilfe und Unterstützung

Falls Ihnen beim Lesen des Buches deutlich wurde, dass Sie Hilfe brauchen, dann können Sie sich an folgende Stellen wenden:

Beratungsstellen
Es gibt in jeder Stadt psychologische Beratungsstellen, deren Träger entweder staatlich, kirchlich oder privat sind. Sie dienen in erster Linie Erstkontakten, in denen zusammen besprochen wird, welche weitere Hilfe nötig und sinnvoll ist. Die Beratungen sind in der Regel kostenlos. Sie finden die jeweiligen Adressen im Telefonbuch unter Beratungsstellen, Kirchen und Stadtverwaltung.

Psychotherapie
Bei folgenden Adressen können Sie sich nach Therapeut*innen in Ihrer Nähe erkundigen:

PID – Psychotherapie Informationsdienst
ein Service der Deutschen Psychologen Akademie
Telefon: 030 / 2 09 16 63 30
www.psychotherapiesuche.de

Hauptliste Praxisadressen von Gestalttherapeut*innen:
www.gestalttherapie.de/gestalttherapeuten/index.htm

Unter »Kassenärztliche Vereinigungen Deutschland« finden Sie im Netz Ihre zuständige KV, die Adressen von Psychotherapeuten vermitteln.

Frauenhäuser
Hier können sich Frauen hinwenden, wenn sie in Not sind und Unterstützung brauchen, im Falle von körperlicher, sexueller oder seelischer Misshandlung. Viele Frauenhäuser organisieren auch Selbsthilfegruppen. Sie finden sie unter »Frauenhäuser« im Telefonbuch.

Deutsche Hauptstelle für Suchtfragen e. V.
Hier können Sie sich hinwenden, wenn Sie Fragen zu Suchterkrankungen, deren Prävention und Behandlung haben.

Deutsche Hauptstelle für Suchtfragen e.V.
Westenwall 4, 59065 Hamm
Tel. 02381/90 150
www.dhs.de

Stimmen zum Buch

»Das Buch ist in einer leicht verständlichen und angenehmen Art und Weise geschrieben. Auch die Beschreibungen der betroffenen Personen lockern immer wieder auf und machen klar, dass es auch andere Personen gibt, die davon betroffen sind.«

»Ich mache seit ca. neun Monaten Therapie und halte das Buch für eine gute Unterstützung.«

»Der Weibliche Narzissmus ist das Beste, was ich je zu Essstörungen gelesen habe. Ihr Buch ist geprägt von einem unglaublichen Verständnis. Sie haben verstanden, was in einer Frau mit Bulimie passiert, was sie fühlt und was sie denkt, in einer Weise, die mich tief berührt.«

»In diesem Buch wurde ich treffend beschrieben. Es ist erschreckend, die Wahrheit über sich selbst zu erfahren, aber es ist ein guter Denkanstoß, und ich denke, es hilft mir, mein Verhalten zu ändern und mich selbst so anzunehmen, wie ich bin.«

»Ein sehr gutes Buch, in welchem sich sicher viele Frauen wiedererkennen können. Besonders gut fand ich die Erklärungen, aus was für Kindheitserlebnissen verschiedene Entwicklungen herrühren können. Gut verständlich geschrieben und Beispiele aus der Praxis tun das Übrige. Nicht nur für Bulimikerinnen interessant, sondern als allgemeine Lebenshilfe bei schwachem Selbstwert.«

»Ich habe das Buch in zwei Tagen gelesen. Ich habe einen halben Tag nur geheult. Mich, meine Gedanken, meine Ängste, meine Seele so klar zu sehen hat mich ganz durcheinander gebracht. Aber so, dass ich weiß, wieso ich bestimmte Dinge tue und wieso ich trotz Erfolg glaube, ich sei ein Nichts. Danke, Frau Dr. Wardetzki.«